隧道云智能感知技术与方法

马庆禄　编著

科学出版社
北京

内 容 简 介

本书详细阐述隧道云智能感知技术与方法。全书共 7 章，首先，对现有隧道先进感知设备与技术进行逐一分析和介绍，并从隧道结构病害、机电系统运营状态、交通运行安全的云智能感知技术与方法三个方面分别进行阐述；然后，通过构建以云智能巡检机器人为支撑的隧道安全实时感知与数据解析平台，介绍以云计算与人工智能为基础的长大隧道群复杂多场景大数据处理方法；最后，以青兰高速公路六盘山特长隧道运营风险智能监测与安全防控技术提升示范工程为例，将隧道病害结构监测、隧道运营环境监测、隧道机电运营状况监测、隧道内交通运行安全监测及云智能巡检机器人融为一体，充分地发挥云计算与大数据技术在异质海量数据实时处理方面的优势，打造隧道云智能综合感知系统平台。

本书可作为高等院校交通运输类、土木工程类及电子信息工程类专业学生的学习书籍，也可供从事交通运输规划与管理的工程技术人员学习参考。

图书在版编目（CIP）数据

隧道云智能感知技术与方法 / 马庆禄编著. — 北京：科学出版社，2021.11

ISBN 978-7-03-070118-3

Ⅰ. ①隧⋯ Ⅱ. ①马⋯ Ⅲ. ①智能技术-应用-公路隧道-安全管理 Ⅳ. ①U459.2-39

中国版本图书馆 CIP 数据核字（2021）第 209899 号

责任编辑：陈 静 霍明亮 / 责任校对：胡小洁

责任印制：吴兆东 / 封面设计：迷底书装

科学出版社 出版

北京东黄城根北街 16 号

邮政编码：100717

http://www.sciencep.com

北京中石油彩色印刷有限责任公司 印刷

科学出版社发行 各地新华书店经销

*

2021 年 11 月第 一 版 开本：720×1 000 1/16

2023 年 3 月第二次印刷 印张：14 彩插：4

字数：269 000

定价：128.00 元

（如有印装质量问题，我社负责调换）

序

党的十九大报告明确提出要建设“交通强国”，将在新时代开启建设交通强国新征程。这是党和人民赋予交通运输行业的新使命。2018年，交通运输部印发了《交通运输部办公厅关于加快推进新一代国家交通控制网和智慧公路试点的通知》，决定在九个省(市)加快推进新一代国家交通控制网和智慧公路试点。2020年4月，国家发展和改革委员会首次明确信息基础设施、融合基础设施和创新基础设施的新基建范围，同年8月，交通运输部发布《交通运输部关于推动交通运输领域新型基础设施建设的指导意见》。2021年，中共中央、国务院印发了《国家综合立体交通网规划纲要》，指出要打造基于城市信息模型平台、集城市动态静态数据于一体的智慧出行平台。作为政策性较强的高速公路行业，保持交通运营的高效性和安全性成为智慧高速发展的重中之重。由于我国在公路隧道运营管理以及事故处置、救援等方面的研究起步较晚，缺少相关经验，特别是近些年公路隧道引发的交通事故持续增加，造成大量的人员伤亡和经济损失，因此，研究高速公路隧道交通事故发生的规律，利用新技术、新方法以强化隧道安全、高效运营，对改善我国高速公路隧道内的交通安全具有十分重要的意义。

针对长大隧道在结构病害、机电系统运营状态和交通运行安全等方面的主动感知要求，马庆禄教授研发的隧道云智能感知监测系统在国家重点研发计划项目“道路基础设施智能感知理论与方法”(项目号：2018YFB1600200)的支持下，进行了系统的理论完善和工程示范。书中详细介绍了可替代人工巡检的云智能巡检机器人，并系统性讨论了高速公路隧道运营安全风险形成机理与特征、基于机器人的隧道安全风险监测系统、基于长大隧道实时交通流的风险评估方法与主动预警技术等问题，有助于实现隧道无人化管养。在理论研究和工程示范基础上，对研究成果进行了深化研究和系统总结，为公路隧道安全运营管理提供了科学依据和可靠指导。

利用系统科学思想研究交通安全理论是本书的一个主要特点，它有助于将被众多现代科技手段与传统管养方法分解了的公路管养理论与实践需求重新整合起来，从而在分类解构研究的基础上，在新的整合层次上，探索和发现隧道结构病害以及运营风险存在的内在规律与特征。本书提出的云智能与多传感器的自适应动态高维融合技术填补了国内外交通基础设施智慧巡检的市场空白，不仅带动了隧道的智慧化管养业务发展，而且还可以拓展到桥梁、公路等关键路段无人化管养。研究成果在高速公路运营管理中具有巨大的市场需求和应用前景，对提升我国公路隧道运营安全保障技术水平起到重要促进作用。应该说，本书既有较强的理论性，又有很好的应用性。其中提出的一些见解和观点，对于公路管养模式创新的理论研究与实践很有参考价值，丰富了交通安全模式创新相关内容。作为研究项目的总负责人，趁这部倾注着作者汗水和心血的著作即将出版之际，我写上上面这些感悟，没有特别溢美和夸赞之语，仅以为学习和推荐之序。

长安大学校长

2021 年 11 月 17 日于西安

前　言

随着“西部大开发”“一带一路”“交通强国”等国家战略的相继实施和推进，以及《国家综合立体交通网规划纲要》的贯彻和落实，西部地区具有山地城市特色的交通智能化建设需求愈发强烈。与此同时，受交通基础设施建设大发展时期的历史因素和技术条件影响，在很长一段时间内，我国的“重建轻养”现象比较突出。加之随着交通基础设施存量的持续增加和服务年限的不断增加，交通基础设施的养护需求和压力与日俱增。新形势下，“建养并重”逐渐成为行业的共识，交通基础设施养护工作，特别是智慧养护技术越来越受到各方重视。

作为交通基础设施的典型代表之一，公路隧道在提升道路通达能力，解决交通干线跨江越海受到的限制，缩短线路里程，降低对周围环境和人民生产、生活的影响等方面有其独有的优势，近些年来在国内外发展迅速。然而，公路隧道结构设施复杂，通风条件受限，出入口少，疏散线路长，发生事故后持续时间长，影响范围大，短时间内，往往会造成惨重的人员伤亡和重大的经济损失，甚至造成二次灾害。因此，加强对隧道的检测与养护是保障隧道长期服役性能、确保车辆与行人安全的重要措施，正确辨认隧道运营状况、健康状态也成为该领域最为重要的关键问题。

本书围绕隧道运营安全问题，通过引入激光雷达、毫米波雷达、摄像机、红外热像仪、光纤光栅等先进感知设备以及声音、影像等实时感知方法，从隧道结构病害、机电系统运营状态、交通运行安全三个应用场景进行阐述，重点论述了公路隧道实时的安全风险感知和防控方法。通过对隧道常见结构病害进行关键特征分析与参数提取，实现了基于深度学习的隧道渗漏水和裂缝的动态甄别；同时，利用示范工程中采集到的上万张典型事故图例，完成了隧道交通事故、火灾、违章驾驶等多种交通感知实验。通过构建云-边-端一体化隧道云智能监测系统，研发了基于智能巡检机器人的隧道云智能感知监测平台，充分发挥云计算与大数据技术在异质海量数据实时处理方面的优势；利用数字孪生技术实现对隧道群的云智能感知及运营状态监管。书中深入浅出地介绍如何完整地构建隧道云智能感知监测系统，同时详细阐述隧道智能感知技术与方法，为制定相关的隧道感知监测系统提供参考和借鉴。

全书在撰写过程中得到国家重点研发计划项目“道路基础设施智能感知理论与方法”（2018YFB1600200）、交通运输部科技示范工程“面向长大隧道的云智能风险防控技术”的支持以及宁夏回族自治区交通运输厅科技项目“长大隧道运营风险智能监测与安全防控技术示范”的支持。特别感谢何兆益、吴逸飞等在撰写过程中的指导和帮助，感谢撰写团队中张书、刘丰杰、段学峰、何永福等的支持和配合。

由于作者水平有限，书中难免存在不足之处，敬请读者批评指正。

马庆禄
于重庆交通大学

目 录

第1章 概　述

1.1 背景和意义

我国地势西高东低，复杂多样，山地、高原和丘陵约占陆地面积的67%，盆地和平原约占陆地面积的33%，公路隧道在改善道路线形、缩短行车里程、保护生态环境等方面发挥了积极作用。近10年来，我国年均新建公路隧道约350km，已经成为世界上公路隧道最多、最复杂、发展最快的国家。截至2020年底，全国公路隧道21316处、2199.93万延米，增加2249处、303.27万延米，其中特长隧道1394处、623.55万延米，长隧道5541处、963.32万延米，且多以隧道群的形式出现[1]。此外，随着社会经济的快速发展和交通建设进程的深入，高速公路建设正快速向中西部山区延伸，长距离连续隧道群的规模将日益增大，隧道的运营管理与维护问题逐步凸显。

国内外长距离隧道中，我国秦岭终南山隧道双洞、四车道，单洞全长18.02km，目前为我国第一、世界第二长公路隧道，于2007年1月20日正式通车；挪威洛达尔隧道全长24.51km，单洞，双向两车道，被称为最长的公路隧道，于2000年11月27日正式通车；目前在建的中国乌尉天山胜利隧道单洞全长22.035km，双向公路隧道，2018年开建，建设期6年(图1-1)。近30年来我国高速公路隧道飞速发展，尤其是近10年来长大隧道大量出现，然而与发达国家相比，公路隧道运营安全风险感知与防控经验不足，总体水平和效率较低。特别是长大公路隧道运营安全智能感知与防控技术，已经成为高速公路运营安全领域的突出重点问题。主要表现在以下几方面。

(a)秦岭终南山隧道　(b)挪威洛达尔隧道　(c)天山胜利隧道

图1-1　国内外典型长大隧道

(1)长大公路隧道安全问题日益凸显。作为高速公路上的关键路段和控制节点，公路隧道大多位于山脉交叉、丘陵沟壑区域，地理环境复杂、地质构造特殊、隧道内空间封闭、噪声大、能见度低，“黑洞”、“白洞”及“端墙”效应明显，特别是长大隧道受长度、交通流量、车型、车载危化物等因素影响较大，决定了隧道发生结构、消防、交通、危化物泄漏等事故的不确定性更高。由于结构设施复杂、通风条件受限、交通流量较大、安全疏散难度较大，事故影响的时间长、影响范围大，事后处理中“进入难、分流难、疏通难、救援难”的问题非常突出，极易造成严重的二次灾害，短时间内，往往会造成惨重的人员伤亡、交通阻断、重大经济损失及社会影响。

近年来，我国高速公路隧道内频繁发生的各种安全事故，给社会造成了巨大的负面影响、经济损失和人员伤亡，近年我国公路隧道部分安全事故见表1-1。

表1-1　近年我国公路隧道部分安全事故统计表

时间	隧道名称	事故起因	财产损失/人员伤亡
2011年4月8日	甘肃省兰临高速公路七道梁隧道	危险化学品燃烧爆炸	两辆油罐车追尾，40t190号溶剂油燃烧爆炸，4人死亡，1人轻伤，隧道结构、照明等受损严重，直接经济损失约1亿元
2012年5月19日	湖南省炎陵至汝城高速公路八面山隧道左洞	炸药爆炸	一辆载有炸药的车进入在建隧道施工层面，在卸货时发生爆炸，事故造成20人死亡
2014年3月1日	山西省晋济高速公路岩后隧道	危险化学品燃爆	两辆铰接车辆追尾，甲醇泄漏燃烧，引燃2辆危险化学品运输车和31辆煤炭运输车，事故造成40人死亡、12人受伤，42辆车烧毁
2014年12月5日	夏蓉高速公路扩容项目A3标段后祠隧道(新建三车道)出口段	初支塌方	事故造成21名工人被困
2015年9月29日	广州市广河高速公路凤凰山隧道	车辆追尾后起火	两辆车被烧毁
2016年4月25日	沈海高速公路福建泉州路段大坪山隧道	货车自燃	烧毁重型厢式货车1辆，造成沈海高速泉州段大坪山隧道A道货车道结构严重受损，隧道照明、消防、交通安全(简称交安)、监控、通风设施损毁严重，无人员伤亡
2017年8月10日	陕西省境内京昆高速公路安康段秦岭1号隧道	大客车碰撞隧道口	造成36人死亡、13人受伤，为特别重大道路交通事故
2018年1月10日	G60沪昆高速公路江西方向樊村隧道内	追尾交通事故(白洞效应)	导致后方三车连环追尾
2019年8月27日	浙江甬台温高速公路的猫狸岭隧道	大货车起火	轮胎剧烈燃烧释放出大量黑色刺鼻浓雾，整条隧道能见度不到1m。被困36人，其中5人死亡，31人受伤
2020年5月22日	福建省三明市至沙县新城隧道	运煤车侧翻	2人死亡，1人重伤，3人轻伤

隧道内常见的交通事故因素主要包括车辆违法驾驶行为、车辆承载物意外掉

落、隧道内设备零部件掉落、隧道衬砌掉落等，影响其他车辆行驶(图 1-2)。当发生意外安全事故时，因隧道封闭的交通环境很容易造成二次事故，导致隧道交通瘫痪。

(a)车辆违法驾驶行为

(b)车辆承载物掉落

(c)隧道设备零部件散落

(d)隧道衬砌掉落

图 1-2　隧道交通常见事故诱因

隧道内常见的交通事故包括隧道交通事故、隧道积水事故、突发安全事故以及隧道燃爆事故等(图 1-3)，由于隧道交通环境狭窄、半封闭，因此当发生以上情况时，对交通的影响都会比普通的交通环境要大，维护救援难度也较大。

(a)隧道交通事故

(b)隧道积水事故

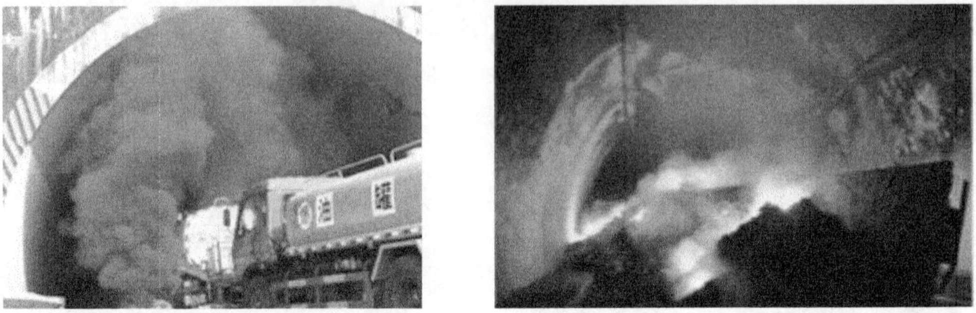

(c) 突发安全事故　　　　(d) 隧道燃爆事故

图 1-3　常见隧道事故

对于长大公路隧道的运营管理，我国尚无具体的行业标准，对长大隧道应急救援的研究也刚刚起步，隧道管理部门对隧道的防灾救援对策并未明确和系统化，也没有一个完整的公路隧道防火救援体系。目前，在隧道安全领域，绝大多数成果均来自隧道灾难后的事故调查结论，隧道安全风险管理通常为事后型的归纳式被动风险管理，难以保障长大公路隧道系统的安全性。

近年来，国内主要针对隧道建设期的安全风险问题进行研究，对运营期安全研究相对较少。针对监控、防灾与通风进行过专项研究；针对隧道进出口的线形、照明、路面抗滑等方面进行了一定探索；针对交通事故防治、火灾、通风、安全疏散和烟雾控制等单方面的安全风险因素进行了研究，但安全风险问题研究缺乏系统性和全局性。隧道在高速公路交通系统中占有极其重要的地位，提高隧道的管理监控水平如风险防控、事故应急措施、事故应急预案等应变能力，具有十分重要的意义。最大限度地减少隧道事故对社会的不利影响，是关系经济社会发展全局和人民群众生命财产安全的大事，是交通行业落实科学发展观，以人为本、执政为民、全面履行政府职能的重要内容。

(2) 长大公路隧道安全事故危害巨大。由于隧道环境密闭、机电设施较多、通道狭窄、疏散出口少、疏散救援路径长、救援条件受限，一旦发生重大事故，其后果比开放性公路事故严重得多。轻则影响交通效率，重则导致瞬间交通整体瘫痪，甚至造成惨重的群死群伤、交通污染、经济损失等重特大社会公共安全事件。

隧道结构损毁、隧道交通事故、隧道危险化学品事故、隧道火灾事故是目前高速公路隧道主要的安全风险类型。隧道结构损毁安全风险：2012 年 2 月 2 日，日本山梨县笹子隧道坍塌，混凝土天花板掉落，造成 9 人死亡、2 人受伤。隧道交通事故安全风险：数据统计表明，超过 60%的隧道交通事故是因驾驶员超速行驶引发的，30%的隧道交通事故是由车辆自身机械故障引发的[2]。隧道危险化学品事故安全风险：据统计，危险化学品运输已占国内公路货运总量的 30%，化学品燃烧爆炸直接威胁着隧道结构和人员安全。隧道火灾事故安全风险：国外20世纪90年代统计表明，隧道发生火灾的概率是10～17次/(亿车·km)。国内公路隧道每km行驶5000万辆，就有1次火灾发生，其火灾发生的概率是铁路隧道发生火灾的20～25倍。

(3) 长大公路隧道事故救援急迫性突出。隧道事故的影响程度具有明显的不确定性。当隧道发生严重结构损毁、交通事故、危险化学品事故、火灾事故和堵塞事故时，事态恶化发展迅速，易产生高温、浓烟、热气、缺氧及人员恐慌等恶劣状况，进而引发机电设施失效、交通混乱、爆炸、车辆追尾等救援更难、范围更大、损失更重的二次事故。以隧道火灾为例，由国内外隧道火灾事故和科研试验的调查可知，公路隧道火灾事故救援过程依时序可归纳为以下3个阶段：紧急救援、应急救援和交通恢复，公路隧道火灾救援过程时序分段见表1-2。

表1-2 公路隧道火灾救援过程的时序性与阶段性划分表

时序	阶段	主要内容
事故发生10min之内	紧急救援	事故现场人员的自救及隧道管理人员赴现场抢救
事故发生10min之后	应急救援	专业消防队/救援队负责实施救援
救援结束后	交通恢复	道路管理部门清理现场，恢复交通秩序

失火爆发成灾的时间一般为2～10min。因此，火灾发生后的10min内是救援的第一阶段——紧急救援阶段，也可以称为即时救援阶段。车辆在隧道内发生火灾后，一般需要几分钟后才能造成危害，大约10min可达一定规模，若不加以控制，则灾情将进一步扩大。特别强调，在即时救援过程中，存在一个短期的混沌阶段。这个阶段的主要特点是救援机构的组织机能尚未形成，救援活动完全由现场人员自发性地进行，一般可使用的灭火设备有灭火器和消防水喉。当隧道管理所的专业兼职消防人员到达现场后，表示这个混沌阶段结束。

(4) 长大公路隧道应急处置救援困难重重。公路隧道突发事故的发生具有不可预见性，事故处置救援往往呈现“进入难、分流难、疏通难、救援难”的特点。隧道内空间狭小，分流疏散难、疏通困难，救援力量很难及时到达和进入事故区进行施救，大型施救设备和医疗急救难以施展。当在公路隧道内发生意外事故时，可能会造成有别于开放性路面的各种不利于救援的危险情况。

①联络困难。司乘人员在隧道内无法用移动电话与外界取得联系，而电台广播接收也有困难，仅能对司乘人员单向传递信息，无法进行双向信息沟通，因此司乘人员如何利用紧急电话迅速与监控中心取得联系或增强隧道内移动电话信号就显得尤为重要。

②状况不明。事故发生初期虽然可通过监测系统等监测事故变化，但随着时间推移，部分监测设备可能遭受损坏或造成功能受损，使外部救援人员无法完整掌握现场灾情发展。

③救援急迫性。长大公路隧道发生重大事故除了造成交通阻塞，也会导致隧道内部废气量迅速增加、温度升高等情形，从而对车辆内司乘人员的身体造成伤害，还容易引发二次事故，因此隧道事故救援具有急迫性。

④进入抢救困难，可及性低。长大公路隧道发生交通事故时，因连接外部的开口有限，救援人员进入不易，仅能利用非事故隧道和横通道等迂回进入。

随着我国公路建设的发展，长隧道及特长隧道不断增多，公路隧道交通安全形势变得更加严峻，隧道已经成为安全事故的主要空间分布点和事故黑点，提高公路隧道运营安全防控与管理水平，已经是我国公路交通运营管理面临的重要难题。长大公路隧道运营安全防控是一个复杂系统工程，主要表现在以下几方面。

(1)隧道运营安全事故诱因众多。除了人、车、隧道、环境、管理因素，必须重点考虑隧道地质条件、工程结构、行车环境、设施设备、灾害天气等特殊影响因素。

(2)隧道运营安全事故特征复杂。事故形态复杂，如隧道结构损毁及车辆追尾碰撞、撞隧道壁、翻车、失火、危险化学品泄漏等。事故时空分布复杂，既存在一定的必然性、规律性，又表现出极强的突发性、不确定性。

(3)隧道运营安全防控面广点多。既有技术性的“硬”措施，也有组织管理等“软”措施；既有安全预防、安全维护、安全监测措施，也有事故管理、事故处置措施；既涵盖规划设计、建设施工、管理维护全过程，又涉及土建结构、交通工程、供配电、照明、通风、给排水、监控等众多专业工程领域。

(4)隧道运营安全研究的学科交叉融合性强。理论与应用研究中，需要隧道、道路、交通、运输、管理、信息、力学、材料、机械、电气等多学科的交叉、融合、综合、协同。

由于公路隧道运营安全防控综合性、复杂性、多变性的特点，目前国内外尚未建立完善的隧道安全理论体系，也没有成熟完整的隧道安全风险管控实用系统。虽然国内分别在隧道结构、火灾、照明、通风、交通事故等方面开展了一些研究，但还没有从全局角度，建立起适应我国高速公路隧道发展阶段和特点的成熟理论，公路隧道安全诱因及其内在机理、安全风险综合监测与辨识、安全风险综合评估等研究领域较为薄弱。在应用层面，目前公路隧道运营安全管理信息资源缺乏，公路隧道安全智能监控预警系统、安全事故管理决策系统、安全事故应急保障体系、安全事故应急预案及处置措施、救援设施等尚不健全，不能适应公路隧道快速发展和长期需求。

近年来，随着以深度学习(deep learning)为代表的人工智能技术的突飞猛进，相关技术应用在众多领域取得突破性进展。我国《交通强国建设纲要》和《交通运输部关于推动交通运输领域新型基础设施建设的指导意见》中，均明确提出研发应用智能化的交通装备和技术。同时，主要发达国家均将交通事故“零伤亡”作为长期发展的愿景，而智能感知技术是当前交通发展的前沿方向。在交通系统车载端，无人驾驶汽车、芯片、电池和 5G 信号传输等技术均取得较大突破；在服务设施端，高精度三维地图建模、充电桩等技术也在快速发展。隧道作为交通基础设施端的重要组成，其信息化和智能化水平对人-车-路协同的智能交通系统有直接影响。因此，建立隧道云智能感知平台，对隧道运营维护状态整体化解析、提高隧道运营维护效率和交通安全具有十分重要的意义。

1.2　国内外研究现状分析及评价

1.2.1　国外研究现状

国外在隧道安全研究方面起步较早，主要集中在四个方面：隧道事故类型与成因分析、隧道照明与行车安全、隧道火灾的防治与管理、隧道安全监控系统。

(1) 隧道事故类型与成因分析。

国外公路隧道交通事故发生频率相当高，事故损失也是十分严重的。有学者对国外公路隧道安全发展形势进行了统计分析：挪威对 1992～1996 年境内 587 条公路隧道发生事故的研究表明，每千米平均事故率为 0.13 起(有人员伤亡)/100 万车辆，对 1995～1997 年间所发生的交通事故的研究表明，司机的疲劳是引起交通事故的主要原因，约占有人员伤亡的公路交通事故的 30%[3]。隧道发生的严重交通事故中很大一部分是由隧道内部布置单调和司机的疲劳、注意力不集中而造成的；瑞士也得到司机的疲劳是所有事故原因中最主要原因的结论；奥地利的研究表明，隧道内部布置单调与司机注意力不集中可能有着必然的联系，1987 年 6 月开通的 9.8km 的 Plabutsch 隧道，对其运营期内发生的 24 起事故分析发现，其中有 20 起发生在朝南的方向上，事故原因是照度不足[4]。有学者基于大量交通事故报告，对公路隧道事故的主要区段进行分析，研究发现隧道事故比普通路段事故更为严重，短隧道的撞车事故率高于长隧道，且隧道入口段事故率最高，隧道内交通事故率低于隧道外，但其事故严重程度远高于隧道外路段[5-7]。Jian 和 Wang[8]基于新加坡三条高速公路隧道的 608 起交通事故数据，对隧道进行分区段研究，对比得出隧道过渡区的事故率较高的结论。

(2) 隧道照明与行车安全。

从 20 世纪 50 年代开始，国外开始研究隧道照明与隧道行车安全的问题，如意大利和法国之间的 MontBlanc 隧道就开始按照道路上交通量的变化进行照明调光，这样大大减少了隧道的交通事故[9]。80 年代后，世界各国相继出台了隧道照明规范，以规范隧道照明的设计和施工，减少交通事故。日本设置隧道照明适应段，作为驾驶员适应隧道内部照明的必要照明区段[10]；美国照明工程学会的《隧道照明建议》建议距离隧道一段距离的洞外设置钢筋混凝土光栅，逐步降低周边视野的环境亮度，当室外亮度为 5000cd/m^{2}时，入口亮度至少为 500cd/m^2，第二区段至少为 50cd/m^2，同时这两个区段的通过时间要大于 2s[11]；瑞典通过对 1974～2001 年的超过 800 起隧道安全事故进行分析研究，提出降低隧道风险和提高隧道安全的措施，其范围涉及隧道建设的各阶段和隧道的各个子系统，并在此基础上提出了立法的依据[12]。Peña-García[13]通过分析不同照明条件对驾驶员视觉特性的影响程度，提出隧道照明对行车安全有显著影响，照明设计应符合人眼球的视觉机能。Tran 和 Tan[14]利用模糊控制神经网络对发光二极管(light emitting diode，LED)照明控制系统进行研究，通过对控制设备进行建模、训练、分析，提高了隧道亮度调节的准确性，但该研究仅进行了仿真实验，没有搭建真实环境进行测试验证。Musa 等[15]利用三级控制策略控制隧道照明，根据测量的隧道亮度值、交通信息，利用自适应调整方法达到闭环控制效果，做到了有效节能。Ying 等[16]研究了隧道照明对驾驶员的视觉影响并提出特殊照明区技术来改善超长隧道视觉环境，提高交通安全性。He 等[17]测量对象反应时间和错过目标率来研究周边视觉的影响，发现逐渐的亮度变化导致短暂的失明和视觉下降，对于蓝色目标而言，试验者的敏锐度和警觉性比红色目标更好，白色目标对于隧道过渡区和内部区域中的绿色目标更好。同时给出建议，在选择公路隧道灯具时，应考虑过渡区和内部区域的 S/P 比值①和中间亮度。Carnì 等[18]通过对隧道内外的亮度差、交通量和速度等因素进行研究，提出智能化的照明控制方式，除改善驾驶人的安全舒适性外还降低了能源的消耗。Renzler 等[19]利用运行的 LED 灯以可变速度模拟汽车的交叉运行来对比反光束照明和探照灯照明，实验结果表明探照灯照明比反光束照明产生更好的物体照明。Wojnicki 等[20]提出了基于通用环境模型，并与利用动态控制大规模系统的方法进行了对比实验，结果显示基于动态控制模式比通用环境模型能耗降低了 34%。

(3)隧道火灾的防治与管理。

世界各国对于隧道火灾的研究都非常重视，欧洲是开展隧道火灾研究最为活跃的地区。1990～1992 年，由德国 STUVA 和 iBMB 发起，芬兰、挪威、奥地利、法国、英国、意大利、瑞典、瑞士等国家参与，进行了 20 多次足尺火灾试验，试验目的是研究火灾时隧道内的温度分布及高温对隧道衬砌的损伤[21]。1999 年，法国与意大利间的勃朗峰隧道火灾导致 41 人死亡，同年 DMT 公司代表 ADAC(Allgemeiner Deutscher Automobil-Club)对欧洲主要旅游线路上正在运营的 20 座隧道做了安全评估，发现有一半低于安全标准，运营安全性差，仅 5 座隧道达到良好[22]。在欧盟 2004/54/EC 规则中，所有类型的隧道最低安全保障设备如下：正常安全的疏散照明、至少每 250m 提供供水、道路标志、自动探测事故和火灾、应急无线电信息、紧急

① 此处 S/P 比值是指利用国际照明委员会(International Commission on Illumination，CIE)暗光谱发光效率函数和光致光谱发光效率函数评价光源发光输出的值。

避难所和紧急出口、应急电力供应和防火设施[23]。有学者对隧道火灾风险进行定量研究，通过分析火灾事故的概率、致害标准及人员疏散，研究火灾导致人员死亡的风险大小[24]。Kinateder 等[25]通过对 43 名人员进行隧道紧急情况下的反应实验，提出在隧道事故中，驾驶员的不同行为对事故危害程度具有不同影响。

(4) 隧道安全监控系统。

挪威的洛达尔隧道的监控系统主要包括隧道通风系统、交通信号系统、隧道照明系统、事故报警系统、电视监控系统，监控中心设在距离隧道 6km 处，其面积仅有 30m^2，设有 6 名管理人员，监控中心不但监控洛达尔隧道，还同时监控周边多条 6～10km 的隧道[26]。美国从 1968 年就开始进行交通异常检测的研究，到现在已进行了 50 多年的研究与实践，形成了基于单截面法、双截面法(按检测界面分类)、宏观法、微观法(按输入数据类型分类)、平滑法、加州法、卡尔曼滤波法、互相关法、灾变法(按数据处理方式分类)等多种方法的交通异常检测技术。

1.2.2 国内研究现状

国内在高速公路隧道运营安全研究方面起步较晚，研究基础和经验相对不足。2000 年，我国颁布了《公路隧道通风照明设计规范》(JTJ 026.1—1999)[27]，该规范涉及隧道区段照明、隧道照明调光、照明均匀度设计、灯光布局、眩光、照明计算方法等方面，公路隧道照明有了比较完善的参考标准。国内许多学者针对隧道运营安全从不同角度提出了安全改善措施。

(1) 交通事故方面。

闫治国等[28,29]针对目前国内最长的公路隧道——秦岭终南山特长公路隧道开展了系统防灾救援技术研究，以大比例火灾模型试验，对长大公路隧道内火灾规律、竖井模型下的火灾通风技术、紧急逃生策略等进行了深入的研究。我国在 2004 年 11 月颁布实施了推荐性的行业标准《公路项目安全性评价指南》[30]，对公路安全性评价工作进行了一定的规范和要求，但对隧道安全评价、规范规定较为宽泛。目前，在成渝高速公路的中梁山隧道、缙云山隧道，包茂高速公路的秦岭终南山隧道，宝天高速麦积山隧道等，通过引进国外设备与自主开发相结合的方式开展了隧道运营安全监控的初步实践。马壮林[31]通过高速公路隧道事故数据分析，从交通工程学、交通心理学和管理学的角度，分析了高速公路隧道交通事故产生的原因，并提出了改善行车安全、预防交通事故的对策。尚荣丽和张生瑞[32]分析了高速公路隧道交通事故的特点，从人性化和可持续发展的角度，建立了以静态管理和动态管理相结合的隧道安全保障系统，并探讨了其运作模式。张腾飞和刘伟华[33]以张涿(张家口—涿州)高速公路东马各庄隧道为实验对象，利用 VISSIM 交通仿真软件建立公路隧道及交通事故模型，从交通流、交通量、持续时间等方面分析隧道内交通事故对隧道通行能力的影响，以更大限度地实现高速公路隧道安全行车。胡顺峰[34]通过对某山区高速公路隧道群的交通事故进行统计分析，发现隧道出入口为事故多发区段，并分析其主要原因为洞口处亮度变化和车速过快。杨波等[35]在分析高速公路隧道交通事故类型及特点的基础上，从人、车、路和环境、管理四个方面采用事故树方法分析了高速公路隧道交通事故的主要原因，提出了预防和控制高速公路隧道交通事故安全的措施及建议。丁光明[36]通过高速公路隧道驾车实验，采用生理参数记录仪等设备监测驾驶员在行车过程中的瞳孔面积和心率的变化，探究了隧道段对驾驶员生理和心理的影响。张生瑞等[37]对北京—珠海(京珠)高速公路韶关段隧道群交通事故的统计资料进行分析，总结出了交通事故的时间分布、空间分布、事故形态和事故车辆组成特征，结合隧道出入口处和隧道内的通风、照明和道路特征对交通的影响，进行了交通事故多发段的成因分析，提出了减少交通事故的对策和建议。刘云翔和韩贝[38]对隧道交通事故的特点，采用基于权重改进的 FP-Growth 算法来建立关联规则挖掘模型，实验分析发现并提出了导致事故发生的频繁因素组合。余剑锋等[39]采用 VISSIM 软件对隧道交通事故进行仿真建模，分析隧道发生事故对通行能力的影响。李奎和蒋文[40]研究了驾驶员在高速公路隧道出入口行车时的心理和生理方面的状态，并分析其与导致交通事故发生之间的关系，提出了对出入口路段的优化设计措施。徐忠阳[41]结合高速公路隧道的工程实践，提出了采用改性乳化沥青稀浆封层及砼路面人工凿毛的措施来改善路面抗滑性能。闫慧丽等[42]基于西汉高速公路隧道群的交通事故数据，对影响行车速度的主要因素进行分析，建立基于人工神经网络的隧道群行车速度预测模型，通过实验结果分析各因素之间的关系，为制定高速公路隧道群限速标准提供依据。宋志洪[43]结合实际调研数据，对秦岭公路隧道群的平面线形、纵断面线形、横断面线形进行分析，研究不同线形条件下驾驶员心理变化及车速变化，建立了隧道线形对速度的影响模型，并提出了隧道群线形设计改进方案 。

(2)隧道安全评价方面。

郭延永等[44]采用灰色熵权聚类方法建立山区高速公路隧道交通安全评价模型，构建了包括道路、交通、环境和气候共 18 个指标的安全评价体系。赵峰[45]结合我国公路隧道运营的实际情况，以雁门关隧道进行实例分析，提出并验证了隧道风险评估体系和方法。戴学臻[46]在分析公路隧道事故成因和事故分布特征的基础上，建立了公路隧道设防等级和营运安全定量评价体系，针对隧道照明、通风和火灾管理等提出有效建议。许宏科等[47]结合层次分析法和模糊综合评价法，建立了高速公路隧道运营管理模型，并对黄鹤山隧道运营管理进行了实例验证。刘壮[48]通过对典型高速公路隧道群进行统计分析，建立了熵权-TOPSIS(technique for order perference by similarity to ideal solution)隧道运营安全评价模型，从隧道条件、交通特性、机电设施等方面对隧道安全性进行评价。陈鹏宇等[49]利用事故树分析方法构建了公路隧道火灾事故树模型，并引入三角模糊数来计算隧道火灾发生概率区间，从而提出了火灾事故防范措施。黄合来等[50]通过分析湖南雪峰山隧道群的危险化学品运输信息和交通事故特征，构建了危险化学品运输风险识别和风险值评价模型。马壮林等[51]采用 logistic 回归模型，分析了隧道交通事故的碰撞类型、天气、时段和年平均日交通量(annual average daily traffic，AADT)对事故严重程度的影响。吴森阳和胡学兵[52]采用数据统计和理论分析方法，提出适合我国隧道的安全等级评价方法，并建立了基于成本-效益的改善方案决策模型，为道路管理部门进行安全改善提供决策依据。段萌萌等[53]将曲线估计与多元非线性回归分析方法进行融合，建立了高桥隧比的高速公路事故预测模型。方守恩等[54]提出基于车辆速率差和驾驶员心率增长率对隧道群路段进行安全评价的方法和评价标准。詹伟等[55]基于事故灰色预测模型，并引入马尔可夫随机过程理论进行优化，建立了灰色马尔可夫模型，通过实验对比发现该模型可提高交通事故预测精度。

(3)隧道照明方面。

陈仲林和孙春红[56]在《公路隧道照明设计研究》中提出隧道照明设计应根据当地实际情况，用土建方法进行洞口设计，降低洞口景物亮度，采用合理的隧道照明设计和有效的节能措施，同时加强管理和维护，实现隧道照明节能、安全、舒适。王乾等[57]针对公路隧道出入口照明耗电量巨大，洞内外亮度的相差巨大等问题，以实验为基础对透光率进行研究，得出透光率在 10%时，路面照度更加满足人眼的需求。杨翠等[58]通过研究山区丘陵地区公路隧道上的交通特性，以在车速上保障隧道内部的交通安全，从而减弱行车人员对隧道内部照明的需求为目的，提出了多山地带的公路隧道照明安全节能控制的两种方案。王锦超[59]在隧道照明灯具方面分析了 LED 与高压钠灯的照明特性，针对隧道照明存在的问题，提出了自适应照明控制系统，通过实际隧道验证，在交通量较小的时期，柔性调光系统年节电 34%。郭春等[60]针对特长公路隧道的照明节能方面，分析了不同交通量下道路照度与电压之间的关系，以实际隧道进行实验，得出路面照度与电压之间的影响关系，并给出了不同车流量状态下的电压调节范围。肖少宁等[61]通过对隧道照明规律、隧道不同灯具的对比分析及大量实践应用案例的综合阐述，得出 LED 在隧道节能方面有优势。李然[62]通过对隧道照明灯具进行研究，分别对灯具不同的安装高度及不同的安装角度进行仿真分析，通过模拟计算数据得出评判指标和最佳安装位置。顾永鑫[63]基于国内新建隧道，在照明规范的基础上改进了亮度设计曲线，通过三元参数进行分组调光设计了软件系统，并对实际隧道进行节能效果测试，结果显示该系统能够较好地实现照明节能，并对行车安全起到保护作用。韩文元等[64]结合隧道的结构特点，根据道路安全性的需求对照明区域的边界条件进行了计算，对 20 种不同的公路隧道照明灯具进行了有效光通量和光通量利用系数计算。

(4)隧道运营方面。

赵湘茹等[65]从隧道管理机制、管理方法和应急救援等角度研究高速公路隧道运营管理，旨在提高隧道安全管理水平，从而最大限度地满足公众对行车安全、舒适高效的需要。邓长平[66]分析了影响隧道安全等级的主要因素，论述了分段纵向通风理论模型中环路单一、阻力预测、通风动力等特点，最大限度地协调长大高速公路隧道正常运行与防火减灾。乔飞艳[67]研究了高速公路隧道路段驾驶员视觉及心率规律，认为随着隧道长度增加，驾驶员的平均注视时间减少而平均注视次数增加，并分析了心率与车速的线性关系，从隧道照明和标志标牌设计方面对隧道的运营管理提出改进意见。窦永坤[68]依托云南省昭通市大永高速长隧道群，结合沿线自然与工程环境特点，系统研究了乌蒙山区高速公路长隧道群的运营安全专项措施，提出运营安全体系及相关建议，以期提高乌蒙山区高速公路运营安全的保障能力。周成[69]通过对西部某山区高速公路两座特长隧道车辆运行速度、道路线形、运营安全状况及不同限速标准方案的调查，分析研究了不同限速标准下特长隧道的车速分布以及运行速度与限制标准间的关系。得出结论：隧道入口车速普遍较高，存在一定的超速现象；大货车对限速标准的遵章率高于其他车型；限速标准的差异表现出隧道内较大的车速离散性；限速 60km/h 的隧道出口段，驾驶员表现出快速逃离隧道的驾驶心理，车速存在明显的上升趋势。运行速度一定程度上反映了隧道速度限速值的合理性，80km/h 的限速标准更符合驾驶员的行车预期，从而为隧道安全运营提供限速区域科学的建议。韦远飞等[70]以省道 303 线映卧公路南华隧道及紫荆隧道为工程依托，针对映卧公路特有的地质、地形的条件，分析了两座大纵坡特长隧道的平纵线形设置情况，针对两座大纵坡特长隧道可能存在的运营安全问题，分别从路线设计、隧道工程措施、附属工程措施及运营要求等方面提出了一系列安全改善措施。

综上所述，国内外针对隧道运营安全风险防控与示范已经开展了很多研究，国外的研究与实践相对来看涉及面广、数量众多、内容较为全面、经验积累丰富，而国内的研究尚处于初步阶段，研究的点散、应用的面窄、考虑的问题少，相关的行业标准缺乏，关于隧道运营安全风险防控方面没有指导性的纲领文件和业内通用的相关规范或标准，更没有综合性的示范工程项目可供借鉴。在我国当前高速公路用地紧张、长大隧道建设量大、隧道段地形和环境条件复杂等现实背景下，亟须开展在役长大隧道运营安全防控方面的学术研究和实践示范，建立相关的行业标准与示范工程，为隧道运营安全防治、实时监控、危险源识别与防控、事故处理、应急救援管理、事故后续原因分析等建立理论架构和实践经验，保证在役长大隧道能够提供更加安全稳定的运营环境。

1.3 市场需求前景与推广应用领域

随着国家高速公路网的建设，长大隧道的规模将进一步增大，隧道运营安全问题也将进一步凸显。在我国加快推进交通强国战略及新基建政策背景下，长大公路隧道运营安全风险的主动预防、有效监管、应急处置等关键技术研发的必要性尤显急迫。

云智能感知是指将物理世界的信号通过摄像头、激光雷达或者其他传感器的硬件设备，借助语音识别、图像识别等前沿技术，映射到数字世界，再将这些数字信息进一步提升至可认知的层次，如记忆、理解、规划、决策等。例如，巡检机器人对环境的感知智能，就是巡检机器人能够根据自身所携带的传感器对所处周围环境进行环境信息的获取，并提取环境中有效的特征信息加以处理和理解，最终通过建立所在环境的模型来表达所在环境的信息。随着传感技术的发展，传感器在巡检机器人中得到了充分使用，显著地提高了智能移动机器人对环境信息的获取能力。利用新型传感设备加以先进的分析技术，再结合云平台管理系统形成一个云智能感知系统，对提升隧道安全运营有重要的作用。

从现代隧道智能感知技术入手，依据现有的智能感知技术来分析长大公路隧道运营安全风险事故的发生机理、规律特征，构建合理的指标体系，构建隧道运营安全风险的动态辨识与报警机制，结合实际工程应用，开发长大公路隧道运营安全风险监测预警与管理决策体系，为我国长大公路隧道运营安全保障，提出科学、合理、可行的理论基础和应用模式与系统。研究建立的高速公路长大隧道运营安全防控理论成果和监测系统、决策管理系统、安全规程规范等应用成果，在高速公路运营管理中具有巨大的市场需求和应用前景，对提升我国公路隧道运营安全保障技术水平起到重要促进作用，同时，在普通公路隧道、城市公路隧道及铁路隧道的安全保障与风险防控领域，也具有广阔的应用前景。长大公路隧道云感知技术和方法在理念上先进、成熟，具有形成科学系统体系的特征，具体体现在以下几个方面。

(1)形成隧道运营的整体检测预警系统。针对我国高速公路长大隧道运营实际，综合考虑人、车、隧道、环境、管理及隧道照明、通风、供配电、监控等机电系统的多因素耦合影响，形成隧道运营的整体检测预警系统。

(2)建立科学的隧道运营安全风险辨识与评估理论。针对典型隧道运营事故类型及特点，建立事前辨识模型和事后辨识模型，建立多维度的隧道安全等级综合评估模型和防灾救援能力评估模型，形成具有普遍指导意义的在役长大隧道运营管理风险辨识手册和风险评估技术指南。

(3)开发先进的隧道运营安全监测管理信息系统。针对长大公路隧道及隧道群应用需要，综合应用先进性的传感检测技术、智能控制技术、工业网络技术、数据挖掘技术、云计算技术，在工程实践验证与完善的基础上，形成先进的隧道安全风险监测系统构建理论、应用模式及实际系统。

(4)建立可靠的隧道运营安全管理与应急决策体系，综合考虑隧道安全管理大系统，构建设备保障系统、安全管理体系、应急决策系统及完善安全防控策略集，提出可行的运营事故应急预案。通过事前全面监控、事中科学决策、事后快速处置，有效消除或降低安全隐患及事故危害，形成指导性强的在役长大隧道运营应急预案操作手册。

交通是国家的基础产业和经济发展的先行行业。作为一种现代化的公路运输通道，高速公路在当今社会经济中正在发挥着越来越重要的作用，成为工业生产、商业流通、人员出行、文化交流的重要基础。实践证明，高速公路的安全运营，对沿线的物流、资源开发、招商引资、产业结构的调整、横向经济联合起到积极的促进作用，促进了区际和区域各地区的经济联系，有效拉动内需，刺激高速公路附近地区的经济繁荣和发展，对区域经济发展和空间格局演化具有重要作用。隧道安全是高速公路安全、畅通、高效的重要保障和前提。针对我国公路隧道运营安全的难点，结合国内外隧道建设和安全管理的实际应用情况，借鉴国内外隧道安全保障系统的科学研究成果，前瞻性地应用信息、通信、控制及管理技术，研发高速公路长大隧道智能化安全监测系统，提出完善的安全保障措施和应急预案，为国内高速公路隧道安全防控技术更新和管理模式改革提供全方位的现实参考。

第 2 章　隧道云智能感知的新型设备与技术

2.1　激光雷达感知技术与方法

2.1.1　激光雷达简介

20 世纪 60 年代，激光作为一项新兴技术刚一出现，便引起雷达测量领域的广泛关注。随着技术的不断发展，研究人员对激光雷达的探索也在不断深入，激光雷达的技术应用也层出不穷，如光学相干断层扫描(optical coherence tomography，OCT)影像技术、数字全息技术及车载激光雷达测量技术等。其工作原理是向目标发射探测信号(激光束)，然后将接收到的从目标反射回来的信号(目标回波)与发射信号进行比较，做适当处理后，就可获得目标的有关信息，如目标距离、方位、高度、速度、姿态、形状等参数，从而对飞机、导弹等目标进行探测、跟踪和识别。激光雷达由激光器、接收器、旋转机构和信息处理单元等组成，激光器将电脉冲变成光脉冲发射出去，接收器再把从目标反射回来的光脉冲还原成电脉冲，发送到显示器。历经 50 余年的发展，激光雷达技术已从最初的激光测距技术，逐步发展了激光跟踪、激光测速、激光扫描成像、激光多普勒成像等技术，因此出现了各种不同种类的激光雷达(激光测距传感器)，被广泛地应用于各个领域。激光雷达在很多年前，并未被大众所熟知，直至近年来机器人和无人驾驶技术的兴起，激光雷达才逐渐进入人们的视野，在一开始激光雷达不只应用于机器人(包括无人驾驶)领域，它还被广泛地应用于 VR/AR(Virtual Reality/Augmented Reality)、智慧交通、海洋探索和渔业资源监测、3 维(3D)打印等领域。图 2-1 为 VLP-32C 激光雷达。

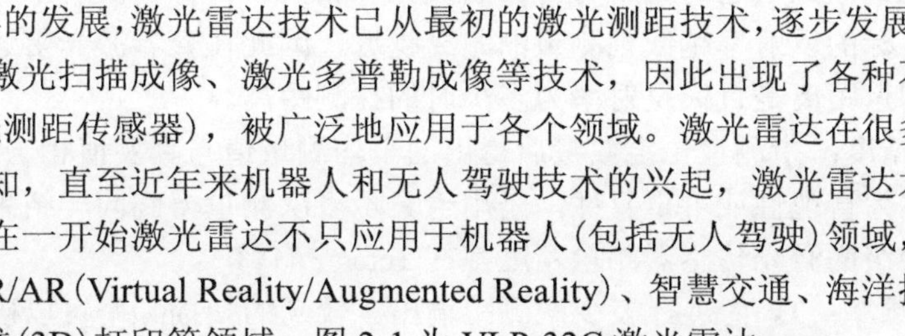

(a) VLP-32C 实物图　　(b) VLP-32C 的内部结构

图 2-1　VLP-32C 激光雷达

1) 激光雷达结构组成

激光雷达主要由激光器、接收器、信号处理单元和旋转机构组成。

(1) 激光器：激光雷达中的激光发射机构。在工作过程中，它会以脉冲的方式点亮。

(2) 接收器：激光器发射的激光照射到障碍物以后，通过障碍物的反射，反射光线会经由镜头组汇聚到接收器上。

(3) 信号处理单元：信号处理单元负责控制激光器的发射，以及接收器收到的信号的处理。根据这些信息计算出目标物体的距离信息。

(4) 旋转机构：以上 3 个组件构成了测量的核心部件。旋转机构负责将上述核心部件以稳定的转速旋转起来，从而实现对所在平面的扫描，并产生实时的平面图信息。

2) 激光雷达主要参数

激光雷达参数主要包括：激光波长、测量距离、测距精度、扫描频率、角分辨率、视场角大小、雷达线束、安全等级。

(1) 激光波长：目前市场上激光雷达最常用的波长是 905nm 和 1550nm。1550nm 波长激光雷达可以以更高的功率运行，以提高探测范围，同时对于雨雾的穿透力更强。905nm 波长激光雷达的主要优点是硅在该波长处吸收光子，而硅基光电探测器通常比探测 1550nm 光所需的铟镓砷(InGaAs)近红外探测器便宜。

(2) 测量距离：激光雷达所标称的距离大多以 90%反光率的漫反射物体(如白纸)作为测试基准。激光雷达的测距与目标的反光率相关。目标的反射率越高则测量的距离越远，目标的反射率越低则测量的距离越近，因此在查看激光雷达的探测距离时要知道该测量距离是目标反射率为多少时的探测距离。

(3) 测距精度：指测量一定数量后得出的平均测量值与真实值相一致性的度量。重复精度也称为再现性或可重复性，是用于表示多次测量得到同一结果的可能性的量，一般测绘级的激光传感器测量精度都在 1cm 左右。

(4) 扫描频率：1s 内进行多少次测距输出。较高的扫描频率可以确保安装激光雷达的机器人实现较快速度的移动。但要提高扫描频率并不只是简单地加速激光雷达内部扫描电机旋转这么简单，对应地需要提高测距采样率，否则当采样频率固定时，更快的扫描速度只会降低角分辨率。

(5) 角分辨率：角分辨率是扫描仪分辨目标的能力，角分辨率越小，则表明能够分辨的目标越小，这样测量出的点云(point cloud)数据就越细腻。角分辨率包括垂直分辨率和水平分辨率，水平方向上由电机带动，所以水平分辨率可以做得很高，一般可以做到 0.01° 级别；垂直分辨率不仅与发射器几何大小相关，也与其排布有关系，就是相邻两个发射器间隔做得越小，垂直分辨率就会越小，垂直分辨率为 0.1°～1° 的级别。

(6)视场角大小：指激光束通过扫描装置所能达到的最大角度范围，包括水平视场角和垂直视场角。垂直视场角一般为 30°～50°；机械式的水平视场角一般为 360°，固态式水平视场角一般为 80°～120°。

(7)雷达线束：常见的激光雷达的线束有 16 线、32 线、64 线等。多线激光雷达能够同时发射及接收多束激光，通过电机的旋转形成多条线束的扫描。理论上讲，线束越多、越密，对环境描述就更加充分。

(8)安全等级：根据激光对人体的危险度分类，以在光树内观察对眼睛的 MPE(maximal possible effect，最大可能的影响)为基准，可分为一到四级(Class Ⅰ～Class Ⅳ)。激光产品厂商应该把 Class Ⅱ、Ⅲ和Ⅳ的警示标签贴到相应的激光产品上。

2.1.2　激光雷达工作原理

激光雷达是一种光学传感器与机械装置组成的机械设备，通常用于物体检测与距离测量。每个激光雷达都包含一组/多组激光发射器和激光接收器，激光发射器发射出的激光会在障碍物上发生反射，被接收器接收，再通过飞行时间(time of flight，TOF)法来测算障碍物与激光雷达的距离。因为每组发射器、接收器的位置和角度是固定且已知的，所以可得到障碍物点在激光雷达坐标系中的球坐标。激光雷达按是否旋转可分为三类：固态激光雷达、旋转式激光雷达、旋转固态激光雷达。其中固态激光雷达指的是其激光发射器和接收器所在的部位是静止的，这样的雷达优点在于激光点稳定、扫描频率高，缺点是只能扫描前方某一固定角度范围内的物体。而旋转式激光雷达则是将激光发射器和接收器安装在一个可旋转部件上，每次只扫描一条竖线，通过下方的旋转电机带动旋转，则可以扫描水平 360° 范围内的所有区域。旋转式激光雷达的优点在于扫描范围大，可以覆盖水平 360° 内所有的区域，缺点是扫描频率较低，高线数的雷达价格较为昂贵，并且安装在车上进行实际场景的实验时旋转部件易磨损。而旋转固态激光雷达则结合了上述两类激光雷达的特点，外部是一个可以透过激光的外罩，内部是激光发射器、接收器和旋转部件，从外观看，类似于固态激光雷达，但是实际上内部是旋转式激光雷达。典型雷达基本组成图如图 2-2 所示[71]。

目前激光雷达的测量原理主要有脉冲法、相位法和三角法，脉冲法和相位法对激光雷达的硬件要求高，但测量精度比三角法要高得多，故多用于军事领域。

(1)脉冲法。脉冲激光测距简单来说就是针对激光的飞行时间差进行测距，它是利用激光脉冲持续时间极短，能量在时间上相对集中，瞬时功率很大的特点进行测距。当有合作目标时，可以进行很远的测程；在近距离测量(几千米内)情况下即使没有合作目标，在精度要求不高的情况下也可以进行测距。该方法主要用于地形测量、战术前沿测距、导弹运行轨道跟踪、激光雷达测距、人造卫星及地月距离测量等。

脉冲式激光测距原理如图 2-3 所示。由激光发射系统发出一个持续时间极短的脉冲激光，经过待测距离 L 之后，被目标物体反射，发射脉冲激光信号被激光接收系统中的光电探测器接收，时间间隔电路通过计算激光发射和回波信号到达之间的时间 t，得出目标物体与发射处的距离 L。其精度取决于：激光脉冲的上升沿、接收通道带宽、探测器信噪比和时间间隔精确度。

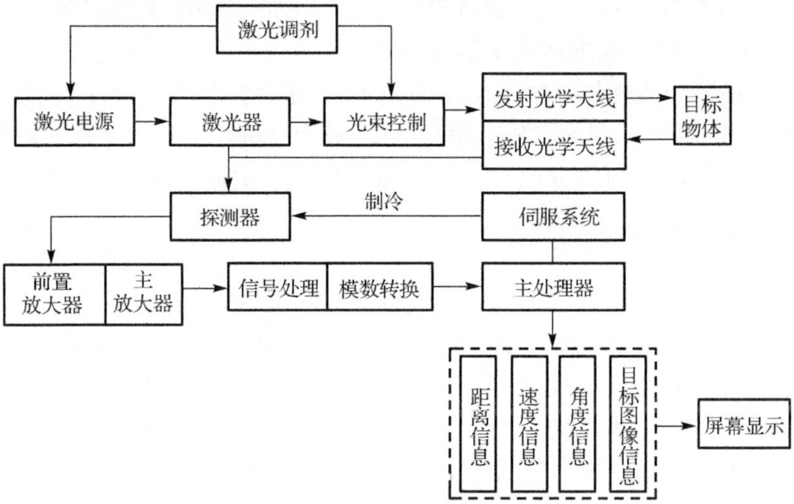

图 2-2　典型雷达基本组成图

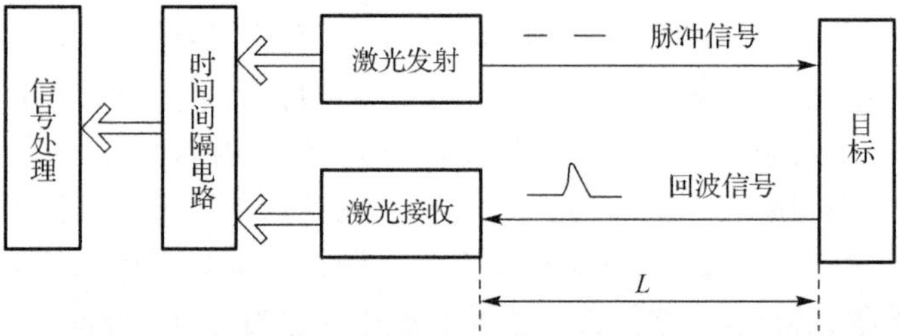

图 2-3　脉冲式激光测距原理

(2) 相位法。相位式激光测距仪用无线电波段的频率，对激光束进行幅度调制并测定调制光往返测线一次所产生的相位延迟，再根据调制光的波长，换算此相位延迟所代表的距离，即用间接方法测定出光往返测线所需的时间。相位法的测距原理是先根据发射的信号和反射接收的信号之间的相位差计算出飞行时间，再将其转换为目标的距离，是一种间接的测量方法。距离计算公式为

$$t=\frac{\varphi}{\omega} \tag{2-1}$$

$$D=\frac{c}{2}\cdot t=\frac{c}{2}\cdot\frac{\varphi}{\omega}=\frac{c}{2}\cdot\frac{N\pi+\Delta\varphi}{2\pi f}=\frac{c}{4\pi f}\left(N\pi+\Delta\varphi\right) \tag{2-2}$$

式中，t 表示光往返激光器与目标一次所需的时间；ω 表示调制信号的角频率；φ 表示信号往返测试线一次产生的总的相位延迟；D 表示激光器与目标之间的距离；c 表示光在大气中传播的速度；N 表示测试所包含调制半波个数；$\Delta\varphi$ 表示信号往返测试线一次产生行为延迟不足的部分。在给定调制和标准大气条件下，频率 $\frac{c}{4\pi f}$ 是一个常数。

(3) 三角法。激光位移传感器的测量方法称为激光三角测距法(简称三角法)，激光测距仪的精度是一定的，同样的测距仪测 10m 与 100m 的精度是一样的。而激光三角反射法测量精度是跟量程相关的，量程越大，精度越低。激光三角测距法主要是通过一束激光以一定的入射角度照射被测目标，激光在目标表面发生反射和散射，在另一角度利用透镜对反射激光汇聚成像，光斑成像在电荷耦合器件(charge-coupled device，CCD) 位置传感器上。当被测物体沿激光方向发生移动时，位置传感器上的光斑将产生移动，其位移大小对应被测物体的移动距离，因此可通过算法设计，由光斑位移距离计算出被测物体与基线的距离值。由于入射光和反射光构成一个三角形，对光斑位移的计算运用了几何三角定理，故该测量法称为激光三角测距法。

激光发射器通过镜头将可见红色激光射向物体表面，经物体反射的激光通过接收器镜头，被内部的 CCD 线性相机接收，根据不同的距离，CCD 线性相机可以在不同的角度下“看见”这个光点。根据这个角度就可以知道激光和相机之间的距离，数字信号处理器就能计算出传感器和被测物之间的距离。同时，光束在接收元件的位置通过模拟和数字电路处理，并通过微处理器分析，计算出相应的输出值，并在用户设定的模拟量窗口内，按比例输出标准数据信号。如果使用开关量输出，则在设定的窗口内导通，窗口之外截止。另外，模拟量与开关量输出可设置独立检测窗口。

2.1.3 激光雷达在隧道云智能感知方面的应用

激光雷达具有获取数据周期短、扫描场景完整、精度高、无接触、不受环境限制等优势，因此对隧道内环境的适应性较强，且隧道点云分割方法不受隧道点云噪声、缺失的影响，对点云密度不匀质的情况也可以有效地分割点云，能够有效地识别出隧道结构病害。通过激光雷达对隧道进行非接触式检测，并通过数据采集板卡把检测数据传输至计算机进行实时保存。对于获取得到的点云数据需要经过公式转换得到隧道断面检测点的二维坐标，结合编码器及惯性导航系统数据信息得到隧道曲面的三维坐标。对点云数据进行预处理，预处理完之后的点云数据进行隧道断面拟合及建模，最后选取适当的方法对隧道断面进行拟合，进而分析隧道内形变情况(图 2-4 为去噪前后隧道断面点云数据拟合图)[72]。

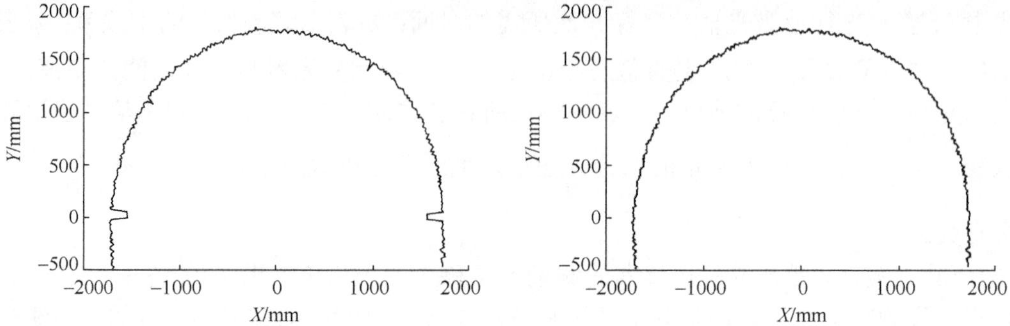

(a) 去噪前隧道断面点云数据拟合图　　(b) 去噪后隧道断面点云数据拟合图

图 2-4　去噪前后隧道断面点云数据拟合图

对隧道断面进行多次检测，得到不同时期对隧道同一断面检测后拟合的图像(图 2-5)。图 2-5(a)为前期隧道施工完成后检测所拟合的图像，图 2-5(b)则是后期在隧道壁上涂抹黏土层模拟形变隧道并对其检测之后拟合的图像。

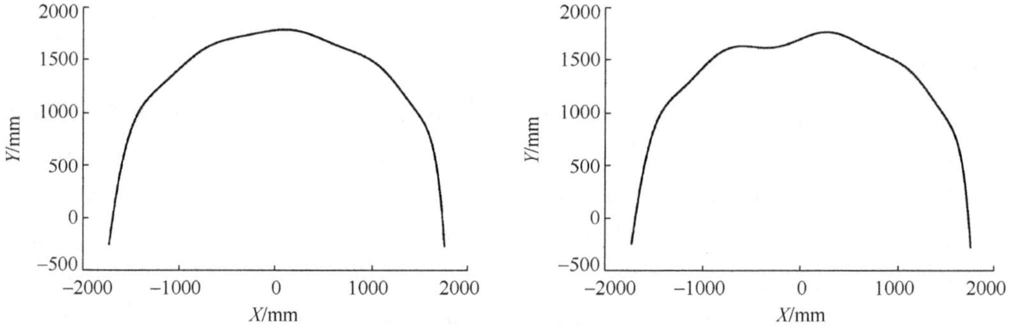

(a) 前期隧道断面拟合图　　(b) 后期隧道断面拟合图

图 2-5　不同时期同一位置隧道断面拟合图

经过对比可以看出，图 2-5(b)相比图 2-5(a)在隧道顶部左侧位置拟合曲线明显有所凹陷，说明在这个位置隧道断面发生了局部形变。提取同一区间段不同位置的断面进行拟合，拟合图如图 2-6(a)和图 2-6(b)所示。

两幅拟合图均有椭圆特征，对它们的长轴及短轴进行比较，发现图 2-6(b)的长、短轴长度明显短于图 2-6(a)，说明在这个区间段内隧道发生了收敛。

利用激光点云图可以识别出火灾，如图 2-7 的隧道火灾模拟检测结果所示，激光点云图中火焰明显。此外，融合型激光雷达火灾探测器还引入了无尘窗口、除尘宝、激光眼等专利技术，能够很好地适应高速隧道内油污、烟雾、粉尘的污染环境。

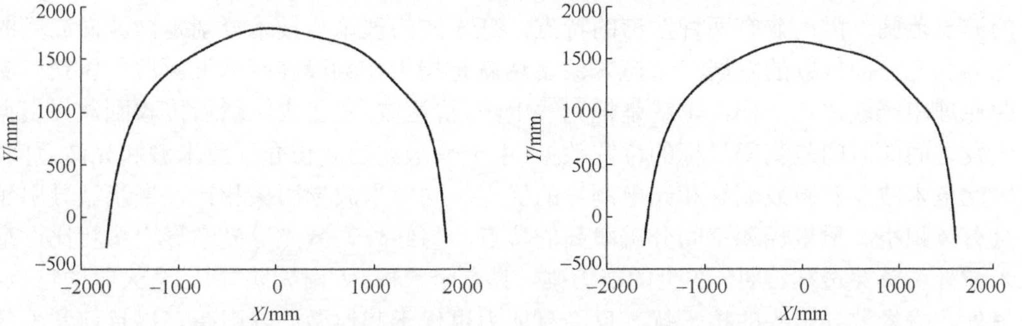

(a) 前面位置隧道断面拟合图　　(b) 后面位置隧道断面拟合图

图 2-6　同一时期不同位置隧道断面拟合图

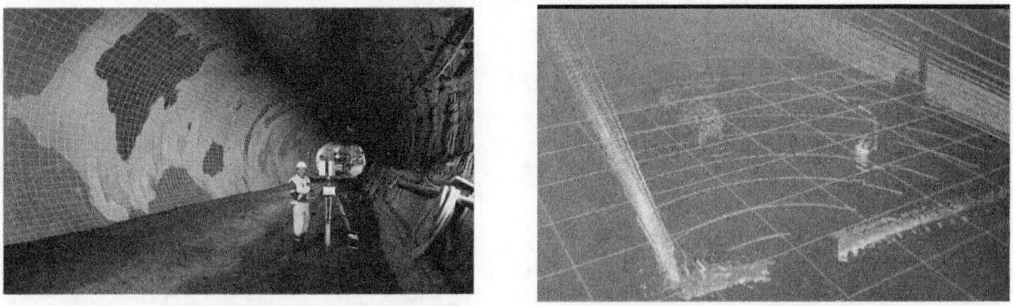

(a) 隧道渗漏水检测　　(b) 隧道内火灾模拟检测

图 2-7　隧道内火灾模拟检测图(激光点云)(见彩图)

随着巡检机器人智能化的发展，工人只需在办公室环境内就能完成各种巡检任务，极大地节约了成本和提高了效率。目前巡检机器人的导航定位常用到的传感器有全球定位系统(global positioning system，GPS)、Wi-Fi、超声定位、相机、激光雷达。其中，GPS 不适合在室内或有明显遮挡的环境中，Wi-Fi 和超声定位易受环境噪声干扰，相机对环境中的光线敏感。由于隧道环境特殊，因此这些传感器不适合作为隧道巡检机器人定位系统的主要传感器。激光雷达具有精度高、性能稳定、不受环境影响等特点，基于激光雷达的自主定位技术可满足机器人高精度、高稳定性定位的要求。

2.2　毫米波雷达感知技术与方法

2.2.1　毫米波雷达简介

毫米波是无线电波中的一段，波长为 1～10mm，它位于微波与远红外波相交叠的波长范围，因而兼有两种波谱的特点。毫米波的理论与技术分别是微波向高频的延伸和光波向低频的发展[73]。毫米波雷达就是指工作频段在毫米波频段的雷达，测距原理跟一般雷达一样，也就是把无线电波(雷达波)发出去，然后接收回波，根据收发之间的时间差测得目标的位置数据。由于毫米波的波长介于厘米波和光波之间，因此毫米波兼有微波制导和光电制导的优点。同厘米波导引头相比，毫米波导引头具有体积小、质量轻和空间分辨率高的特点。与红外、激光等光学导引头相比，毫米波导引头穿透雾、烟、灰尘的能力强，具有全天候(大雨天除外)、全天时的特点。另外，毫米波导引头的抗干扰、反隐身能力也优于其他微波导引头。以目前常见的平板天线雷达为例，其主要构成部件如图 2-8 所示。图中 PCB 为印制电路板(printed circuit board)。

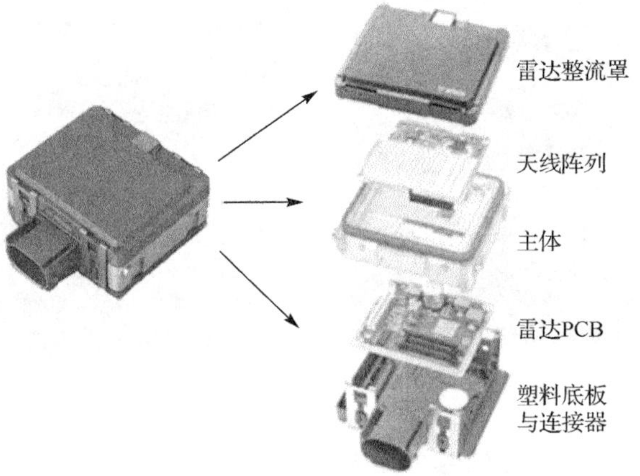

图 2-8　毫米波雷达结构图

(1)天线：因为天线尺寸和波长相当，所以毫米波雷达的天线可以很小，从而可以使用多根天线来构成阵列天线，达到窄波束的目的。随着收发天线个数的增多，这个波束可以很窄。目前车载雷达中比较常见的是平面天线阵列雷达，因为相比其他实现方式，平面雷达没有旋转机械部件，从而能保证更小的体积和更低的成本。

(2)射频前端：射频前端通过发射和接收毫米波，得到中频信号，从中提取距离、速度等信息。因此，射频前端直接决定了雷达系统的性能。当前毫米波雷达射频前端主要为平面集成电路，有混合微波集成电路(hybrid microwave integrated circuit，HMIC)和单片微波集成电路(monolithic microwave integrated circuit，MMIC)两种形式。

(3)数字处理：主要包括阵列天线的波束形成算法、信号检测、测量算法、分类和跟踪算法。

影响毫米波传播的主要气体是氧气分子和水蒸气，这些气体的谐振将会对毫米波频率产生选择性吸收和散射。在整个毫米波频段有 4 个传播衰减相对较小的大气窗口，它们的中心频率为 35GHz、94GHz、140GHz 和 220GHz，对应的波长分别为 8.6mm、3.2mm、2.1mm 和 1.4mm。这些窗口对应的带宽分别为 16GHz、23GHz、26GHz 和 70GHz。以上 4 个窗口中任何一个窗口的可用带宽几乎可以把包括微波频段在内的低频频段容纳在内，毫米波的可用频带宽度非常丰富。由此可以归结出毫米波的多种应用优势。

(1) 小天线口径、窄波束：具有高跟踪和引导精度；易于进行低仰角跟踪，抗地面多径和杂波干扰；对近空目标具有高横向分辨力；对区域成像和目标监视具备高角分辨力；具有窄波束的高抗干扰性能；具有高天线增益；容易检测小目标，包括电力线、电杆和弹丸等。

(2) 大带宽：具有高信息速率，容易采用窄脉冲或宽带调频信号获得目标的细节结构特征；具有宽的扩谱能力，可以减少多径、杂波并增强抗干扰能力；当与频率相近的雷达或毫米波识别器一起工作时，抗干扰性强；具有高距离分辨力，易得到精确的目标跟踪和识别能力。

(3) 高多普勒频率：具有对慢目标与振动目标的良好检测和识别能力；易于利用目标多普勒频率特性进行目标特征识别；对干性大气污染穿透性强，可以提供在尘埃、烟尘和干雪条件下的良好检测能力。

(4) 良好的抗隐身性能。当前隐身飞行器上所涂覆的吸波材料都是针对厘米波的，根据国外的研究，毫米波雷达照射的隐身目标，能形成多部位较强的电磁散射，使其隐身性能大大降低，所以，毫米波雷达还具有反隐身的潜力。

毫米波在雷达中应用的主要限制包括：在雨、雾和湿雪等高潮湿环境对信号有较大的衰减影响，以及大功率器件和插损的影响会降低毫米波雷达的探测距离；树丛穿透能力差，相比微波，对密树丛穿透力低。

2.2.2　毫米波雷达工作原理

毫米波雷达的发射波具有多种类别选择，包括脉冲波形和连续波形。对脉冲波形毫米波雷达而言，其发射的高频脉冲信号传输速度极快，使得接收机系统接收信号的时间间隔极短，这对系统信号处理速度提出了很高的要求，同样也对硬件设备的规格有一定的规定，因此脉冲毫米波雷达的实际应用通常受到一定限制。与脉冲毫米波雷达不同，毫米波连续波雷达发射一系列已调连续信号，易于调制，在车载毫米波雷达中应用最为广泛。

调频连续波 (frequency modulated continuous wave，FMCW) 雷达是目前应用较广的雷达，是指发射频率受特定信号调制的连续波雷达，如气象雷达。调频连续波雷达通过比较任意时刻回波信号频率与此时刻发射信号频率的差来得到目标的距离信息，距离正比于两者的频率差，目标的径向速度和距离可由测量的两者频率差处理后得到。与其他测距测速雷达相比，FMCW 雷达的结构更简单。FMCW 的技术经验较丰富，所需的发射功率峰值较低、容易调制、成本低、信号处理简单，因而是汽车雷达中常用的雷达[74]。

1. 测距原理

FMCW 雷达在扫描周期内发射频率变化的信号，通过接收被物体反射回来的信号和发射信号的频率差，来计算物体的距离，毫米波雷达机理示意图如图 2-9 所示。

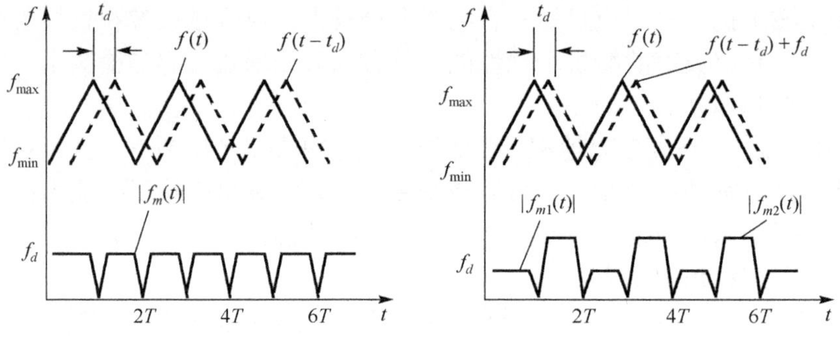

图 2-9　毫米波雷达机理示意图

图 2-9 中虚线为接收信号，黑色直线为发射信号，T 为雷达的采样周期，t 为电磁波在空气中传播的时间；t_d 为接收信号与发射信号的时间差；f_d 表示毫米波雷达信号中频频率；f_{m1} 和 f_{m2} 分别表示三角波的上升沿和下降沿输出的中频频率。c 为真空中的光速，目标和雷达之间距离为 R，电磁波一来一回就是 $2R$，因此可以计算出传播时间，如式(2-3)所示。

$$t = \frac{2R}{c} \tag{2-3}$$

将天线的发射信号和接收信号通过雷达数据处理模块的混频器进行下变频，得到两者的频率差，记为 f_{IF}，如式(2-4)所示。

$$f_{IF} = St + \frac{2f_0 v}{c} = \frac{2RS}{c} + \frac{2f_0 v}{c} \tag{2-4}$$

式中，S 为发射信号的斜率；f_0 为雷达的工作频率，f_0=77GHz；v 为目标的速度；$\frac{2f_0 v}{c}$ 为多普勒效应引起的频率差，由于 $RS \gg f_0 v$，所以可以忽略掉多普勒效应所带来的相位差。得到距离 R 为

$$R = \frac{f_{IF} c}{2S} \tag{2-5}$$

测距范围为

$$0 \leqslant R \leqslant \frac{F_{\mathrm{IF}} c}{2S} \tag{2-6}$$

式中，F_{IF} 为 AD(analog to digital，模/数转换器)采样频率。

测距分辨率为

$$R_{\mathrm{res}} = \frac{c}{2T_{\mathrm{AD}} S} = \frac{c}{2B} \tag{2-7}$$

式中，B 为发射信号的带宽。根据快速傅里叶变换(fast fourier transform，FFT)的相关原理，两个频率能够被区分的要求是频率差小于采样时间倒数，假如采样时间是 T_{AD}，得到的分辨率为采样点数和采样频率的比值。

2. 测速原理

上面混频器输出信号的相位差，就是同一接收信号和发射信号的相位差，记为 ϕ：

$$\phi = \frac{2\pi \cdot 2R}{\lambda} \operatorname{mod}(2\pi) \tag{2-8}$$

式中，R 为目标和雷达之间的距离；λ为发射信号波长。

因此相邻两个线性调频信号之间的相位差为

$$\Delta\phi = \frac{4\pi \cdot \Delta R}{\lambda} \operatorname{mod}(2\pi) = \frac{4\pi \cdot V T_C}{\lambda} \operatorname{mod}(2\pi) \tag{2-9}$$

式中，V 为目标的径向速度；T_C 为 chirp 信号的周期。

将式(2-9)进行变形，得到目标的速度为

$$V = \frac{\lambda \Delta\phi}{4\pi T_C} \tag{2-10}$$

雷达速度在数据显示上有正负之分，当目标靠近雷达，即来向运动时，速度为负；当目标远离雷达，即去向运动时，速度为正。根据采样定理，频率最大为采样频率的一半，因此得到相位上的关系为 $-\pi \leqslant \Delta\phi \leqslant \pi$，进而算出目标速度的测量范围：

$$-\frac{\lambda}{4T_C} \leqslant V \leqslant \frac{\lambda}{4T_C} \tag{2-11}$$

根据采样定理，两个信号只有相位相差一个周期以上，才能够有所区分，因此得到了雷达测速的分辨率(式(2-12)和式(2-13))。

$$\Delta\phi \geqslant \frac{2\pi}{N} \tag{2-12}$$

$$V_{\text{res}} = \frac{\lambda}{2NT_C} \tag{2-13}$$

式中，N 表示周期数。

3. 测角原理

毫米波雷达是多发多收雷达，因此可以用来测量目标的角度信息，雷达工作图如图 2-10 所示。

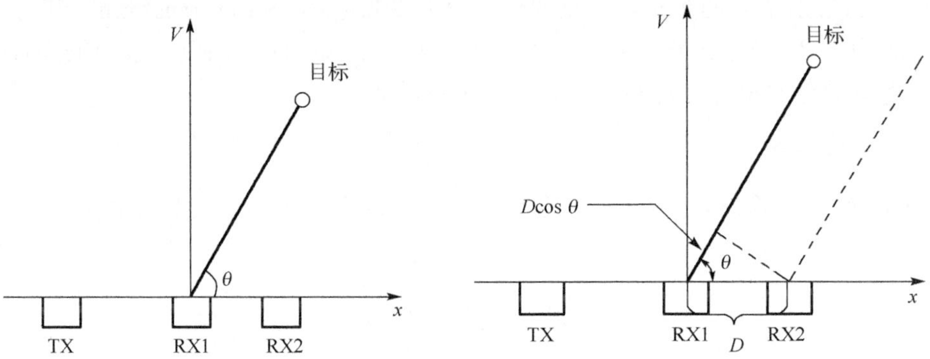

(a) 雷达天线工作图　　(b) 雷达接收天线

图 2-10　雷达工作图

TX 表示发射波；RX 表示反射波

图 2-10 中两个接收天线之间的距离为 D，根据上面的测速原理，很容易得到中频信号的相位差如式(2-9)所示。因此当雷达发射的电磁波遇到目标返回时，雷达接收天线收到信号(图 2-10(b))。

两个天线之间的距离为 D，天线和目标的角度是θ，因此两个天线之间的相位差为

$$\Delta\phi = \frac{2\pi \cdot D \cdot \cos\theta}{\lambda} \tag{2-14}$$

同样根据采样定理，两个信号之间必须相差一个周期，可以得到式(2-15)～式 (2-17)：

$$\frac{2\pi \cdot D \cdot \cos\theta}{\lambda} \geqslant \frac{2\pi}{N} \tag{2-15}$$

$$\Delta\theta \geqslant \frac{\lambda}{ND\sin\theta} \tag{2-16}$$

$$\Delta\theta \geqslant \frac{\lambda}{D} \tag{2-17}$$

4. 恒虚警检测

由于环境中存在大气噪声和人为的噪声，在雷达内部存在内部噪声，而且信号都是叠加在噪声上面的，因此需要有一种技术来判断，在各种噪声环境的影响下，所接收的信号是否还是目标反射的信号。恒虚警检测就是通过雷达输出的信号结合环境的噪声，来判断探测的目标是不是存在。恒虚警概率检测(自适应门限检测)是为了适应在干扰及噪声未知的环境下得到与估相匹配的检测和虚警概率的技术。为了得到恒定的误报警概率，实际干扰噪声的功率电平必须实时地从数据中估计，从而调整相应的检测门限以获得期望的虚警概率 P_{FA}。在上述情况下，待检测单元的噪声水平可以从邻近的单元预估计得到，用 X_i 表示当前待检测单元，用设定的门限和这个单元进行比较，如果单元的值大于门限，则说明这个单元内存在目标。当干扰主要为高斯分布的噪声时，经过平方律检波器变为指数分布，假设噪声独立且通道功率为 β^2，单元平均检测门限为

$$T = \alpha\beta^2 \tag{2-18}$$

假设有 N 个相邻单元，根据虚警概率和门限的关系推导出式(2-19)：

$$\alpha = N(P_{\mathrm{FA}}^{1/N} - 1) \tag{2-19}$$

在一个脉冲周期内，单元平均检测门限为 T，在无干扰且噪声符合高斯分布的情况下，虚警概率为

$$P_{\mathrm{FA}} = \mathrm{e}^{-T/\beta^2} \tag{2-20}$$

虚警概率的数学期望为

$$\overline{P_{\mathrm{FA}}} = \left(1 + \frac{\alpha}{N}\right)^{-N} \tag{2-21}$$

相应的检测概率为

$$P_D = \mathrm{e}^{-T(1+\mathrm{SNR})} \tag{2-22}$$

根据平均检测概率和平均虚警概率，消去 α，可以得到给定的虚警概率和检测概率下所需要的目标最低信噪比：

$$\mathrm{SNR} = \frac{\left(\dfrac{\overline{P_D}}{\overline{P_{\mathrm{FA}}}}\right)^{1/N} - 1}{1 - \overline{P_D}^{1/N}} \tag{2-23}$$

式中，$\overline{P_{\mathrm{FA}}} = 1\times10^{-6}$，最小可检测速度阈值为 0.1m/s，最大距离阈值为 1m^2，最大可

检测速度阈值为 2m/s，在待检测单元附近设置保护单元各为 1，参考窗总数为 24，信噪比为 30dB 左右。

2.2.3 毫米波雷达在隧道云智能感知方面的应用

将传统视频监控技术与毫米波雷达技术进行融合、创新，利用基于精准感知的智能运行安全动态监测及主线控制技术，可以解决目前视频监控技术易受光线、天气、环境等影响的问题，实现对隧道交通量的调节、警告和诱导，提升高速公路运行安全水平与道路通行能力。基于全向广域毫米波雷达精准感知技术的高速公路（隧道）运行监测及智能预警系统，可以对导致隧道运行安全风险的各种事件及交通数据进行实时、精准的监测，并形成高效、准确的交通流数据分析和控制策略，在向监控管理人员报警的同时，通过道路可变信息标志向车辆驾驶员进行智能预警，有效地减少交通流速度差，最大限度预防二次事故和降低交通事故率，提高道路通行能力。将全向广域毫米波雷达精准感知技术应用于高速公路隧道运行监测管理系统的主要优势包括以下几方面。

（1）全天候、全照度工作。系统不受任何天气、光线、环境条件的影响，在雾、烟、尘、风暴、雨雪、眩光、全黑、火灾等各种情况下都能正常工作，监测功能不受任何影响。

（2）超长 600m 监测距离，全范围覆盖。系统可以实现对 600 m 范围内 360° 全方位实时实景感知监测，实现 600m 范围内车辆的跟踪监测，能够覆盖路面车道的各个方位，目标监测数量≥256 个。

（3）误报率极低。毫米波雷达精准感知监测系统的误报率为每 24h 小于 1 次。在高速公路隧道出入口及隧道内部设置车辆检测装置，用以测量通过的车辆数及相应时刻车辆占有检测装置的时间，由这些参数计算出在某时间间隔内某处的交通参数及堵塞程度，作为控制中心分析判断、制定控制方案的主要依据。

基于毫米波雷达和相机的信息融合，分别利用毫米波雷达和相机进行目标检测，随后对目标数据进行特征提取、身份识别及决策层融合，可实现对融合目标进行风险评估和危险目标筛选。毫米波雷达和相机在进行目标检测时各有优劣，毫米波雷达可以全天候工作，并且可以更准确地测量目标的纵向距离和速度；相机可以获取更丰富的场景信息，可以识别车道线和车型等。对两者进行信息融合可以实现传感器数据互补，从而获得更完备的目标信息，提高系统的目标检测能力。对异质传感器进行信息融合前，通常需要对传感器数据进行时间配准和空间配准，确保融合中心获取的不同传感器数据描述的是同一时间、同一地点的环境信息。然后进行目标匹配与数据融合，在获得融合目标后对其进行跟踪，提高目标检测的稳定性。将毫米波传感器与数据分析软件相结合，对覆盖范围内目标的速度、距离、经纬度都可做到准确的监测，可以极大地满足高速公路运营管理部门对实时准确的交通信息进行全自动采集和对异常事件进行及时报警的需求，适用于高速公路隧道等山区高速公路事故多发地带及平原地带高速公路的交通意外事故、事件监测。

广域毫米波雷达的精准感知技术与其他平台，如视频监控、气象要素仪等进行平台联动对接，对采集到的交通信息进行分析、分类、汇总，实现路网的全息全景感知与智能化综合控制，用于高速公路匝道控制。高速公路交通控制分为入口匝道控制、主线可变限速控制、通道控制 3 种方式。基于全向广域毫米波雷达精准感知技术的高速公路隧道运行监测及智能预警系统实现了对隧道内道路运行状态的全天候、全照度、全自动监测，可以穿透烟雾等视觉障碍，准确定位被困行人、车辆，为隧道的安全运行与应急救援提供最佳解决方案；通过服务器中心数据处理系统可以对采集到的交通信息进行分析处理，从而实现隧道内的全息全景感知与智能化预警[75]。

2.3　摄像机感知技术与方法

2.3.1　摄像机简介

从第一代摄像机发展到现在，摄像机取得了巨大的发展，从黑白到彩色，从普通枪机到一体机，从模拟到数字，从标清到高清，从非智能到智能。摄像机主要由镜头、影像传感器、数字信号处理器(digital signal processing，DSP)等组成，被摄物体经过镜头聚焦至传感器上，传感器由多个 *X*-*Y* 纵横排列的像素点组成，每个像素都由一个光电二极管及相关电路组成，光电二极管将光线转变成电荷，收集到的电荷总量与光线强度成比例，所积累的电荷在相关电路的控制下，逐点移出，经滤波、放大，再经过 DSP 处理后形成视频信号输出。

1. 模拟监控时代

黑白电视机、黑白摄像机最初多用于军事领域，伴随着黑白摄像机逐步走进民用领域，早期的视频监控系统诞生了，称为闭路电视(closed circuit television，CCTV)监控系统，采用模拟方式传输，也称为模拟监控系统。当时模拟摄像机输出的是模拟视频信号，通过编码器可以将视频采集设备产生的模拟视频信号转换成数字信号，进而将其储存在计算机里。模拟摄像机捕捉到的视频信号需经过特定的视频捕捉卡将模拟信号转换成数字模式，并加以压缩后才可以转换到计算机上运用。在高清特别是 CMOS(complementary metal-oxide-semiconductor，互补金属氧化物半导体)高清摄像机技术仍不够成熟、成本也无法迅速下降的情形下，模拟摄像机占据着绝大多数市场份额，模拟视频监控长期存在。尽管在政府办公监控、银行监控等场景，高清摄像机已得到应用，但对于小区、店铺、小型超市、办公楼等中小型监控系统而言，当时模拟摄像机仍是性价比较高的选择。

2. 网络监控时代

随着以嵌入式技术为依托，以网络、通信技术为平台，以智能图像分析为特色的网络视频监控系统来临，无论是由模拟摄像机加视频服务器组成的解决方案，还是单独由网络摄像机组成的解决方案，或者是两者混合组成的解决方案，IP(Internet Protocol，互联网协议)监控都已被证明是一种很有吸引力的解决方案。进入到网络时代，IP 网络摄像机开始流行，网络摄像机除了具备一般传统摄像机所有的图像捕捉功能，机内还内置了数字化压缩控制器和基于 Web 的操作系统，使得视频数据经压缩加密后，通过局域网、Internet 或无线网络送至终端用户。网络摄像机可以直接接入 TCP/IP(transmission control protocol/Internet protocol，传输控制协议/互联网协议)的数字化网络中，因此这种系统主要的功能就是通过互联网或者内部局域网进行视频和音频的传输。作为网络视频监控系统中的核心设备，网络摄像机的应用和普及代表了网络视频监控发展的阶段与程度。而素有“千里眼”之称的网络摄像机已经适应当前和未来的多样化需求，已经成为目前视频监控领域的主流产品。同时，网络摄像机产品的功能形态较传统产品更为丰富，可以为用户带来更多的附加值，摄像机厂商也在各自的 IPC(interprocess communication，进程间通信)产品中融入丰富且实用的功能，以吸引更多的用户。网络监控摄像机代表着监控摄像机的未来。以高清、超高清为代表的新一代应用正在打开摄像机发展的新空间。

3. 高清监控时代

以往在标清时代，视频监控通常部署在背景单一、人员流动少的小环境里，即使是城市级的安防监控摄像机，由于受到分辨率的影响，其录制的视频画面也都较为模糊。因此一直以来“看得清”是安防监控领域基本诉求之一。近些年随着全国各地平安城市项目的大规模推进，安防产品技术尤其是监控类产品技术得到飞跃式发展。其中摄像机核心图像传感器 CMOS 或者 CCD 已经可以满足百万像素高清摄像机的需求，另外，在网络摄像机中，高清类产品在视频处理技术方面不仅局限于模拟摄像机的视频处理技术，还包括图像增强技术，如图像降噪、去抖动等。这一类技术的掌握和突破往往需要通过在数字视频处理技术研发、算法等方面的深厚积累才能实现。视频监控作为目前安防行业的核心领域，图像清晰度无疑是关键的特性。图像越清晰，细节越明显，观看体验越好，智能分析等应用业务的准确度也越高。尤其是在公安行业，通过以往各种案件、案例中可以发现，图像质量不高导致了各种要案无法及时破案，破案效率大大降低，所以图像清晰度是视频监控永恒的追求。显然，在观察局部图像和希望获得图像细节信息时，高清图像的价值才能体现出来。将局部图像全屏显示时，图像仍具有很高的分辨率，并不出现马赛克现象；电子警察或道路卡口系统在进行人脸、号牌或者车辆的识别时，足够的像素数才能得到较高的识别率。尤其是随着人工智能的发展，对视频图像的质量要求越来越高。当前广泛应用的 1080P 全高清视频图像，其像素点是 200 万，4K 的分辨率相当于 4 个 1080P，8 个 720P，即一部 4K 监控摄像机可以当 4 个准高清监控摄像机使用。使用超高分辨率为视频监控采集超高清图像，即使图片放大了也不会造成图片模糊不清的状况。4K 摄像机能够解决大场景的监控问题，应用 1 台 4K 摄像机就可以覆盖火车站站前广场，同时基本能够看清行人的面貌。同样的视野，4K 摄像机比 1080P 摄像机看到更多的图像细节，如人脸、车牌等，这些细节在实际应用中往往十分关键。

4. 智能监控时代

摄像机从 2011 年推出移动侦测、视频遮挡等智能分析功能，发展至今，随着算力的提升，前端摄像机通过内置人工智能芯片，可实时分析视频内容，检测运动对象，识别人、车属性信息，并通过网络传递到后端人工智能的中心数据库进行存储。目前，人脸身份确认、车辆识别应用、视频结构化、行为分析已经较为常见。隧道智能感知系统所应用的新型摄像头就是集视频分析、对象检测等功能为一体的智能体。

2.3.2　摄像机的工作原理

为满足监控实时性的要求，目前监控系统所用的摄像机一般为网络摄像机。网络摄像机是一种结合传统摄像头与网络技术所产生的新一代摄像头，它可以将影像通过网络传至地球另一端，且远端的浏览者不需要用任何专业软件，只要有标准的网络浏览器(如 Microsoft IE 或 Netscape)即可监视其影像。网络摄像头内置一个嵌入式芯片，采用嵌入式实时操作系统。网络摄像机一般由镜头、图像、声音传感器、A/D(analog-to-digital，模数)转换器、控制器网络服务器、外部报警、控制接口等部分组成。

摄像机工作流程如图 2-11 所示，光(景物)通过镜头生成的光学图像投射到图像传感器表面，然后转为电信号，经过 A/D 转换后变为数字图像信号，再送到数字信号处理芯片中加工处理，进行视频编码压缩，再通过网线进行传输，后端通过计算机直接访问解码，查看视频或者通过解码设备进行显示[76]。

图 2-11　摄像机工作流程图

交通视频中包含了最全面的交通信息，可用于交通行为与交通事件的推断和理解。高速公路交通视频监测系统在智能交通系统中发挥着越来越重要的作用。随着感知型摄像机的出现，很多智能分析功能被前置，由于前端已经完成了目标的提取、跟踪、快照抓拍，以及部分结构化、半结构化信息的提取工作，后端分析设备逐步摆脱了单纯获取前端视频码流、解码、分析的模式，对视频解码能力的要求越来越低，也从单纯异常检测分析演变为针对快照抓拍、视频摘要的智能分析，原先那些无法做到实时或者准实时应用的功能逐渐成为现实。在智能摄像机领域，早期的智能摄像机产品是代替传统的红外对射等设备来使用的，现阶段仅适用于禁止人们闯入和走动的应用场景，因此它输出的信息也特别简单，只是告警信号而已，但这种告警误报率很大，在警戒区内，动物的闯入、巡护人员的走动及灯光的变化，都可能引起报警，因为它对闯入的物体无法识别。现阶段的感知型摄像机能够基于视频的智能分析，识别出监控画面中的内容，并对其进行语义描述和最佳图片抓拍，然后通过后端大数据平台进行分析，代替人类做出思考和判断。

以苏州科达科技股份有限公司(简称科达)推出的感知型摄像机为例，根据监控场景和需要识别的内容，感知型摄像机包括三个系列：特征分析摄像机、车辆卡口摄像机、人员卡口摄像机。各类感知摄像机如图 2-12 所示。特征分析摄像机主要针对监控普通场景下通用运动目标的分析；车辆卡口摄像机主要针对机动车道的车辆目标的分析；人员卡口摄像机主要针对人行道或通道上的行人目标的分析。这三类摄像机部署成本不同、定位不同，各司其职、相互配合。

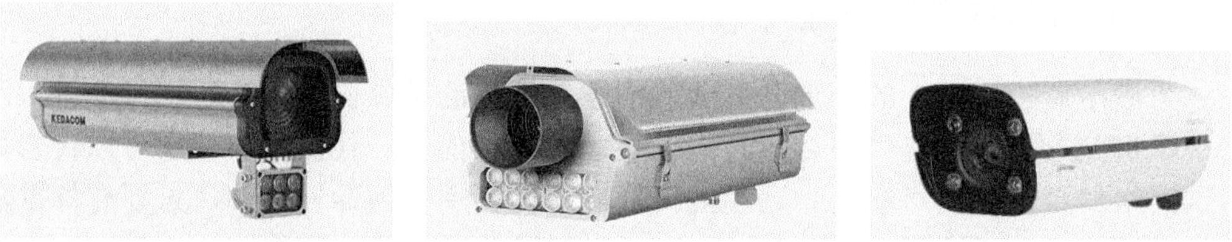

(a) 特征分析摄像机　　(b) 车辆卡口摄像机　　(c) 人员卡口摄像机

图 2-12　各类感知摄像机

(1) 特征分析摄像机：适用于相对开阔的场景，能在视野宽广的画面中准确地识别人和车的类型、颜色、尺寸、方向、速度等特征，并生成语义与图片信息。目前该系列摄像机有枪机、红外枪机、高速球、红外高速球等多个形态，基本能够覆盖当前绝大部分监控场景下的特征分析应用。

该系列支持车辆目标、人员目标的检测、跟踪及快照抓拍；支持人脸属性分析，包括目标人员的年龄、性别、口罩、眼镜、表情等；支持车辆属性分析，包括车牌号码、车辆颜色、类型等。适用于平安城市中人车混行场景等要求高清实时画质及视频结构化分析的场所。

(2) 车辆卡口摄像机：专门针对车。虽然特征分析摄像机也能识别车辆，但其主要应用于视野较大的场景，对车牌、车标的识别精度较低。通过拍摄视野较小的道路断面，车辆卡口摄像机不仅能够准确地抓拍和识别车牌信息，还能准确识别车标、车型、车身颜色等更丰富的车辆特征，而且无论是夜间还是白天逆光环境，它都能看清车内细节并准确抓拍车内司乘人脸。这是车辆卡口摄像机独有的优势。

车辆卡口摄像机可一体化实现视频检测、车辆抓拍、补光控制、图像处理、图片合成、数据传输对联等功能，设备集成度高；可实现机动车、非机动车、行人全方位布控检测；支持线圈触发、视频检测触发、雷达触发等多种检测抓拍方式；支持闪光灯、频闪灯精确同步控制；支持视频、图片字幕叠加功能单独设置；支持 SD(secure digital memory，安全数码)卡本地存储，支持 ANR(application not responding，应用无响应)功能；内置 GPS 模块，精确定位监控点经纬度信息；支持深度学习，支持号牌识别、车型识别、车身颜色识别、车标识别、交通参量采集、前排乘员人脸检测、开车打手机识别、前排乘员安全带识别、前排遮阳板识别等。

(3)人员卡口摄像机：专门针对人。同样地，虽然特征分析摄像机也能识别人，但其主要应用于视野较大的场景，难以准确抓拍人脸及识别更丰富的人员特征信息。人员卡口摄像机通过视野较小的断面视频，能够准确地抓拍最佳的人脸和全身照各一张。而且通过专利技术，人员卡口摄像机还能抓拍人的整个轮廓，即使背对镜头，头的轮廓和全身也能准确抓拍，同时可识别人员行进的方向、速度等特征。

人员卡口摄像机支持视图库，帮助构建人像大数据库，支持 GPS 定位、电子罗盘、移动设备探测。提供三大类基础信息：视频信息、语义信息、图片信息。人员卡口摄像机提供目标快照：人员的人脸、全身人像和全景各一张最佳快照；人员卡口摄像机支持人脸年龄、性别、表情、眼镜、口罩、姿态等属性分析。人员卡口摄像机支持人员方向、速度、上下衣颜色、纹理、款式、是否背包骑车等属性分析。

2.3.3　摄像机在隧道云智能感知方面的应用

视频检测是一种结合视频图像和计算机识别的图像处理技术，由设置在现场门架或路侧立柱上的定焦摄像机和视频处理器组成。在安装调试阶段需通过监控计算机在视频处理器产生的现场图像上设置虚拟车辆检测域，用于模拟环形感应线圈或车辆检测器。当车辆通过虚拟检测域时，视频处理器就会产生视频检测信号，并在对其分析处理后输出交通量、车速、占有率等交通数据。视频处理器的核心是视频处理算法，包括视频采集、视频数字化、车辆检测、车辆跟踪、交通参数提取阶段。在车辆检测阶段，通过有无车辆的虚拟检测域进行对比，检测到车辆，进行车辆计数即交通量，并提取若干车辆特征参数。在车辆跟踪阶段，在连续数帧视频中，用车辆检测阶段提取的特征参数跟踪车辆，然后对视频帧进行比较，并根据帧的时间间隔和由检测域栅格确定的空间距离，可计算出车速、车头间距等参数，由交通量和车速可进一步确定占有率等参数。视频处理可达到 30 帧/s，可以满足数据实时性的要求。

在实时视频图像车辆目标检测时，马庆禄等[77]提出基于时空融合和内外标记的分水岭车辆检测算法，可有效地降低车辆背景噪声和阴影带来的漏检率。首先，通过将相邻视频三帧差法得到的时域运动变化信息与 Canny 算子得到的边缘图像相结合，得到时域掩模图像。然后，利用文献[77]中提出的基于二次重构、内外区域标记、梯度修正的分水岭空域算法对运动区域及其周围区域进行分割，解决了一般分水岭算法的过分割现象。最后，将得到的结果进行投影，以提高运动状态下车辆的检测精度。

一般的分水岭算法最常见的问题就是会出现过分割问题，而区域标记就是将检测目标和背景分开标记，避免出现目标不相关的区域。首先通过分析前景与背景较大的灰度值差异，计算其局部极大值；然后进行内部标记，在获得内部标记后，必须寻找外部标记符(属于背景的像素)，进而进行外部标记；最后在对梯度图像采用内外区域标记后，为消除过分割问题，进行梯度修正(图 2-13)。

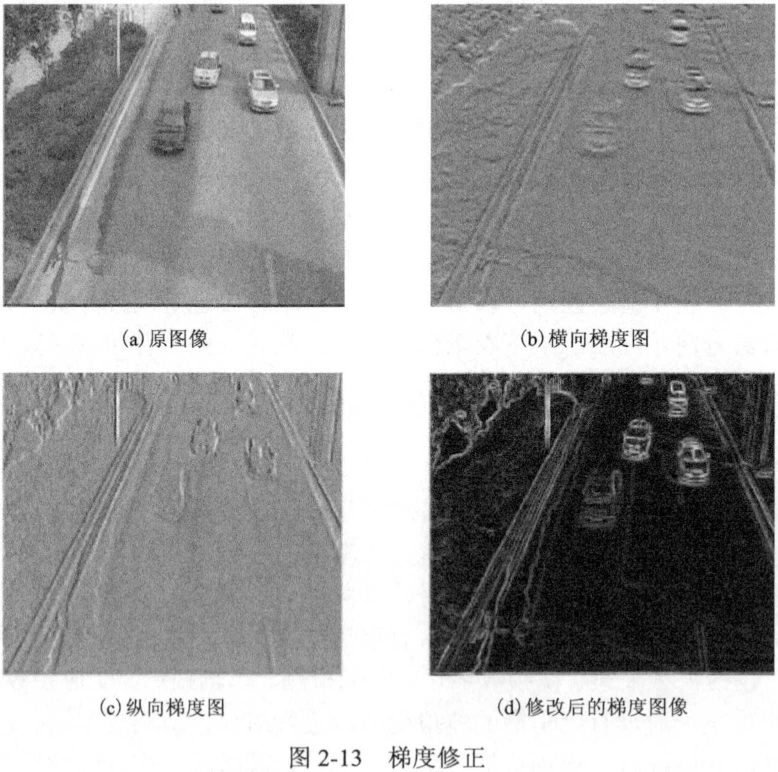

(a) 原图像　(b) 横向梯度图

(c) 纵向梯度图　(d) 修改后的梯度图像

图 2-13　梯度修正

将上述得到的图像进行分水岭变换，最终得到如图 2-14 所示的分割脊线图。

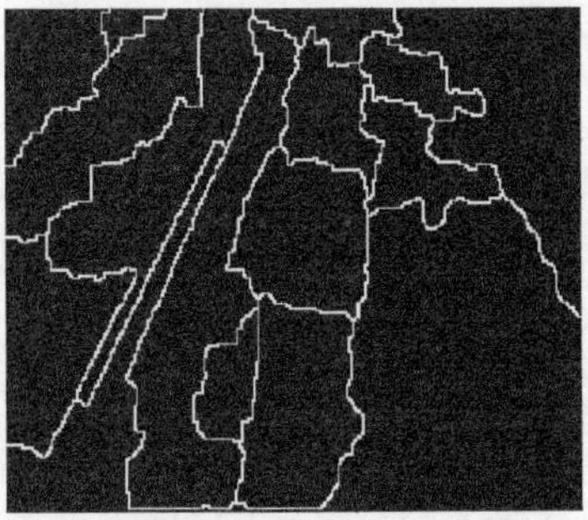

(a) 重建后分割

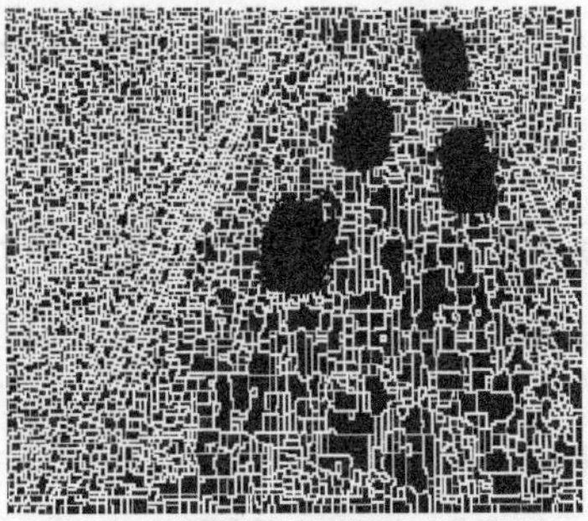

(b) 前景标记分割

图 2-14　图像分割

可以看出图 2-14(a)分割了一些与目标无关的区域，效果差，且目标区域分割不明显；而图 2-14(b)可以看出背景影响较大，但目标区域比较明显。结合前景将场景区域分割，将背景标记进行分水岭变换，并进行内外标记得到图 2-15。

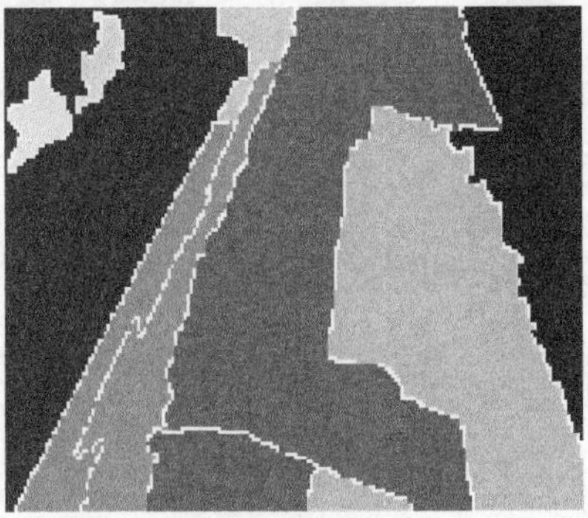

(a) 背景标记分割

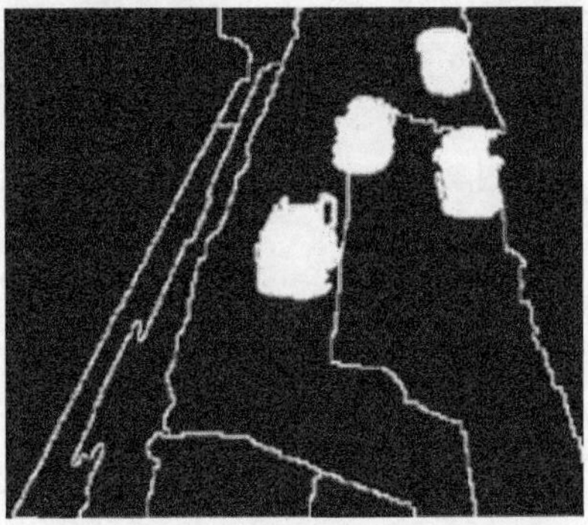

(b) 内外标记

图 2-15　背景标记分割(见彩图)

图 2-15(a)为背景标记分割结果，图 2-15(b)为内外标记结果，可以明显地看出目标区域。

此外，视频处理器通过检测交通参数的突变如速度骤减、占有率骤升等，设置阈值，并运用事故检测算法，可检测到不同类型的事故，如车辆停止、车辆排队、车辆阻塞、行车方向错误等。经过视频处理，视频车辆检测器可产生所需的各种交通数据，包括交通量、车速、占有率、车头距离、车型分类、车辆排队长度等，能够进行交通参数检测(交通量、车速和占有率)、停车车辆检测、车辆排队检测、自动事故检测等。

利用视频识别来检测隧道火灾发生也是重要的研究之一。基于嵌入 DenseNet 的 YOLOv4 多尺度公路隧道火灾检测算法，自建了一个含有 3000 张隧道火焰图片的数据集，在共空间模式(common spatial pattern，CSP)特征提取层中加入 DenseNet 网络，加强特征复用，降低梯度消失的问题，抑制过拟合。为了增强小尺寸的隧道火焰，在特征检测层中加入 104×104 特征检测层，加强特征融合，并用 K-means 聚类算法对数据集进行处理，获取隧道火灾检测先验框并分配给各特征检测尺度，建立了嵌入 DenseNet 的 YOLOv4 多尺度公路隧道火灾检测模型。

YOLOv4 网络火灾检测如图 2-16 所示。在输入端将隧道火灾视频帧划分为 $N\times N$ 格。采用具有火焰中心坐标的网格进行火焰检测，每个网格单元预测 B 个赋有 T_x、T_y、T_w、T_h 和置信度五个预测值的边界框，其中 T_x 、T_y、T_w、T_h 分别表示模型预测的中心点横纵坐标及宽高。

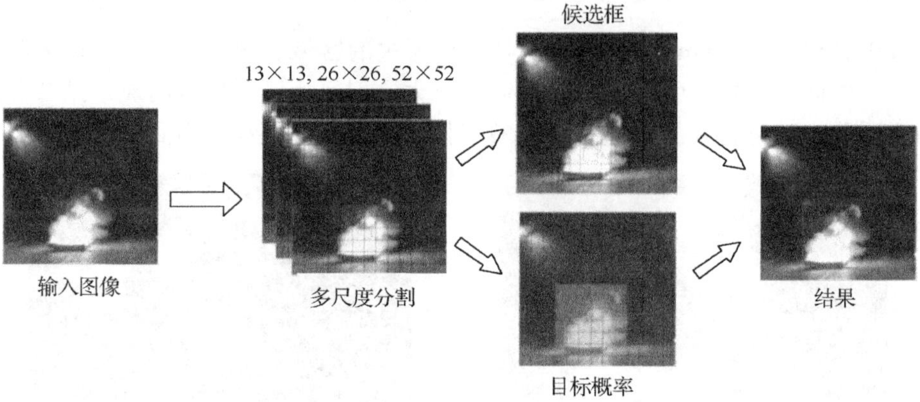

图 2-16 YOLOv4 网络火灾检测(见彩图)

多次卷积处理后，会使小型火焰信息丢失，不能很好地完成火焰初期的检测任务。因此，在原来的基础上新增一个低维尺度 104×104 尺度检测，强化特征的学习，将 YOLOv4 检测尺度由 3 尺度变为 4 尺度，通过融合多种尺度的特征信息后进行火灾检测，但新增的检测尺度会稍加模型检测时间。改进后的网络结构如图 2-17 所示。图中，CSP 表示 cross stage partial；CBL 由 Conv+BN+Leaky_relu 激活函数组成；SPP 表示空间金字塔池化(spatial pyramid pooling)；CBM 由 Conv+BN+Mish 激活函数组成；Concat 表示连接(concatenate)；CONV 表示转换(convert)；Y1、Y2、Y3、Y4 分别为四个不同尺度的池化。

通过在重庆交通大学 1 号门地下通道进行隧道火灾模拟试验，从而获得隧道火灾形成初期的数据集，试验现场如图 2-18 所示。经过筛选，一共提取了火灾图片数据集中的 3000 张火焰图片，并通过软件 LabelImg 进行数据标记。为了验证嵌入 DenseNet 的 YOLOv4 多尺度公路隧道火灾检测算法的泛化性，还通过手机拍摄隧道灯光以及汽车的车灯获取了 1000 张图片作为负样本数据集。

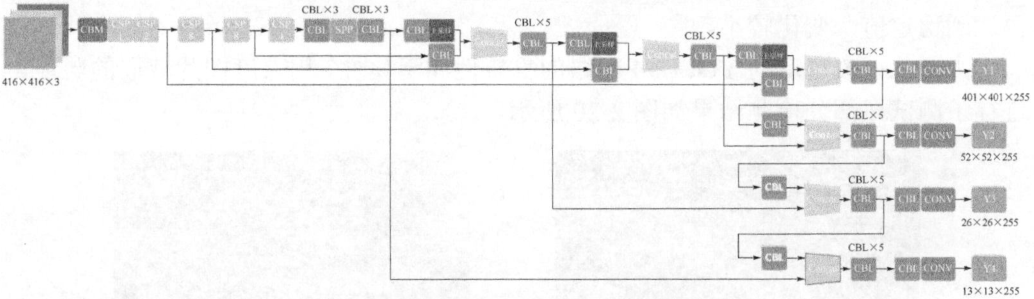

图 2-17　改进后网络结构(见彩图)

(a)试验现场和录像设备　　(b)火焰和烟雾图像

图 2-18　隧道火灾初期模拟试验

训练过程中的损失函数(Loss)变化曲线如图 2-19(a)所示。由图 2-19(a)可知，在前 1500 次迭代中，曲线变化较大，后逐渐平滑，而到了 12000 次以后，Loss 值相对稳定。

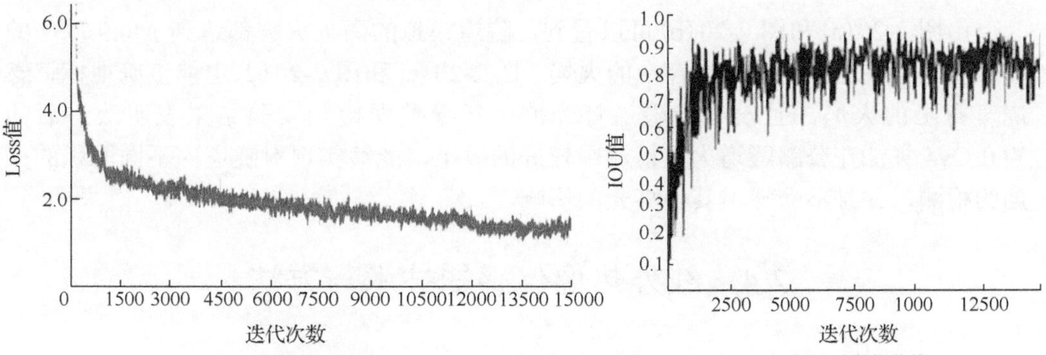

(a) Loss值变化曲线　　(b) IOU变化曲线

图 2-19　训练过程变化曲线

训练过程中 IOU 变化曲线如图 2-19(b)所示，从图 2-19(b)中可以看出，在前 2500 次迭代中，IOU 值变化明显，逐渐增大。在 2500 次以后曲线趋于平滑，最后也达到稳定值，变化较小。

为了验证改进后的 YOLOv4 网络的鲁棒性和泛化性，用百度图片获取的验证集进行了测试，部分检测结果如图 2-20 所示。

(a)隧道火灾演练 1

(b)隧道火灾演练 2

(c)隧道真实火灾 1

(d)隧道真实火灾 2

图 2-20　改进后的 YOLOv4 模型测试

由图 2-20(a)和图 2-20(b)可以看到，隧道模拟的两处火灾都达到了 0.9 以上的置信度，完整地标记出图中存在的火焰。图 2-20(c)和图 2-20(d)也能正确地标记燃烧车身上的火焰，且没有受隧道灯光的干扰导致误检。实验结果表明改进后的 YOLOv4 算法在公路隧道火灾检测中较好的效果，能够实现对隧道内不同面积的火焰的检测，并且不受隧道其他灯光的影响。

2.4　红外热像仪感知技术与方法

2.4.1　红外热像仪简介

红外热像仪的工作原理是先将红外光转化为电信号，再转化成可见光，最终显示出来，其功能是由红外热像仪的多个零件共同完成的。红外热像仪主要由四部分组成：一是光学系统；二是红外探测器模组；三是红外图像处理单元；四是测温处理和网络传输单元，红外热像仪原理图如图 2-21 所示。

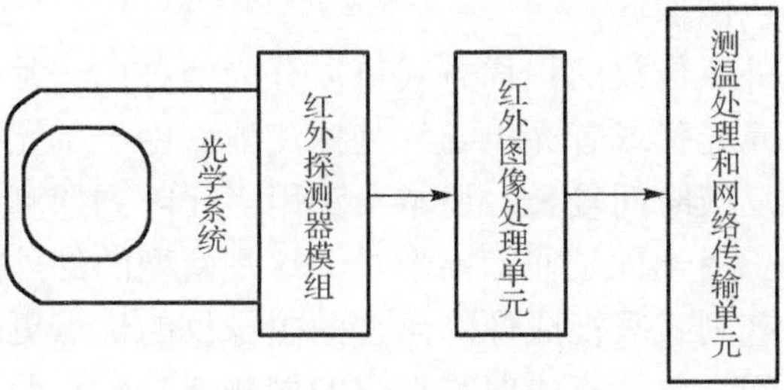

图 2-21　红外热像仪原理图

(1) 光学系统。该系统的主要作用是接收目标物体发出的红外辐射，这些辐射能量会集中在探测器的焦平面上。要想保证温度测量结果的准确性，就需要使用调制器以固定频率的形式输入温度参考对象，在实施扫描的逆过程中需要快速插入光路，而且相应的光路应该被完全遮挡，在此过程中第一焦点发挥着重要的职能作用。在光学系统中，通常不会单独设置孔径光阑，因此应该尽量扩大通过孔径，当有了一定的孔径光阑之后，即便孔径角度没有发生太大的变化，光学系统接收到的信号能量也会大大减少。保障孔径角度的稳定性，可以有效地提高红外热像仪的温度测量精度。

(2) 红外探测器模组。当光学系统接收到测量物体发出的红外辐射后，就会将这些信号传递给探测器，形成一个大致的轮廓，然后由探测器对辐射信息进行整合分化处理。从这个角度可以看出，探测器是红外热像仪中的核心部件。要想避免热噪声、白噪声对测量结果的干扰，大大提高探测器的探测率、信噪比，就需要让探测器时刻处于低温环境中。以制冷方式作为划分依据，可以将焦平面分为两种：一种是制冷型探测器；另一种是非制冷型探测器。

(3) 红外图像处理单元。受红外自身成像特点、红外探测器件工艺限制及成像环境的影响，导致红外图像噪声大、对比度低，红外图像待测目标模糊、图像信噪比较低、无法有效识别目标等问题，因此需要对采集到的红外图像进行处理。

(4) 测温处理和网络传输单元。红外测温单元的主要功能是实现红外信息处理，被测物体的红外辐射波先通过光学系统收集整合，然后通过网络单元输送给红外探测器，红外探测器再将信号转换成最终可见的红外热像图。

2.4.2　红外热像仪的工作原理

红外热像仪的工作原理如下。

(1) 由红外探测器和光学系统对目标物体实施红外扫描。

(2) 将红外辐射信息聚集到探测器上，将其转化成电信号，并进行一系列放大处理。

(3) 将这些信息传输到显示器上，就可以显示目标物体的温度分布情况了。红外热像仪不仅拥有温度测量的功能，而且拥有绘制测量对象温度分布的功能，可以将灰度图像转化成伪彩色图像。

正常情况下，红外热像仪的扫描方式可以分为两种：一种是光机扫描，该扫描形式需要用到单元多元光伏或者光电导红外探测器。由于单元探测器会受到帧幅反应速度的制约，系统反应时间较长。通常会利用多元阵列探测器，将温度分布情况快速准确地显示出来。另一种是非扫描形式，这是新型的红外热像设备，与传统的光机扫描形式相比，阵列式凝视成像的焦平面热像仪的优点更加突出，逐渐挤压了光机扫描仪的市场空间。单片集成电路形成的探测器是焦平面热像仪的核心部件，可以使目标物体的温度图像布满整个显示器，该扫描技术的便携性非常好，图像的清晰度更高，不仅具有放大、自动聚焦、等温显示、语音注释的扩展功能，还可以根据自己的需求扩大存储空间。红外热像仪可以在不接触测量物体的情况下准确地测量出目标物体的温度，并将其温度分布情况在显示器中显示出来。红外热像仪可以对测量到的温度进行精确化分析，对出现异常发热情况的设备故障进行检测分析。如今半导体技术、微电子学等技术的应用以及红外光学材料的发展，更是极大地推动了红外热像技术的进步，出现了能够显示二维可视图像的红外热像仪设备。

1) 红外热像仪的成像原理

主要依靠以下几方面的理论。

(1) 红外热辐射理论基础。红外线 (infrared，IR) 又称为红色光芒，是波长在微波和可见光之间的电磁波，波长为 0.75～1000μm，天文学家赫歇尔于两百年前发现了一种频率比红色光低的辐射，虽然肉眼看不见，但能使被照射的物体表面温度上升。由于红外线具有与温度紧密相关的热效应，故而红外线又称为红外热辐射。

当自然界中物体温度高于绝对零度 (–273.15℃) 时，物体会向其周围发出红外热辐射。前面已经提到红外线属于电磁波的一种，因此红外线具有波粒二象性，在传播过程中遵守光的传播、折射、衍射、干涉等定律。而物体所发射出来的红外辐射在大气传播的过程中，不可避免地会受到云雾、尘埃、水蒸气、二氧化氮等大气物质的影响。国际照明委员会 (CIE) 定义了三个波段范围的红外线，其中波长为 0.75～1.4μm 的红外波称为近红外 (near infrared ray，NIR)、波长为 1.4～3μm 红外波称为中红外 (middle infrared ray，MIR)、波长为 3～1000μm 的红外波称为远红外 (far infrared ray，FIR)。其中易于传播的热辐射主要集中在 1～1.5μm、3～5μm 和 7～8μm 三个波段。

(2) 红外光学成像基础。目标物体辐射至周围区域的红外线被一定距离的红外光学探测器所捕获，通过红外探测器的光敏元件产生电信号，电信号经过 A/D 转换后传入红外探测器的电子处理部分，进而得到与目标物体表面热分布场相对应的红外热像图，并使用不同的颜色来表示物体表面的不同温度分布。图 2-22 为红外热成像的原理示意图[78]。

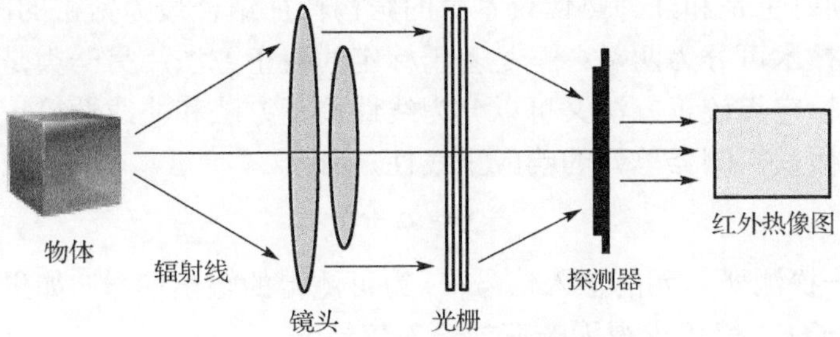

图 2-22　红外热成像的原理示意图

红外热成像系统与可见光成像系统在结构上是类似的，不同的地方在于红外热成像系统是将红外热辐射能量分布信息转换成数字图像信息。但需要注意的是高辐射率物体的表面红外热像图温度接近它的真实温度，而低辐射率的物体表面红外热像图温度更接近环境温度。

(3) 红外热成像原理。通俗地说，红外热成像是将不可见的红外辐射转换为可见的热图像。不同物体甚至同一物体的不同部位辐射能力和它们对红外线的反射强弱不同。利用物体与背景环境的辐射差异及景物本身各部分辐射的差异，热图像能够呈现景物各部分的辐射起伏，从而显示出景物的特征。红外热像仪基本工作原理如图 2-23 所示。

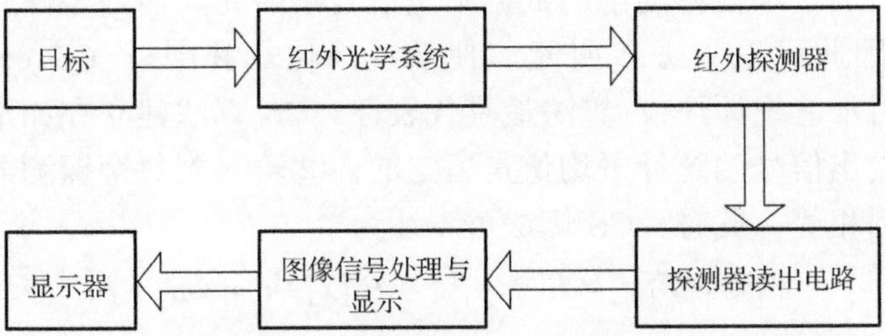

图 2-23　红外热像仪基本工作原理

热成像系统就是通过一系列光学组件和光电处理技术，接受红外热辐射，然后转换为人眼可见的热图像，显示在屏幕上的整体系统。红外线透过特殊的光学镜头，被红外探测器所吸收，探测器将强弱不等的红外信号转化为电信号，再经过放大和视频处理，形成可供人眼观察的热图像显示到屏幕上。

2) 红外图像的形成

由于红外图像的形成一般均来源于多元探测器的输出信号(除单元探测器系统外)，而不同的红外探测器单元的响应存在较大差异，从而使红外图像产生空间不均匀。因此对高像质的红外热像仪系统来说，非均匀性校正技术是最为关键的图像处理技术之一，同时也是和红外热像仪本身的结构特征结合最为紧密的图像处理技术。非均匀性校正技术可分为两类：一是基于标定的校正方法；另一类是基于场景的校正方法。其中标定类校正方法又可以分为线性校正方法和非线性校正方法。

线性校正假设探测器单元的响应呈线性，有

$$y = ax + b \tag{2-24}$$

式中，x 为某一探测器单元的输入信号；y 为可测得的输出信号。如果能求出增益因子 a 和偏移因子 b，就可求得无畸变的输入信号 x。

线性校正又分为基于参照元的校正和基于场景统计的校正两种。基于参照元的校正技术是一种实时校正，即在探测器视场内设置参照元，系统使用实时采集到的参照元数据，每帧或几帧图像校正一次。这种方法一般用于采用制冷型探测器的热像仪系统，因为制冷型探测器的响应对环境温度等外部条件敏感，因此需要实时校正。兼顾到系统的复杂性，一般使用一参照元或两参照元。非线性校正是一次校正后使用，即在产品出厂前，使用多个外置参照元对系统进行校正，然后将校正数据一次存入热像仪，热像仪正式工作时就使用这些数据进行非均匀性校正。这种方法一般适用于采用非制冷型探测器的热像仪系统，因为这类探测器的响应对环境温度等外部条件不敏感，非均匀性在较长时间内不会发生变化，不需要实时校正。基于场景的线性校正则是目前正在积极探索的技术，其与基于参照元的线性校正不同之处在于计算增益因子和偏移因子的数据不是取自参照元，而是全部或部分来自基于场景的估计，因此可以省去参照元，使系统简化。其中以 CS(constant statistics constraint，应用常值统计约束)算法最具代表性。CS 算法建立在如下假设上：①每个探测器单元输出信号的统计平均值是恒定的；②输入到每个探测器单元的输入信号的统计方差都相等。此时，CS 算法可表述为

$$m_y = E[y] = E[ax + b] = aE[x] + b = am_x + b \tag{2-25}$$

$$\delta_y^2 = a^2 \tag{2-26}$$

不失一般性，假设 $m_x = 0$，$\delta_x^2 = 1$，则

$$b = m_y, \quad a = \delta_y, \quad x = (y - m_y) / \delta_y \tag{2-27}$$

在实际计算时，均方根(root mean square，RMS)可用平均绝对误差代替；平均值和平均绝对误差可用迭代方式计算。国外针对 CS 算法进行了专用模拟芯片的研

究。CS 算法最初是为解决凝视型焦平面系统的非均匀性提出的，但是当场景长时间静止不动时，上述提到的两个假设将不再成立，图像会产生重像，因此 CS 算法更适合扫描型系统。在场景发生变化时，线性模型更适用于实际应用场景，如式(2-28)所示。

$$y = ax + b + n \tag{2-28}$$

式(2-28)与式(2-24)相比增加了响应的噪声项，并结合了使用维纳(Wiener)滤波方法估计增益因子和偏移因子的方法。从理论上讲，这种方法优于 CS 算法，但其最大的缺点是计算复杂，不适合实际系统使用。

最为著名的是 Scribner 等提出的 BP(back propagation，反向传播)神经网络校正技术，解决凝视型焦平面系统的非均匀性的同时不使用参照元。其对增益因子和偏移因子的递推公式为

$$\begin{cases} a_{n+1} = a_n - 2\lambda x(y-f) \\ b_{n+1} = b_n - 2\lambda x(y-f) \end{cases} \tag{2-29}$$

式中，λ 是换算常数；f 是当前像素的四邻像素平均值。这也是目前比较有效和可以用硬件实现的非线性校正算法。但对长时间静止的场景，这种算法同样会产生重影。

3) 热像仪针孔成像

与传统可见光成像设备类似，红外热像仪将三维空间场景中各点的热辐射重构成二维图像，这一成像过程可以用针孔理想成像模型来近似描述。为了实现用数学方法描述这一成像过程，首先讨论针孔模型中涉及的坐标系及不同坐标系之间的转换关系。图 2-24 为热像仪的理想成像模型坐标系图。

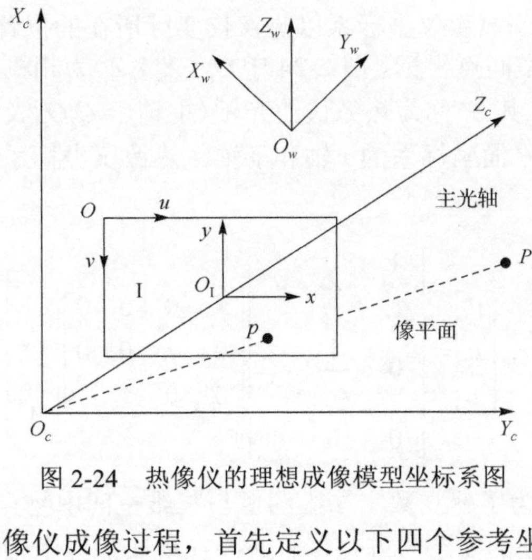

图 2-24　热像仪的理想成像模型坐标系图

为了定量描述热像仪成像过程，首先定义以下四个参考坐标系。

(1)像素平面坐标系。热成像仪焦平面阵列将投射到其表面的红外辐射转换成电信号，信号调理单元将这一电信号采样、量化成数字量，最终图像重构，形成数字图像。数字图像在计算机中以 $m\times n$ 矩阵的形式存储，图像矩阵中的每一个元素称为数字图像的一个像素。实际计算中 u 和 v 取值上限对应于成像设备分辨率的长和宽。例如，设备成像分辨率为 640×480，计算中 u 和 v 的取值范围分别为[0, 639]和[0, 479]。

(2)成像平面坐标系。成像平面坐标系与像素平面坐标系不同，像素平面坐标系的变量表示某一像素在数字图像中所处的行、列位置，而成像平面坐标系是用物理单位表示像素点在成像器件上的物理坐标。成像平面坐标系是一个二维坐标系，横纵坐标的取值范围代表成像靶面的物理尺寸。图 2-24 中 O_I-xy 称作成像平面坐标系。(x, y) 是像素点在成像靶面上的物理坐标值。原点 O_I 是图像的主点(principal point)，由热像仪的光轴和图像平面相交形成，理论上主点位于焦平面阵列的几何中心，但是由于制作工艺上的尺寸偏差，往往会有些偏离。主点 O_I 在像素平面坐标系下的坐标为 (u_0,v_0)，d_x 和 d_y 表示像素平面坐标系中一个像素分别在 x 轴和 y 轴方向上的物理尺寸，成像平面坐标系中一点对应到图像坐标系的关系见式(2-30)。

$$\begin{bmatrix} u \\ v \\ 1 \end{bmatrix} = \begin{bmatrix} \frac{1}{d_x} & \lambda & u_0 \\ 0 & \frac{1}{d_y} & v_0 \\ 0 & 0 & 1 \end{bmatrix} \begin{bmatrix} x \\ y \\ 1 \end{bmatrix} \tag{2-30}$$

式中，λ 是倾斜因子(skew factor)，表示摄像机成像平面坐标轴之间相互不正交的程度。

(3)热像仪坐标系。热像仪坐标系以热像仪实际所在的位置为原点，来描述投影到相机成像平面上的空间点坐标。图 2-24 中 O_c - $X_cY_cZ_c$ 为相机坐标系，坐标原点 O_c 又称为成像仪的光心，其 Z_c 称为热像仪的光轴(主轴)，O_IO_c 表示成像仪的焦距。X_c 轴和 Y_c 轴平行于成像平面坐标系的 x 轴和 y 轴。热像仪坐标系到像素坐标系之间的转换关系见式(2-31)。

$$z_c \begin{bmatrix} u \\ v \\ 1 \end{bmatrix} = \begin{bmatrix} \frac{1}{d_x} & \lambda & u_0 \\ 0 & \frac{1}{d_y} & v_0 \\ 0 & 0 & 1 \end{bmatrix} \begin{bmatrix} f & 0 & 0 & 0 \\ 0 & f & 0 & 0 \\ 0 & 0 & 1 & 0 \end{bmatrix} \begin{bmatrix} x_c \\ y_c \\ z_c \\ 1 \end{bmatrix} \tag{2-31}$$

(4)世界坐标系。为了建立数字二维图像与三维空间中物点的相对关系，确立热像仪在三维世界中所处的姿态与方位，有必要在现实世界中指定一个坐标系，称为世界坐标系或者全局坐标系，该坐标系可以随意制定。图 2-24 中 $O_w\text{-}X_wY_wZ_w$ 为理想成像模型指定的世界坐标系。热像仪在世界坐标系中的姿态和方位可以利用热像仪坐标系相对世界坐标系的旋转矩阵 $\boldsymbol{R}$ 与平移向量 $\boldsymbol{t}$ 来表达。三维空间中任一点 P_t 在热像仪坐标系中的坐标为 (X_c,Y_c,Z_c)，点 P_t 在世界坐标系下的坐标为 (X_w,Y_w,Z_w)，则有

$$\begin{bmatrix} X_c \\ Y_c \\ Z_c \\ 1 \end{bmatrix} = \begin{bmatrix} \boldsymbol{R} & \boldsymbol{t} \\ \boldsymbol{O}^{\mathrm{T}} & 1 \end{bmatrix} \begin{bmatrix} X_w \\ Y_w \\ Z_w \\ 1 \end{bmatrix} = [\boldsymbol{R} \quad \boldsymbol{t}] X_w \tag{2-32}$$

式中，$\boldsymbol{R}$ 是 3×3 阶正交旋转矩阵，$\boldsymbol{t}$ 是 1×3 阶平移向量。像素平面坐标系和三维世界坐标系之间的转换关系为

$$\begin{bmatrix} u \\ v \\ 1 \end{bmatrix} = \frac{1}{Z_c} \begin{bmatrix} \dfrac{f}{d_x} & 0 & u_0 \\ 0 & \dfrac{f}{d_y} & v_0 \\ 0 & 0 & 1 \end{bmatrix} \cdot [\boldsymbol{R} \quad \boldsymbol{t}] \cdot \begin{bmatrix} X_w \\ Y_w \\ Z_w \\ 1 \end{bmatrix} = \boldsymbol{K}[\boldsymbol{R} \quad \boldsymbol{t}] X_w \tag{2-33}$$

式中，热像仪的内参矩阵 $\boldsymbol{K}$ 反映红外成像仪的镜头焦距、像素尺寸及主点位置坐标等参数；$[\boldsymbol{R} \quad \boldsymbol{t}]$ 称为热像仪的外参矩阵，表示世界坐标系到热像仪坐标系的刚体变换关系。

2.4.3　红外热像仪在隧道云智能感知方面的应用

红外热成像技术作为一种有效的技术手段，在防火监控系统中应用可以实现智能化的防火预测，有效地降低了火灾隐患问题，规避了因火灾而造成的交通堵塞。红外热成像技术可以通过分析温度变化了解火灾成因的具体过程，及时地发现潜在的火灾隐患问题。通过对热成像图的处理，结合火灾红外热像图的相关特点进一步地识别火灾，并希望得到火源的像素坐标。

(1) 帧差法。

现有许多对热成像图进行处理的方法，此处简单介绍利用帧差法来进行图片处理并利用 SVM 来进行火灾识别的方法。预处理步骤包括：对所获得的红外图像进行掩膜干扰素处理，去除电池显示区域等干扰；建立热像图颜色匹配模型，并根据模型来对热像图色域进行分割，最后进行图像二值化处理[79]。经过预处理之后，通过连续帧的计算得到火灾区域及其质心的稳定性，最终实现火灾的识别。帧差法具有运算快的特点，能够加快检测速度，因此使用帧差法前景检测改进的检测器能够

在保证检测精度的基础上，减少通过级联分类器的待检测窗口的数量，降低检测模块整体的计算时间。两帧差分法示意图如图 2-25 所示。

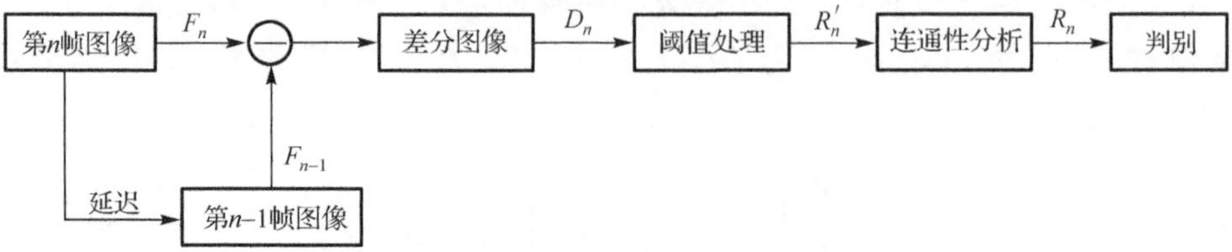

图 2-25　两帧差分法示意图

假设红外图像序列为 $f_1, f_2, \cdots, f_{k-1}, f_k, f_{k+1}, \cdots$。帧差法的工作原理是利用序列图像中的一帧减去另一帧，然后根据差值图像中的区域判断，如式(2-34)和式(2-35)所示。

$$D_k(x,y)=\left|f_n(x,y)-f_m(x,y)\right| \tag{2-34}$$

$$\mathrm{dst}(x,y)=\begin{cases}255, & \left|f_i(x,y)-f_{i-1}(x,y)\right|>\mathrm{thr}\\ 0, & 其他\end{cases} \tag{2-35}$$

式中，thr 为帧差法的阈值，当两帧之差大于 thr 时，像素值设为 255，图像显示为白色。

图像 $f_n(x,y)$ 和图像 $f_m(x,y)$，通过对视频中相邻两帧图像做差分运算来标记运动物体，假设当前帧和前一帧图像分别为 $f_i(x,y)$ 和 $f_{i-1}(x,y)$，如图 2-26(a) 与图 2-26(b) 所示。

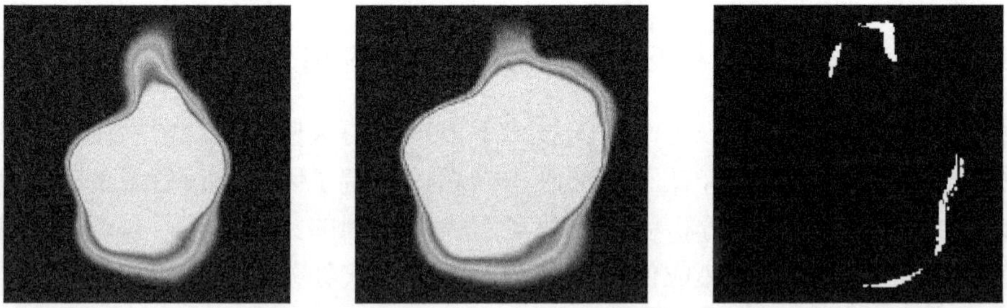

(a) 第 57 帧红外图像　(b) 第 58 帧红外图像　(c) 差分后的图像

图 2-26　相邻两帧红外图像及相邻两帧差分后的图像(见彩图)

对热像图进行差分处理，如图 2-26(c) 所示。从图 2-26 中可以看出，相邻序列的红外图像之间时间间隔较短，背景区域变化较小。帧间差分法对动态环境具有强适应性的特点，利用中间差分法处理后的图像不易受到外界环境的干扰，具有较强的鲁棒性。因此当火焰均匀变化时，通过帧间差分法可以准确地提取出运动区域的特点。

(2)基于 SVM 火灾识别。

对多帧红外图像进行采集，并记录下当前红外图像中的最高温度 T 及其坐标 (T_x,T_y)。当 $T>T_{th}$(T_{th} 为预先设置的温度阈值)时，认为当前视野中存在疑似火灾区域。将每帧红外热图像中温度最高点 (T_x,T_y) 作为种子点，采用区域增长法对图像进行分割，再经过膨胀和腐蚀，对分割后的图像进行平滑处理，红外热像图分割效果如图 2-27 所示。

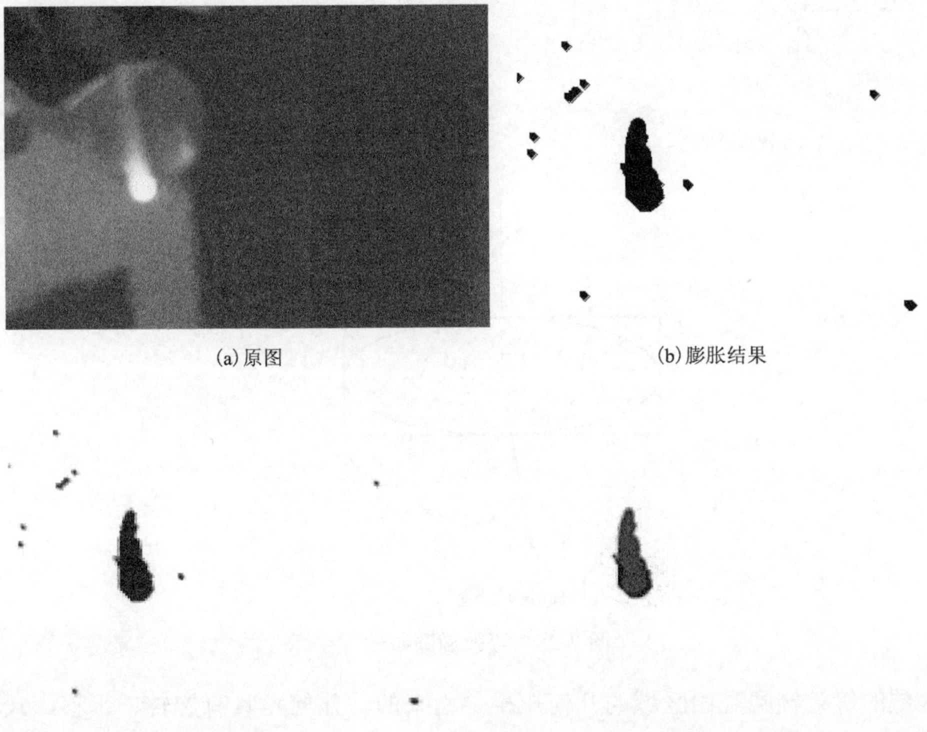

(a)原图　(b)膨胀结果

(c)腐蚀结果　(d)区域增长法分割结果

图 2-27　区域增长法的分割效果图

为方便后续的计算，需要将具有相似性质的像素点合并在一起构成区域，每一个区域，要有一个种子点作为生长起点，然后将种子点周围所设置领域的像素点，按照生长规则进行生长合并，直到没有能满足生长点的像素。根据观察可得，不同物质燃烧所形成的火焰，其火焰的明亮程度和颜色都会有所不同，根据其明亮程度将其分为显光火焰和不显光火焰。显光火焰在通常情况下容易被红外热像仪识别；不显光火焰是指那些不明亮的，通常不易发现。因此将亮度做一个区分性质，来反映火灾区域，并利用等效椭圆特征原理来提取火灾区域，等效椭圆测量原理如图 2-28 所示。图中，β、γ 分别表示等效椭圆与 Y 轴和 Z 轴的夹角。

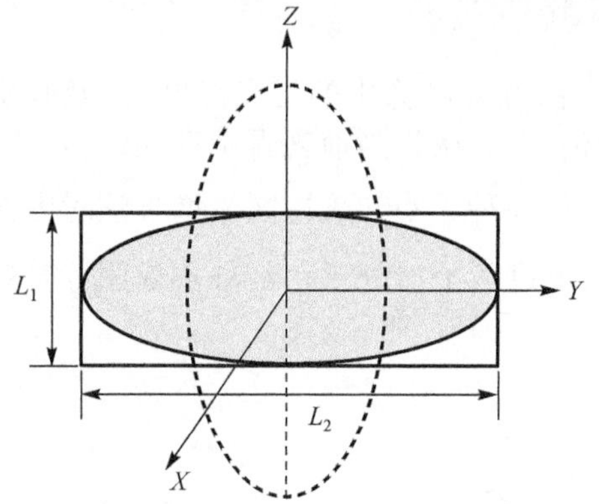

(a) 椭圆特征

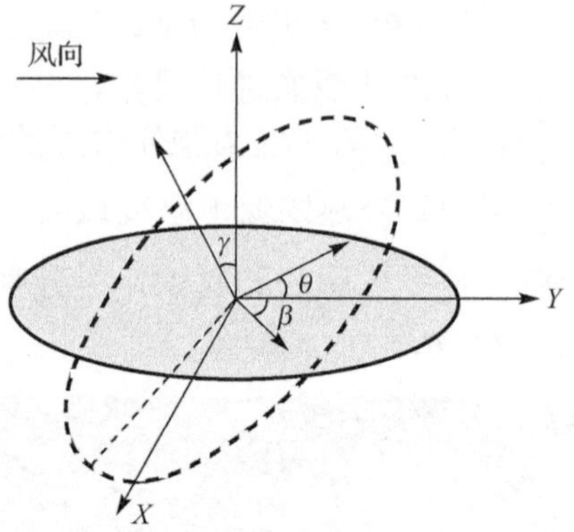

(b) 椭圆顺时针变化

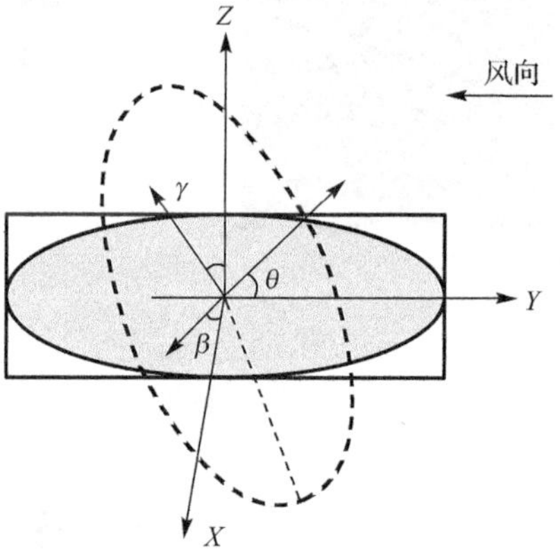

(c) 椭圆逆时针变化

图 2-28　等效椭圆原理

区域的等效椭圆是由区域的几何矩推导而来的。几何矩具有旋转、平移、尺度等特性的不变特征，又称为不变矩。几何矩的计算公式见式(2-36)。

$$\mu_{i,j}=\sum_{(x,y)\in R}(x_0-x)^i(y_0-y)^j \tag{2-36}$$

式中，R 为图像区域，其大小假设为 $M\times N$，$R=\{(x_1,y_1),(x_2,y_2),\cdots,(x_M,y_N)\}$；$\mu_{i,j}$ 为 $(i+j)$ 阶几何矩，$1\leqslant i\leqslant M,1\leqslant j\leqslant N$；$(x,y)$ 为区域 R 内点的坐标；(x_0,y_0) 为区域 R 的重心的坐标。

在图 2-28 中，X 轴和 Y 轴分别代表图像坐标系的行和列，等效椭圆的长半轴 r_1、短半轴 r_2、半焦距 r_3 及相对于 X 轴的夹角 θ，可以分别通过式(2-37)求出。

$$\begin{cases} r_1 = \dfrac{1}{2}L_1 = \sqrt{2(\mu_{2,0} + \mu_{0,2} + \sqrt{(\mu_{2,0} - \mu_{0,2})^2 + 4\mu_{1,1}{}^2})} \\ r_2 = \dfrac{1}{2}L_2 = \sqrt{2(\mu_{2,0} + \mu_{0,2} - \sqrt{(\mu_{2,0} - \mu_{0,2})^2 + 4\mu_{1,1}{}^2})} \\ r_3{}^2 = \dfrac{1}{4}(L_1{}^2 - L_2{}^2) \\ \theta = -\dfrac{1}{2}\arctan\dfrac{2\mu_{1,1}}{\mu_{0,2} - \mu_{2,0}} \end{cases} \tag{2-37}$$

式中，L_1和L_2分别表示等效椭圆的长轴长和短轴长。

等效椭圆跟随动态火焰不断变化大小，对热像仪实际采集到的木条燃烧、汽油燃烧、高温烙铁的视频进行处理，得到高温区域的等效椭圆长半轴、短半轴、等效椭圆方向和半焦距随视频帧数的波动图，如图 2-29 所示。

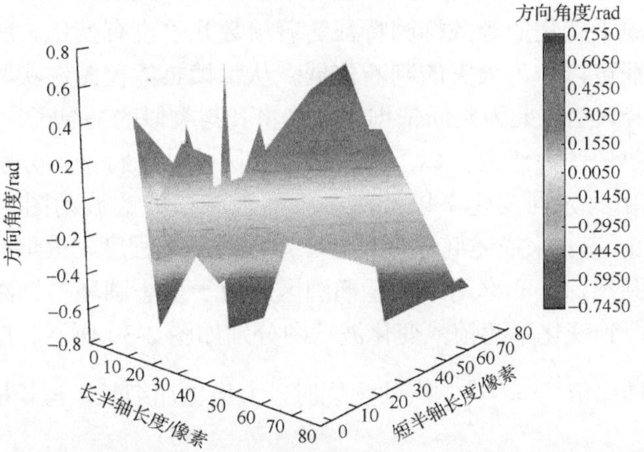

(a) 木条燃烧变化波动

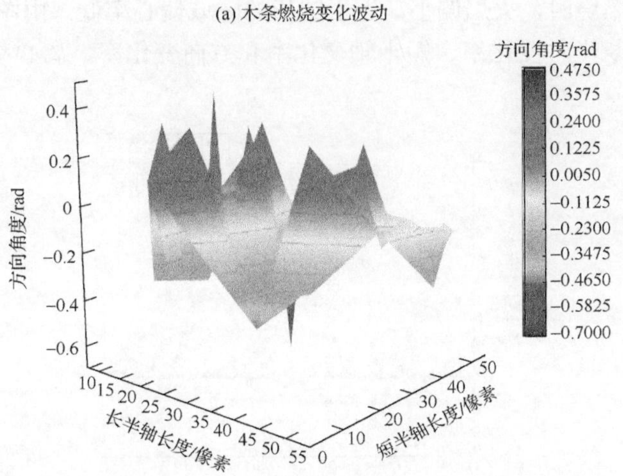

(b) 汽油燃烧变化波动

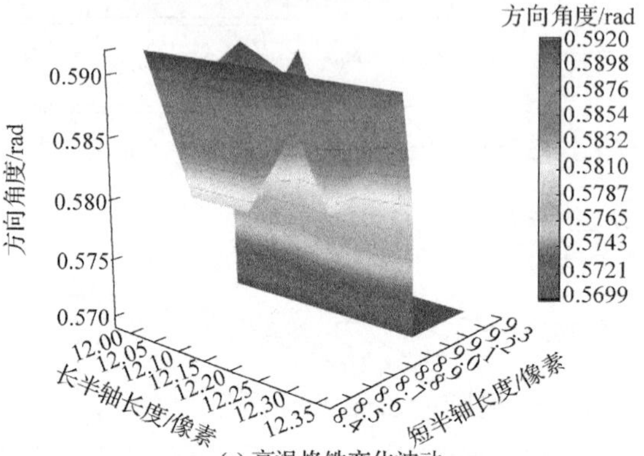

(c) 高温烙铁变化波动

图 2-29　疑似火焰区域等效椭圆特征随帧数变化波动图(见彩图)

木条燃烧、汽油燃烧等真实火灾区域等效椭圆特征随着帧数的变化比较明显，而高温烙铁这种高温干扰物的等效椭圆特征随着帧数几乎没有变化。所以，疑似火灾区域的等效椭圆特征可以作为火灾的判断依据。从每帧热像仪图像获取的等效椭圆特征均是静态特征，若只是以此为判断依据，容易将其与类似的高温干扰目标混淆。因此，以连续多张红外热像图为研究目标，获取等效椭圆的动态特征，分别记为长半轴变化率、短半轴变化率、方向变化率以及离心率随视频帧数的波动图。用椭球的偏心率(eccentricity of ellipsoid)来描述椭球体相对于球体的扁平程度，火焰的不规则轮廓很大程度上可趋于椭圆形，偏心率用来展示椭圆区域对于理想圆环的偏离程度。根据已知红外热图像数据得到变化率随帧数变化波动图分别如图 2-30 所示。图中椭圆的离心率为半焦距与长半轴比值$\left(e=\dfrac{r_3}{r_1}\right)$。汽油燃烧时，火焰更加细长，与长椭圆区域类似，偏心率高；而木条燃烧时，火焰偏小，近于圆形的区域偏心率低。由图 2-29 同理可知，可以将等效椭圆长半轴变化率、短半轴变化率和方向变化率、离心率作为火灾检测的依据。

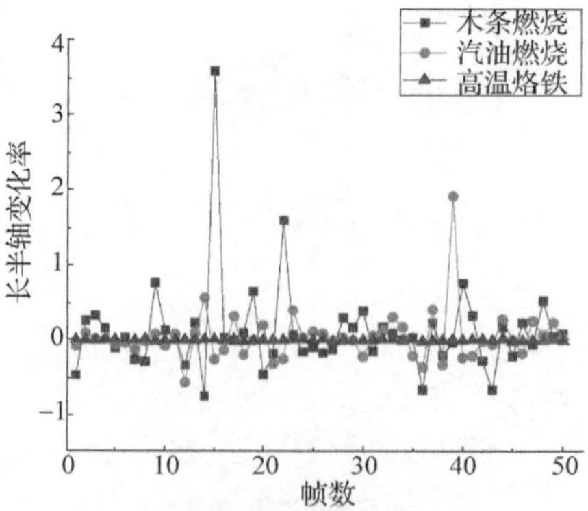

(a) 长半轴变化率波动图

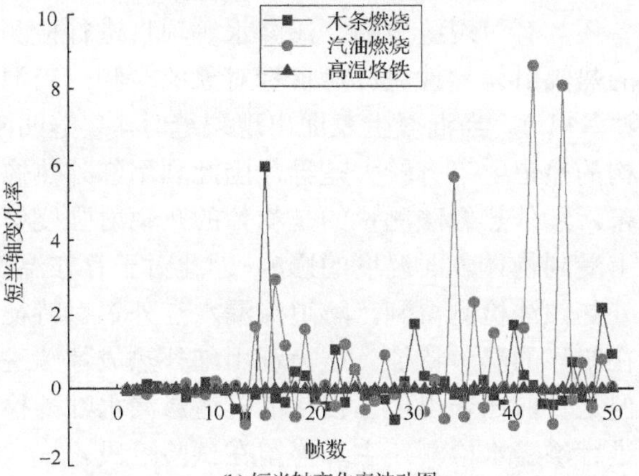

(b) 短半轴变化率波动图

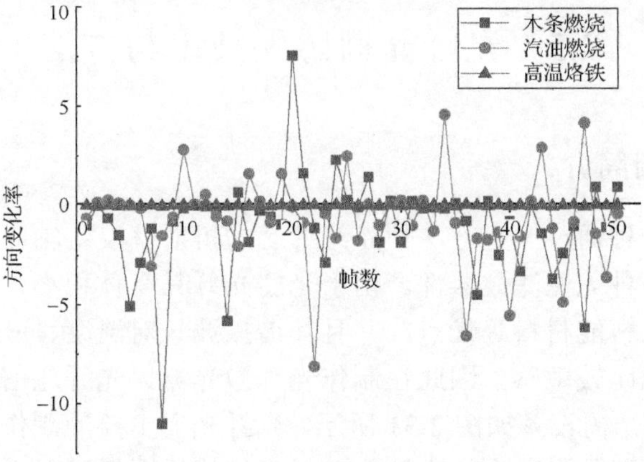

(c) 方向变化率波动图

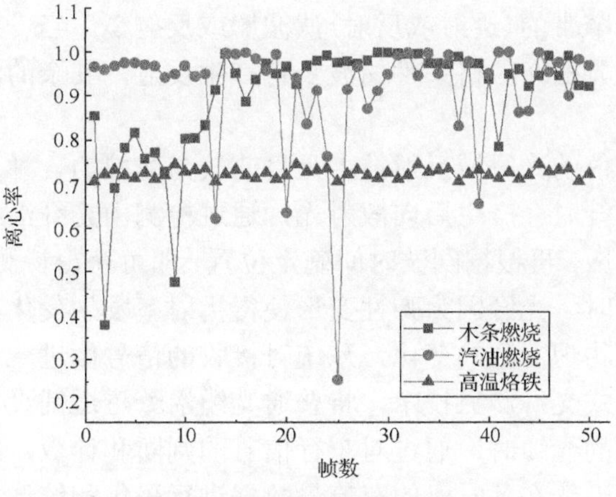

(d) 离心率变化波动图

图 2-30　疑似火焰区域等效椭圆特征波动图

红外热成像设备还具有对裂缝破损、渗漏水等项目进行检测的能力。红外热图像利用不同物体间的热辐射差异性完成对目标对象的检测。当混凝土结构表面基本没有破损时，热辐射率相近；当混凝土表面出现裂缝时，裂缝凹陷处存有少量空气，而空气与混凝土结构的热辐射率有较大差异，因此利用红外热像仪能够较好地探测混凝土表面裂缝病害。红外热像法测量的是物体的热辐射强度信息，由于物体热辐射的强度很大程度上受到物体表面温度的影响，因此对于存在温度差别的缺陷特征，可以有效地利用红外热像法检测得到。隧道渗漏水红外辐射特征试验表明渗漏水区域与无渗水区域存在明显的温差特征。这为利用红外热成像法进行隧道渗漏水检测提供了实验基础，但是目前还未出现工程化的隧道渗漏水红外检测系统，因此利用红外热像法对隧道进行渗漏水检测还主要停留在试验阶段。

2.5　光纤光栅感知技术与方法

2.5.1　光纤光栅简介

光纤光栅是一种通过一定方法使光纤纤芯的折射率发生轴向周期性调制而形成的衍射光栅，是一种无源滤波器件。由于光栅光纤具有体积小、熔接损耗小、全兼容于光纤、能埋入智能材料等优点，并且其谐振波长对温度、应变、折射率、浓度等外界环境的变化比较敏感，因此在制作光纤激光器、光纤通信和传感领域得到了广泛的应用，光纤光栅设备如图 2-31 所示。光纤光栅主要的制作方法是利用光纤材料的光敏性，通过紫外光曝光的方法将入射光相干场图样写入纤芯，在纤芯内产生沿纤芯轴向的折射率周期性变化，从而形成永久性空间的相位光栅，其作用实质上是在纤芯内形成一个窄带的(透射或反射)滤波器或反射镜。当一束宽光谱光经过光纤光栅时，满足光纤光栅布拉格条件的波长将产生反射，其余的波长透过光纤光栅继续传输。

基于光纤后向散射的光时域反射技术是目前较为成熟的一种分布式光纤传感技术，在光脉冲通过光纤时会产生后向散射光，通过检测由光纤沿线各点产生的后向散射并与被测参量对应，再根据回波时间确定位置，即可获得待测参量的空间分布。当振动波作用于光纤时，光纤因为弹性变形使得折射率发生变化，从而引起后向散射光的光强、相位等物理参数的变化，系统对接收的信号做进一步分析后，给出相应的判断。利用分布式光纤测振技术，将普通光缆沿着隧道铺设，当车辆驶过的振动波作用于对应位置的光缆时，通过对车行信号的判断和计数，即可实现对车流量的统计。对公路隧道沿线在各时段的车流量数据进行采集和统计，可以为公路隧道维护方案提供有效参考依据。同时，可实现对隧道内每辆车分别进行实时的速度监测，通过将每个车行信号进行划分，可实时监测车辆的行驶方向及所在位置，估算车辆的行驶速度。光在光纤中传输时会发生拉曼(Raman)散射，即入射光与分子运动相互作用而引起的频率发生变化的散射。拉曼散射共分为反斯托克斯(anti-Stokes)光和斯托克斯(Stokes)光两种，反斯托克斯光的强度和温度有关，斯托克斯光和温度无关，因此分布式光纤可以很好地用于隧道火灾监控系统中。

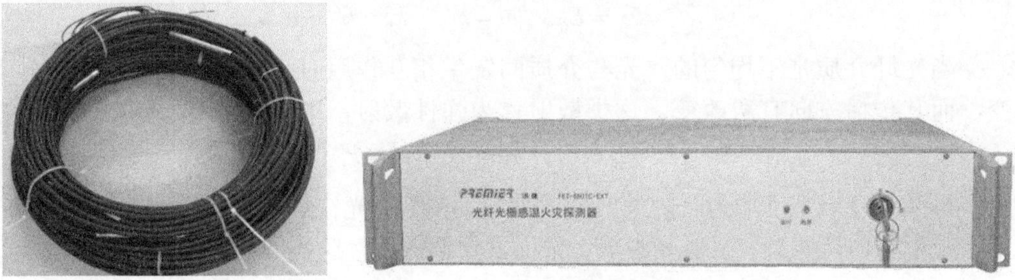

(a) 光纤光栅感温光缆　　　　(b) 光纤光栅感温火灾探测器

图 2-31　光纤光栅设备

2.5.2　光纤光栅的火灾检测原理

激光脉冲与光纤分子相互作用发生散射，散射有多种，如瑞利(Rayleigh)散射、布里渊(Brillouin)散射和 Raman 散射等。其中 Raman 散射是由光纤分子的热振动引起的，它会产生一个比光源波长长的光(Stokes 光)和一个比光源波长短的光(anti-Stokes 光)。光纤受外部温度的调制使光纤中的 anti-Stokes 光强发生变化，anti-Stokes 与 Stokes 的比值为温度提供参考，利用这一原理可以实现对沿光纤温度场的分布式测量。

以 LIOS 公司的 OFDR(optical frequency domain reflectometer，光频域反射计)拉曼温度测量系统为例：基于分布式光纤建立的 LIOS(linear optical sensor)温度测量系统由控制器和作为线性温度传感器的玻璃光纤(光波导)组成，而控制器由频率发生器、激光源、光器件、高频(high-frequency，HF)混频器、微处理单元组成。它由三个通道组成，包括两个测量通道(反斯托克斯和斯托克斯)和一个参考通道，OFDR 是在一个测量时间间隔内，使用 HF 调制器及从起始频率到截止频率(100MHz)的正弦波信号调制激光器。用频率调制的激光通过光器件耦合到光波导内。从光纤各点连续背光散射的拉曼光经过光器件内的光谱过滤，然后经光检测器转化为电信号。测量的信号经放大后，混频到低频光谱范围(噪声系数(noise factor，NF)范围)，平均化的 NF 信号经傅里叶变换后得到各点两个拉曼背光散射曲线，这些背光散射曲线的幅值和各点的拉曼散射光的强度成比例，从两个测量通道得到的幅值关系可得到沿传感器电缆的光纤温度。

入射光波与光纤介质间的相互作用会引起光纤中的折射率及其中各种光学性质

的不均匀分布，这会导致散射光光强、方向、偏振态、频谱等基本光学性质有所改变。其中光与光纤介质间的相互作用主要有以下几种[80]。

当光纤介质是均匀的，光在介质中传播时，能量 E_0、散射光频率ω、传播方向 k_1 皆未改变，光与介质未发生相互作用，即

$$E_0 = E_0', \quad \omega = \omega', \quad k_1 = k_1'$$

当光纤介质是不均匀的，光与介质间发生相互作用时，能量与散射光频率未改变，而其传播方向有所改变，这类散射称为弹性散射，即

$$E_0 = E_0', \quad \omega = \omega', \quad k_1 \neq k_1'$$

当光纤介质是不均匀且随着时间的变化而变化，光在介质中传播时，光与介质发生相互作用使得能量、散射光频率、传播方向都改变，这类散射称为非弹性散射，即

$$E_0 \neq E_0', \quad \omega \neq \omega', \quad k_1 \neq k_1'$$

实际应用中的光纤介质是不均匀的，光纤上各个点位置的物理性质也不相同，使得光纤折射率与光学性质不是均匀分布的。这导致光在光纤中进行传播时，只能探测到比较微弱的一部分散射光。当激光在光纤介质中传播时，主要有瑞利散射、布里渊散射、拉曼散射。

(1) 瑞利散射又称分子散射，是粒子的尺度远小于入射光波长(小于入射光波长的 1/10)时发生的散射现象。光在光纤中传输时信号逐渐衰弱主要是因为瑞利散射光的存在。在生产应用中，光纤的密度与构造是不均匀的，使得光纤中的折射率分布也是不均匀的，于是光在光纤中传播时会向各个方向发生折射。瑞利散射光强与波长的四次方成反比，当入射光波长增加时，散射光光强会随之降低。散射光沿着光纤反射回到光的入射端时，形成背向瑞利散射。尽管背向瑞利散射光强不低，但它在一般材料的光纤中对温度信号并不很敏感，所以在测温系统中很少应用。

(2) 布里渊散射。光纤中进行能量交换时会产生声子，传导激光时会与光子发生非弹性碰撞，并引发布里渊散射。布里渊散射又分为自发布里渊散射与受激布里渊散射。

自发布里渊散射。常温时，光纤中原子、分子、离子自发地进行热扩散，引发连续的弹性振动，使得光纤中生成自发声波场。光纤折射率会随着光纤中密度时间与空间发生的周期性变化而变化。激光入射光纤时，沿其传播方向发生衍射，产生自发布里渊散射现象。

受激布里渊散射。当入射时泵浦功率超过阈值，会在光纤中形成电致伸缩效应，使得光纤在其方向上周期性变化，产生相干声波，使得光纤折射率在其方向上周期性调制，并形成一个沿光纤声速运动的折射率光栅。其使入射光发生散射，散射光频率较入射光下降，在波场相位匹配时会增强声波场，使得光纤中电致伸缩声波场及散射光波场增强，其损耗高于光纤中损耗，声波场与散射光场随之相干放大，从而导致了大量的传输光的功率被转化成了背向散射光，并引发出受激布里渊散射。

在布里渊散射时，一个泵浦光子消失，一个斯托克斯或反斯托克斯光子及一个声学声子产生，散射时能量与动量守恒。

(3) 拉曼散射。拉曼散射是一种非弹性碰撞，光纤材料与介质的不均匀性，使得入射光子与光纤分子发生相互作用时产生非弹性碰撞并发生能量交换，光子能量可能转移到分子中，分子能量也可能转移到光子中。此时光子的频率与激光传播方向会产生变化，这种现象称为拉曼散射现象。拉曼散射时，散射光频率改变代表产生了能级跃迁。从低能级向高能级跃迁时频率增大，则称这种散射为 anti-Stokes 散射；反之，频率降低，则为 Stokes 散射。anti-Stokes 散射与 Stokes 散射频移量绝对值相同，anti-Stokes 光与 Stokes 光在入射光两边对称分布，其频移量与介质振动频率相关，介质振动频率又与介质材料相关。拉曼散射光波长可由式(2-38)得出。

$$\frac{1}{\lambda_a}=\frac{1}{\lambda_0}+\Delta\gamma,\quad \frac{1}{\lambda_s}=\frac{1}{\lambda_0}-\Delta\gamma \tag{2-38}$$

式中，λ_0 是入射光波长；λ_a 是 anti-Stokes 光波长；λ_s 是 Stokes 光波长；$\Delta\gamma$ 是拉曼频移波数。其中拉曼散射光频移为

$$V_a=V_a+\Delta V,\quad V_s=V_0-\Delta V,\quad \Delta V=c\Delta\gamma \tag{2-39}$$

式中，V_0 是入射光频率；V_a 是 anti-Stokes 光频率；V_s 是 Stokes 光频率；ΔV 为拉曼频移。光纤材料一般采用 SiO_2。

2.5.3 光纤光栅在隧道云智能感知方面的应用

光纤光栅因其良好的温度传感性，在火灾检测方面有着良好的应用。利用光纤光栅作为温度传感器内部的敏感元件，通过光纤光栅反射的光信号中心波长偏移量来检测温度值。光纤光栅是将光纤特定部位的光纤纤芯通过特殊的紫外线照射工艺进行加工，使其区域内光纤纤芯的折射率沿着光纤轴方向发生周期性的永久变化而制成的。这种光栅如一道道栅门，当一束波长的光通过这排栅门时，会被分解成很多波长较短的光，而不能通过栅门的光会被反射回来，由火灾探测主机所接收。当光栅温度发生变化时，光栅的条纹周期会发生变化，所反射的布拉格(Bragg)波长也会发生相应的变化，光纤光栅布拉格波长的变化与环境温度的变化呈线性关系，经处理器解调后就可测得相应的温度。分布式光纤温度传感系统在隧道火灾检测方面具有以下优势：光纤温度传感系统覆盖面积大，定位距离长，预测准确率高，定位地点精确；报警系统设置灵活，可实现多层级报警方式且光缆传输不受电磁场的干扰，同时不易受环境的影响，耐高温、耐高湿等恶劣环境。除了在火灾检测方面具有良好的应用价值，光纤光栅传感器在监测隧道围岩形变、交通流检测方面也有相关的应用。

(1) 基于光纤光栅传感器的隧道围岩变形灾害动态监测。

光纤光栅传感器作为光纤传感器中的一种短周期类型，它主要是通过外界物理

参量对光纤波长的调制来获取传感信息，属于波长调制型光纤传感器。应用于地质灾害实时监测的传感器类型还有光纤光栅加速度传感器、位移传感器、压力计、挠度传感器、倾斜计、索力传感器、光纤光栅应变计等。光纤光栅应变计有很高的传感精度，对比传统的电阻应变计，它的使用寿命长，量程范围大，更加适合于山岭隧道的长期监测。与温度计一样，应变计也可以与其他传感器串接使用，但在实际监测中无法对温度与应变进行识别，较难区别现场的实际情况。因此解决温度和应力交叉敏感的问题是传感器实现实地使用的前提，目前有以下几种封装方式来解决温度与应变交叉敏感问题[81]。

目前单只光纤光栅应变计封装方法主要有三种，分别是聚合材料封装法、预制应变法及单一光栅组合法。其中聚合材料封装法制作简单，主要是聚合物材料的选择，它利用聚合有机物对温度和应力的不同响应来增加光纤光栅的灵敏程度，以此来克服交叉敏感。预制应变法是给光纤光栅一个提前应变，然后将一部分光纤光栅固定于悬臂梁；等到应力释放后，剩余部分的光纤光栅形变恢复，但反射的中心波长未发生改变；但是之前悬臂梁上的固定部分形变已经不能复原，反射的中心波长值发生了改变；这样得到两个反射波峰，固定于悬臂梁上的光纤光栅对于温度以及应变都敏感，而未固定部分则只对温度产生敏感。单一光栅组合法解调方式避免了应力集中，但它的缺点是量测范围小、容易断裂、材料损耗大，工程实际中不建议使用。它的原理是将光栅写进不同折射率或者掺杂其他材料浓度的两只光纤的连接处，利用不同的折射率和温度灵敏性实现敏感区分。

在不考虑温度等环境条件影响的情况下进行实验，分别在二长花岗岩表面粘贴裸光纤光栅、电阻应变片及基片式光纤光栅传感器，研究分析上述三种封装形式在二长花岗岩试件上的应变感知传递精确度，为现场实时监测提供参照。在试件加载变形的过程中(主要研究轴向位移，不考虑环向变形)，随着轴向荷载的逐渐增大，轴向位移也呈直线增大的趋势，最终表现为岩石的破坏。最大变形量达到 0.85mm 左右，以此推测二长花岗岩试件的泊松比约为 0.25。试件在加载力的作用下，从出现裂缝到最终破坏的过程中，逐级测读荷载与应变值，岩石试件破裂瞬间局部应力释放，试件的变形瞬间增大。二长花岗岩加载试件实验结果如图 2-32 所示。

由通过数据处理得到的轴向位移随荷载变化曲线(图 2-32(a))可知，岩石试件应力应变步骤依次为初始压密、弹性、应变硬化以及应变软化四个主要阶段，分别对应图中 *OA*、*AB*、*BC* 和 *CD* 段；选取其中的弹性阶段的测量数据进行分析，弹性阶段的应力应变曲线如图 2-32(b)所示。为了方便验证三种封装形式的应变感知传递精确度，选择试件破坏的弹性阶段(即图 2-32(a)中 *AB* 段)作为有效应变感知阶段，每隔 5kN 提取三种感知元件的轴向应变数据，如图 2-32(c)所示。由轴向应力应变引起的光纤光栅反射中心波长变化如式(2-40)所示。

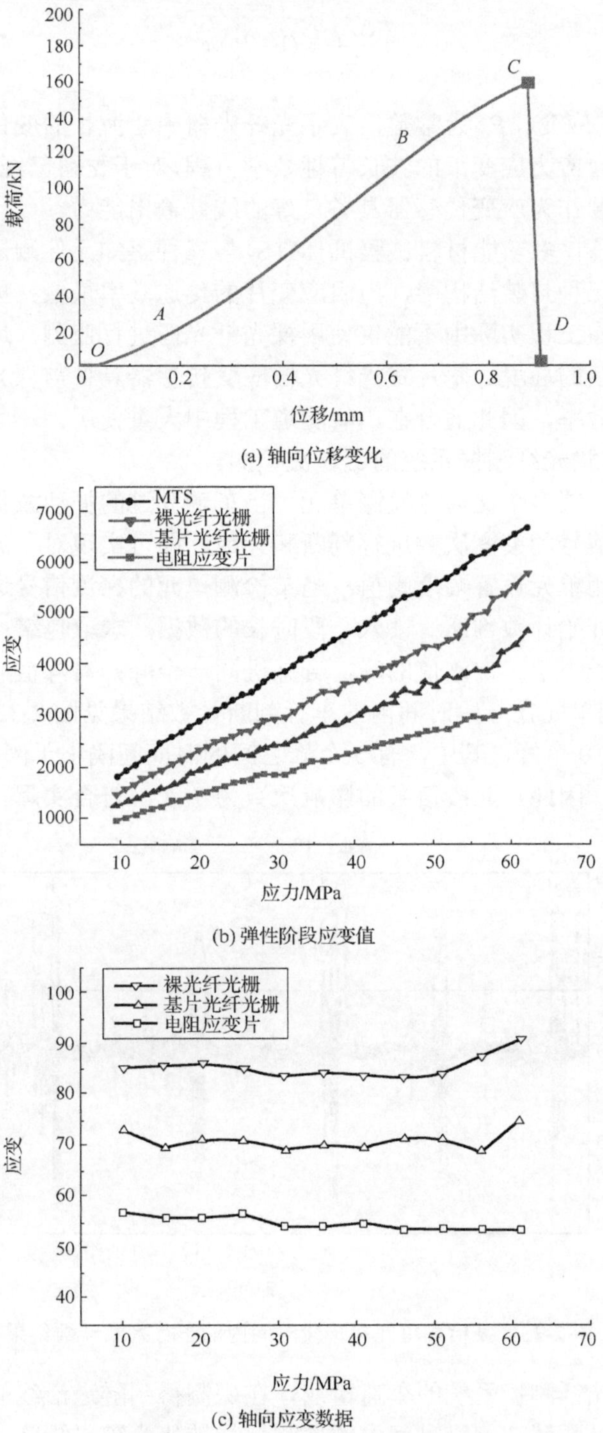

图 2-32　二长花岗岩加载试件实验结果

$$\frac{\Delta\lambda_B}{\lambda_B}=(1-P_e)\varepsilon \tag{2-40}$$

式中，ε表示轴向应变；P_e 为常数，表示光纤光栅中心波长的变化量。上述公式表示光纤光栅在轴向应力应变下的波长特性数学方程，对于材料已经确定的光纤光栅，可以确保光纤光栅作为应变传感器具备良好的线性输出能力。

由图 2-32 可知，多功能材料试验机(MTS)与三种感知元件测试得到的应变变化规律基本一致；三种封装结构中，电阻应变片的传递效率最低；虽然裸光纤光栅的灵敏度高，但是在工程实际中不能仅使用裸光纤光栅进行监测，适当封装保护之后才能适应各种复杂的环境。基片式光纤光栅应变传感器具备与裸光纤光栅相似的灵敏度、应变传递效率，因此适合在山岭隧道工程中大量使用。

(2)基于分布式光纤测振系统的交通流检测。

在隧道沿线设置多个交通流检测单元，当车辆驶过的振动波作用于对应位置的光缆时，通过对信号的突变次数进行判断和计数，即可实现对车流量的统计。计算步骤：为各个检测单元设置幅度阈值；当某检测单元的探测信号达到幅度阈值时，则进入下一步，开始计数判断；读入一段时长的数据，求取包络；对包络数据进行寻峰；将间隔时长小于一定阈值的峰，合并进同一个峰；对峰值影响数进行计数统计。例如，某检测单元在一段时间内的车行判断计数结果见图 2-33。在此段信号中，寻峰算法共找到 10 个峰，其中，有 3 个峰之间的时间间隔小于阈值(0.3s)，被合并进同一次影响中，因此，此段信号的影响次数为 7 次，符合实际。

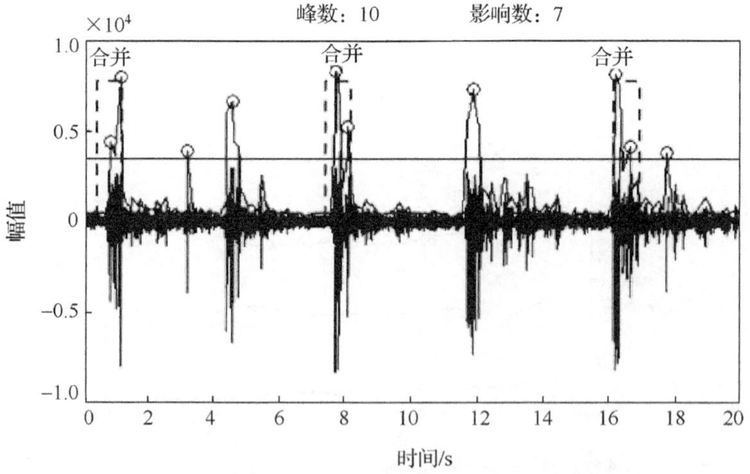

图 2-33　某检测单元在一段时间内的车行判断计数结果

基于分布式光纤测振系统的车速检测，在探测得到隧道沿线的振动信号后，通过幅度阈值将一段区域在一段时间内的探测信号转化为零一矩阵，再将每台车辆的行驶信号划分出来，计算各自空间跨度和时间跨度的比值，即得到车辆的行驶速度和行驶方向，并能够实时展示车辆的位置信息。计算步骤：隧道上行方向，当入口位置的探测单元信号达到幅度阈值时，触发 1 次跟踪判断；通过与幅度阈值进行比较，查找每一时刻信号幅值超过阈值的位置，即触发位置；当下一时刻的触发位置与上一时刻的触发位置之间的间距小于一定距离阈值范围，且位移方向与上行方向一致时，认为是同一车行信号，合并在 1 条记录里；对于每条记录，计算各自空间跨度和时间跨度的比值，即得到车辆的行驶速度和行驶方向。隧道下行方向，车行信号划分方法同上。

2.6　声音感知技术与方法

2.6.1　声音检测技术简介

交通量数据采集方法的不断改进和提高，为交通管控与规划提供了全面、系统而又真实可靠的实际参考资料和基础数据，有助于提高智能交通管控及规划的服务水平。在交通量监测系统中，交通量采集的主要方法包括感应线圈检测和视频检测。与感应线圈检测器相比，音频检测器维护成本较低且不会对路面造成破坏；与视频检测器相比，音频检测器不受遮挡物、光照强度和天气条件的影响，同时，声学信号处理所要求的计算负荷与视频图像处理相比减少了很多。基于行车声音的交通量检测，正逐步成为交通流参数采集领域中的重要方法。

行车声音主要来自于车辆轮胎和路面的摩擦产生的噪声、发动机的噪声、废气噪声及空气动力噪声等。车辆轮胎和路面的摩擦产生的噪声会随着车速的增加而增加，同时也和路面材料有关，而且这种相关性在车速达到 50km/h 以上尤为显著；发动机噪声的大小由发动机的转速和负载来决定；废气噪声是一种低频噪声，在标准情况下对行车噪声的影响很小；空气动力噪声会随着车速的增加而增加，而在车速达到 90km/h 后，其变化更为明显。基于行车声音的交通信息检测目前已有研究包括：交通状态判别、车型识别、车辆速度测量及交通量检测。

2.6.2　基于行车声音的检测原理

目前，语音分析技术已经较为成熟，其中被广泛地用于语音分析的表征参数有短时能量(short time energy，STE)、短时过零率、梅尔频率倒谱系数(Mel frequency cepstral coefficient，MFCC)和 MFCC 距离等，这些技术同样可用于行车声音的分析处理。目前在利用行车声音检测交通信息的应用领域里，基于行车声音检测交通量这一课题研究较多，可靠性较强[82,83]。

1. 行车声音特征

1) MFCC

MFCC 是基于人的听觉机理，即依据人的听觉实验结果来分析语音的频谱，同样，MFCC 也可以用于行车声音的分析。离散余弦变换(discrete cosine transform, DCT)具有信号谱分量丰富、能量集中且不需对声音相位进行估算等优点，能在较低的运算复杂度下取得较好的声音增强效果。

2) MFCC 倒谱距离

MFCC 可以用来计算 MFCC 倒谱距离，借鉴语音分析中 MFCC 倒谱距离的计算方法，行车声音的 MFCC 倒谱距离计算方法如式(2-41)所示。

$$d_{\text{MFCC}}(i)=\sqrt{\sum_{k=1}^{p}\left[C_{\text{MFCC}}(i,k)-\bar{C}_{\text{MFCC}}\right]^2} \tag{2-41}$$

式中，$\bar{C}_{\text{MFCC}}$ 表示前导无车帧(即背景噪声帧)中前 n_0 帧的 MFCC 平均值；p 表示 MFCC 的阶数，即 MFCC 的长度。

3) 短时能量特征

短时能量特征曲线具有与原始信号波形相近的特点且相较其他特征曲线平滑。

2. 声音感知原理

构建经典声信号识别系统的主要步骤包括声信号采集、预处理、特征提取及分类器设计，其中分类器设计中包含声信号样本的训练及分类器的参数确定，如图 2-34 所示。

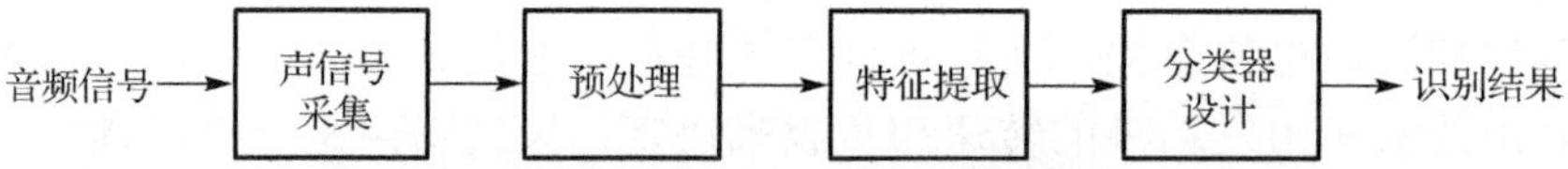

图 2-34 行车事故声信号识别流程图

1) 预处理

在收集完数据后需先对其进行预处理，音频数据的预处理主要包括预加重、归一化处理、分帧加窗等。

预加重：对音频进行取样之后，为了便于声道参数的分析可插入一个一阶的 FIR 高通滤波器，这一过程称为音频样本的预加重。对音频信号进行预加重的目的是增加音频的高频分辨率，预加重一般传递函数为

$$H(Z)=1-\alpha Z^{-1} \tag{2-42}$$

式中，α 为预加重系数，通常可以取 $0.9<\alpha<1.0$，一般情况下取 0.97。

归一化处理：为了避免各数据数量级差别较大进而造成较大的计算误差，使用最大最小归一化方法将所有数据转化为[0, 1]的数值，如式(2-43)所示。

$$X_k = \frac{X_k - X_{\min}}{X_{\max} - X_{\min}} \tag{2-43}$$

式中，X_k 为序列中的第 k 个值；$X_{\min}$ 为序列中的最小值；$X_{\max}$ 为序列中的最大值。

分帧加窗：隧道内部为一个封闭环境，车辆通过时产生的行车噪声无法向外传播，故大量噪声遗留在隧道内部，若想要精准分析采集到的隧道数据，则需先采取谱减法对其进行降噪处理。由于需要对音频信号进行分帧处理，所以需要生成汉明窗。汉明窗与汉宁窗都可以用于分析窄带信号，且有较强的干扰噪声。但汉明窗频谱泄漏更小，汉明窗函数的定义为

$$w(n,\alpha) = (1-\alpha) - \alpha\cos\left(\frac{2\pi n}{N-1}\right) \tag{2-44}$$

式中，$w(n,\alpha)$ 表示汉明窗，一般情况下 α 取 0.46；N 为窗长，也为帧长；n 表示窗函数的第 n 个采样点，$0 \leqslant n \leqslant N-1$。

2) 特征提取

在对声音样本进行预处理之后需要进行进一步的特征提取，以便为后续的训练及分类做好准备。目前使用最多的特征有短时能量、短时过零率、梅尔倒谱系数(MFCC)等。

短时能量：短时能量特征曲线具有与原始信号波形相近的特点，常用于语音表征参数的提取。帧信号的短时能量 E_i 的计算公式为

$$E_i = \sum_{n=0}^{L-1} y_i^2(n) \tag{2-45}$$

式中，E_i 为第 i 帧的短时能量；n 为一帧内的样本点；L 为帧长。

基于 MFCC 特征提取流程图如图 2-35 所示。

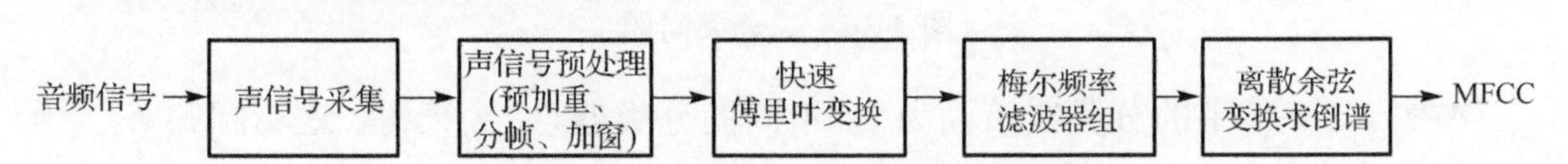

图 2-35　MFCC 特征提取流程图

MFCC 系数的计算方法为

$$C_{\text{MFCC}}(i,j) = \sqrt{\frac{2}{M}}\sum_{m=0}^{M-1}\ln\left[S_i(m)\right]\cos\frac{\pi k(2m+1)}{2M} \tag{2-46}$$

式中，$C_{\text{MFCC}}(i,j)$ 表示第 i 帧 MFCC 的第 j 个系数；$1 \leqslant k \leqslant M/2$；$M$ 表示梅尔滤波器数量，一般取偶数；$S_i(m)$ 为第 i 帧信号的第 m 个梅尔滤波器能量。

3)分类器设计

在隧道中若需要利用音频来进行行车事故的检测，则分类器的选择对整体的识别性能影响巨大。当前普遍采用的分类器有支持向量机(support vector machine，SVM)、人工神经网络(artificial neural network，ANN)、隐马尔可夫模型(hidden Markov model，HMM)和高斯混合模型(Gaussian mixture model，GMM)等。其中 SVM 可以解决人工神经网络过拟合的缺点，此处着重介绍 SVM 的原理和基本型。

基于统计学的 SVM 方法能够从理论上实现对不同类别上的最优划分，具有很好的泛化性能，能针对有限样本情况而设定，得到现有信息下的最优解而非样本趋于无穷大时的最优解，算法最终转化为一个二次型最优求解问题。算法将实际问题通过非线性变换转换到高维特征空间，在高维空间中构造线性判别函数来实现源空间的非线性判别函数，这一特殊性质保证 SVM 具有广泛的泛化能力，并且巧妙地解决维数问题，使得样本复杂度与维度无关。

SVM 主要用于解决模式识别领域中的数据分类问题，它属于有监督学习算法的一种。SVM 要解决的问题可以用一个经典的二分类问题加以描述，如图 2-36(a)所示，在某一二维平面存在一堆白色与灰色的球，需要找到一条直线将其分离而达到分类的目的，并且可以发现满足分类条件的直线不止一条。

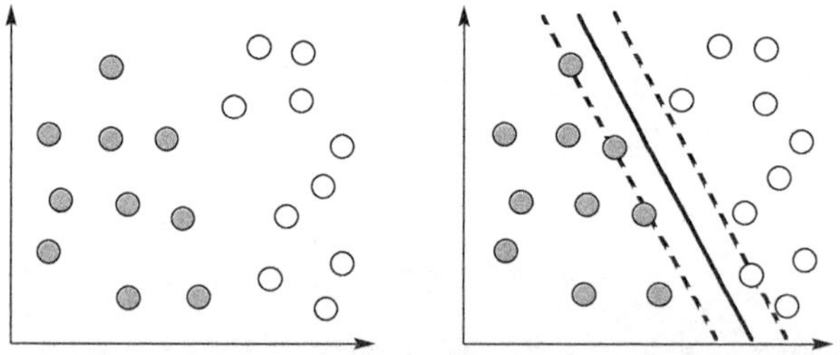

(a) 二维平面　　(b) 二维平面分类决策面

图 2-36　二分类问题

在图 2-36(b)中的分类决策面为 I，不同的分类器(如决策树、逻辑回归等)会给出不同的分类边界，其目的都是找到一个“最优”的决策边界，SVM 的目的也是如此。以图 2-36(b)为例，虚线的位置由决策面的方向和距离决策面最近的几个样本的位置决定。两条虚线之间的垂直距离，就是这个决策面对应的分类间隔。

显然，每一个可能把数据集正确分开的方向都有一个最优决策面。而不同方向最优决策面，它们的分类间隔通常是不同的。那个具有“最大间隔”的决策面就是 SVM 要寻找的最优解。而这个最优解对应的两侧虚线所穿过的样本点，就是 SVM

中的支持样本点，称为支持向量。

在图 2-36(b)中，假设决策面 I 就是 SVM 寻找的最优解，而相应的三个位于虚线上的样本点，在坐标系中对应的向量就称为支持向量。

以上举例为二维平面中的例子。而在样本空间中，划分超平面可通过式(2-47)来描述：

$$\boldsymbol{w}^{\mathrm{T}}x_i + c = 0 \tag{2-47}$$

式中，$\boldsymbol{w}$ 为法向量，决定了超平面的方向；c 为位移量，决定了超平面与原点的距离。而对于训练样本(x_i, y_i)，则满足：

$$\begin{cases} \boldsymbol{w}^{\mathrm{T}}x_i + c \geqslant +1, & y_i = +1 \\ \boldsymbol{w}^{\mathrm{T}}x_i + c \leqslant -1, & y_i = -1 \end{cases} \tag{2-48}$$

式(2-48)称为最大间隔假设，$y_i = +1$ 表示样本为正样本，$y_i = -1$ 表示样本为负样本。再经过一系列的变形，可以求出间隔的最终表达式为

$$\gamma = \frac{1-c+(1+c)}{\|\boldsymbol{w}\|} = \frac{2}{\|\boldsymbol{w}\|} \tag{2-49}$$

SVM 的思想是使得间隔最大化，即

$$\max_{w,c} \frac{2}{\|\boldsymbol{w}\|}, \ \text{s.t.} \ y_i(\boldsymbol{w}^{\mathrm{T}}x_i + c) \geqslant 1, \qquad i = 1,2,\cdots,m \tag{2-50}$$

显然，最大化 $2/\|\boldsymbol{w}\|$ 相当于最小化 $\|\boldsymbol{w}\|$，即式(2-54)可以转化成

$$\min_{w,c} \frac{1}{2}\|\boldsymbol{w}\|^2, \ \text{s.t.} \ y_i(\boldsymbol{w}^{\mathrm{T}}x_i + c) \geqslant 1, \qquad i = 1,2,\cdots,m \tag{2-51}$$

即得到 SVM 分类器的基本型。

2.6.3　声音检测在隧道云智能感知方面的应用

利用行车声音来进行交通运行状态检测、交通流检测、车型识别和车速检测具有一定的优势。近年来，智慧隧道的建设越来越得到关注，目前我国隧道的建设的重点是大型隧道的维修与保养及安全性的提高。利用隧道巡检机器人的集成声传感器可以及时发现事故并进行优先抢救，也可以对隧道行车事故进行一定的预测，达到提高安全性的目的。

1)基于行车声音的交通事故检测方法

选取了四段交通事故 a、b、c、d 的样本音频，进行初步的频谱分析并得到对应的波形图，如图 2-37 所示。

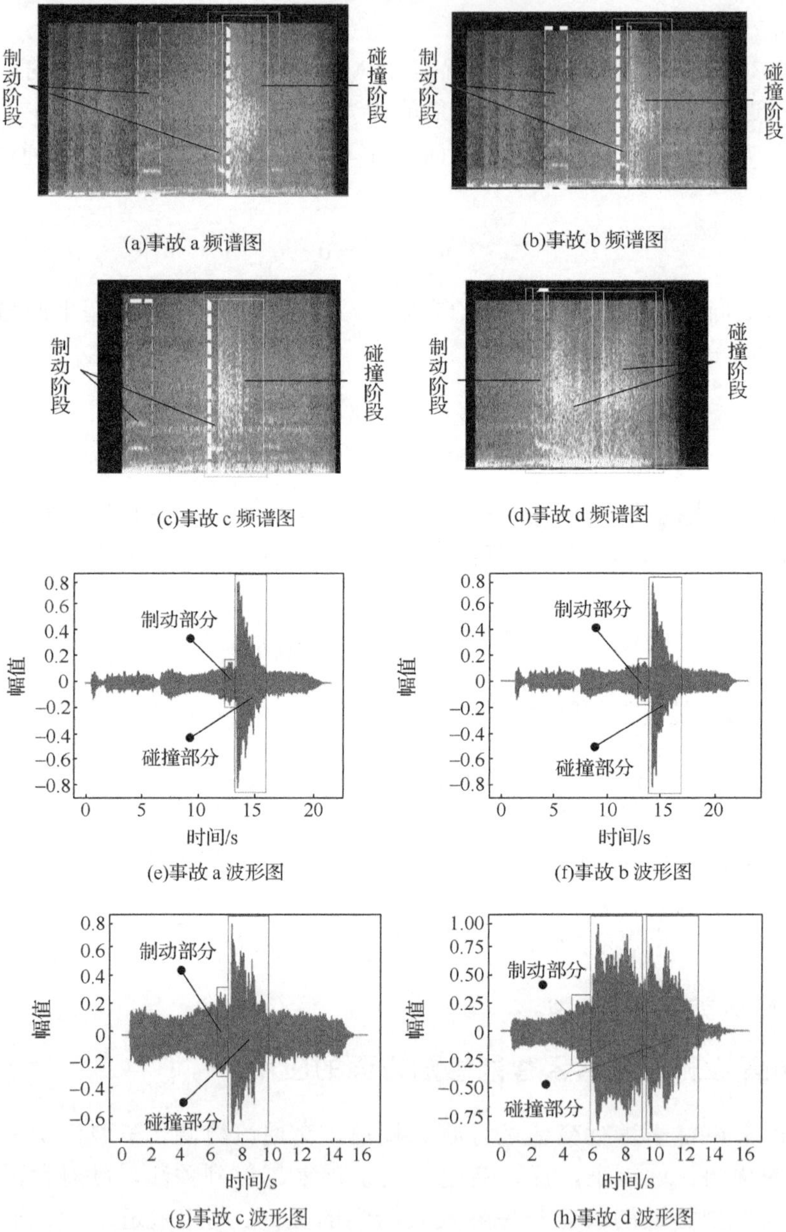

(a)事故 a 频谱图　(b)事故 b 频谱图

(c)事故 c 频谱图　(d)事故 d 频谱图

(e)事故 a 波形图　(f)事故 b 波形图

(g)事故 c 波形图　(h)事故 d 波形图

图 2-37　四段交通事故时频域分析图(见彩图)

频谱图中白色框线部分为车辆发生碰撞的阶段，白色虚线为车辆制动的部分，绿色框线为车辆发生事故的部分，由于事故 d 发生了二次碰撞故存在两个碰撞阶段。从图 2-37 中可以看出四段事故发生阶段存在相同的时域特征。

使用 Adobe Premiere Pro CC 2017 版将采集到的隧道音频(60s)与事故 a、b、c、d(加

载 5s)进行融合，生成新的音频(取其事故前后 19s)用于隧道环境下的行车事故模拟，如图 2-38 所示。

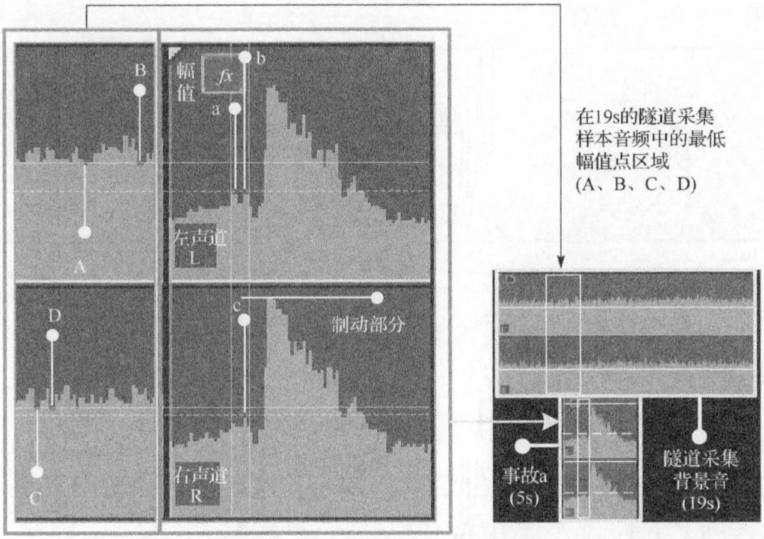

图 2-38　隧道环境下的行车事故音频模拟(见彩图)

在图 2-38 中如深绿色区域所示隧道样本幅度最低点(A、B、C、D)超出了事故 a 刹车部分的最高点(H_a、H_b、H_c)，导致刹车部分无法检测，故采取中值滤波降噪，得到样本频域图如图 2-39(b)所示，使得事故段能够被清晰地检测出。得到最终事故样本，并将其简称为样本α。

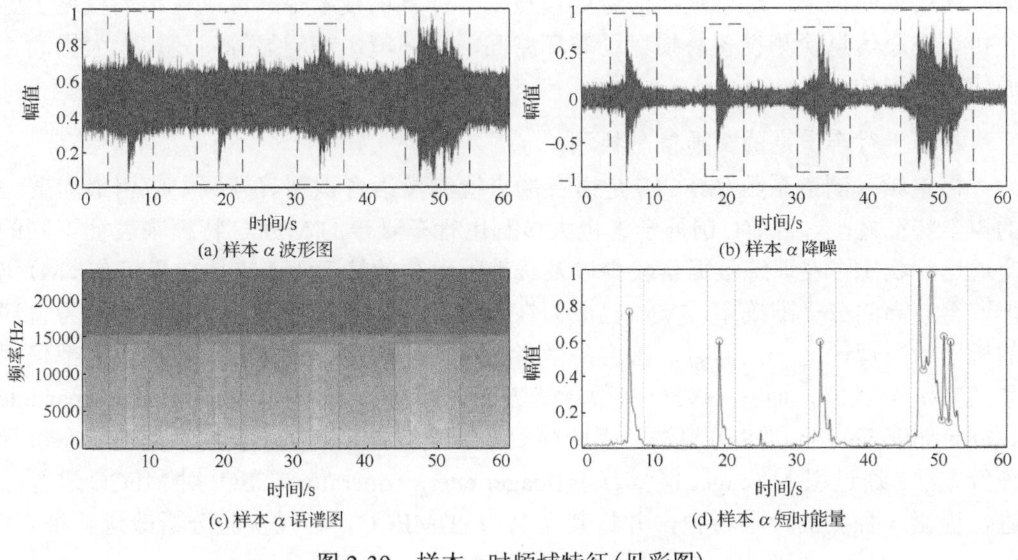

图 2-39　样本α时频域特征(见彩图)

图 2-39 中虚线及虚线框部分为四段事故，设定较高阈值 E_a 为 0.4，通过图 2-39(d) 中短时能量的关键点不断优化较低阈值 E_b 达到较高的检测精度，样本 α 端点检测如图 2-40 所示。

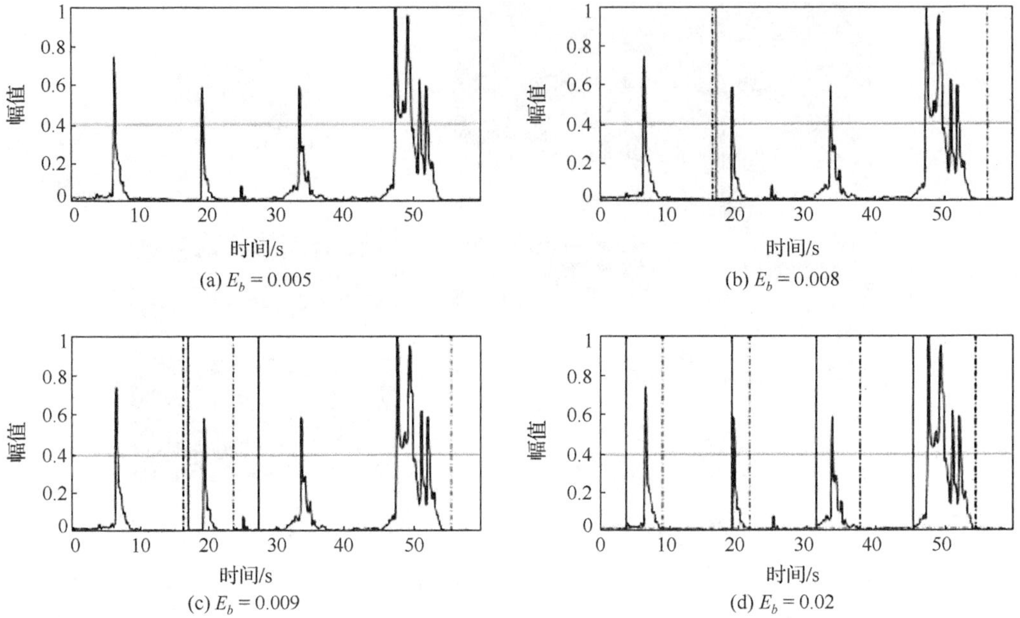

(a) $E_b = 0.005$　(b) $E_b = 0.008$　(c) $E_b = 0.009$　(d) $E_b = 0.02$

图 2-40　样本 α 端点检测

从图 2-40 中可以看出随着 E_b 的不断增大，事故段检测数量增加。基于声音检测交通信息的技术，综合数字信号处理技术、计算机技术等，可以在很大程度上弥补传统交通信息检测设备易损坏、破坏路面、受环境影响明显等问题，大大提高交通信息检测的效果。

2）基于行车噪声的交通信息检测

梅尔频率倒谱系数（MFCC）是语音端点检测及语音识别等领域中应用最为普遍的声学特征之一，目前，国外学者也大多利用行车噪声的 MFCC 特征来表征不同的交通运行状态。在训练数据量较少以及线性不可分的情况下，支持向量机（SVM）仍能取得较高的分类准确率，SVM 已成为在数据分析和模式识别领域中使用最为普遍的机器学习理论之一，同时，国内外学者在进行交通运行状态评价时，也大都采用了 SVM 分类器，而在 SVM 参数寻优方面，通常会选择使用粒子群优化（particle swarm optimization，PSO）算法。因此简要介绍结合 PSO-SVM 技术的交通状态进行评价方法。通过引入 Teager 能量算子（teager energy operator，TEO）对 MFCC 进行改进，提出一种新的声学特征，并将其命名为 T-MFCC。通过实验分析改进特征（即

T-MFCC）表征交通运行状态能力的强弱。行车噪声信号分帧、加窗后可用矩阵 $\boldsymbol{Y}$ 表示（式（2-52）），其每一列即表示一帧信号；r 表示帧长（样本点数目），n 表示帧数目；$\boldsymbol{T}$ 表示行车噪声信号的 TEO 特征矩阵（式（2-53）），$\boldsymbol{T}$ 中每个元素 $t_{i,j}$ 均可通过式（2-54）进行计算。

$$\boldsymbol{Y}=\begin{pmatrix} y_{1,1} & y_{1,2} & \cdots & y_{1,n} \\ y_{2,1} & y_{2,2} & \cdots & y_{2,n} \\ \vdots & \vdots & & \vdots \\ y_{r,1} & y_{r,2} & \cdots & y_{r,n} \end{pmatrix} \tag{2-52}$$

$$\boldsymbol{T}=\begin{pmatrix} t_{1,1} & t_{1,2} & \cdots & t_{1,n} \\ t_{2,1} & t_{2,2} & \cdots & t_{2,n} \\ \vdots & \vdots & & \vdots \\ t_{r,1} & t_{r,2} & \cdots & t_{r,n} \end{pmatrix} \tag{2-53}$$

$$t_{i,j}=y_{i,j}^2-y_{i-1,j}y_{i+1,j},\quad i=2,3,\cdots,r-1;\ j=1,2,\cdots,n \tag{2-54}$$

在提取完 MFCC 特征之后，继续将 MFCC 每一维的特征值与 TEO 特征的均值进行融合，即可得到 T-MFCC 的特征值，提取流程如图 2-41 所示，其中，虚线框中的内容表示对 MFCC 特征的改进部分。

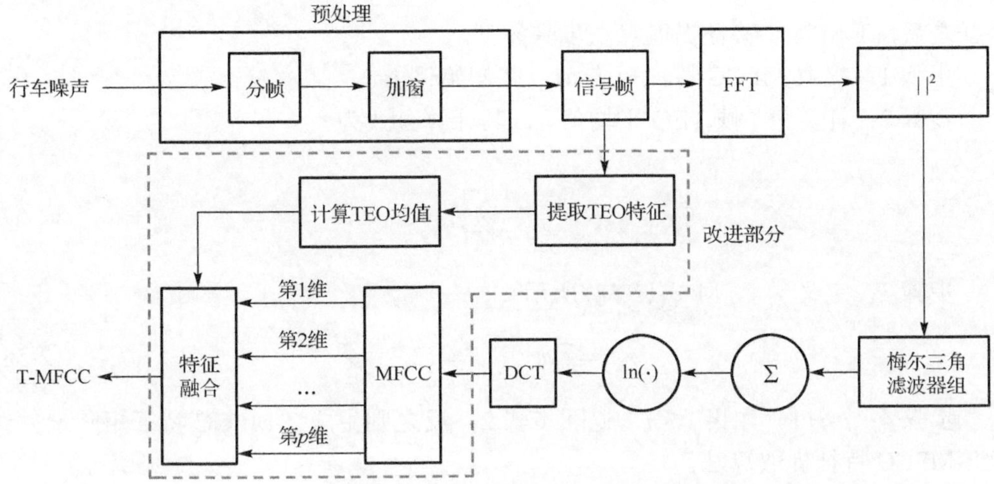

图 2-41　T-MFCC 特征提取流程

对采集的行车噪声数据进行分帧和加窗预处理并得到信号帧矩阵后，对信号帧矩阵进行两方面的操作：一方面对信号帧矩阵进行快速傅里叶变换（FFT）、梅尔滤波和离散余弦变换，获得 MFCC 特征矩阵；另一方面直接在信号帧矩阵基础之上提取 TEO 特征矩阵，TEO 特征矩阵与信号帧矩阵为同型矩阵。计算 TEO 特征矩阵每一列的均值，将 TEO 均值乘以 MFCC 每一维的特征值，从而实现 TEO 特征与 MFCC 特征的融合。

MFCC 特征矩阵和 T-MFCC 特征矩阵分别用 $\boldsymbol{M}$ 和 $\boldsymbol{\chi}$ 进行表示，如式(2-55)和式(2-56)所示。

$$\boldsymbol{M}=\begin{pmatrix} m_{1,1} & m_{1,2} & \cdots & m_{1,n} \\ m_{2,1} & m_{2,2} & \cdots & m_{2,n} \\ \vdots & \vdots & & \vdots \\ m_{p,1} & m_{p,2} & \cdots & m_{p,n} \end{pmatrix} \tag{2-55}$$

$$\boldsymbol{\chi}=\begin{pmatrix} \chi_{1,1} & \chi_{1,2} & \cdots & \chi_{1,n} \\ \chi_{2,1} & \chi_{2,2} & \cdots & \chi_{2,n} \\ \vdots & \vdots & & \vdots \\ \chi_{p,1} & \chi_{p,2} & \cdots & \chi_{p,n} \end{pmatrix} \tag{2-56}$$

式中，p 表示特征维度，n 表示帧的总数目；$\boldsymbol{M}$ 的每一列均表示一帧 MFCC，且每帧 MFCC 均具有 p 个属性 $\boldsymbol{M}_1$、$\boldsymbol{M}_2$、…、$\boldsymbol{M}_p$，其中，$\boldsymbol{M}_i=\begin{bmatrix} m_{i,1} & m_{i,2} & \cdots & m_{i,n} \end{bmatrix}^{\mathrm{T}}$，$i=1,2,\cdots,p$；$\boldsymbol{\chi}$ 的每一列均表示一帧 T-MFCC，且每帧 T-MFCC 均具有 p 个属性 $\mathbf{TM}_1$、$\mathbf{TM}_2$、…、$\mathbf{TM}_p$，其中，$\mathbf{TM}_j=\begin{bmatrix} \chi_{j,1} & \chi_{j,2} & \cdots & \chi_{j,n} \end{bmatrix}^{\mathrm{T}}$，$j=1,2,\cdots,p$。在提取出 MFCC 特征之后，T-MFCC 特征提取算法步骤如下。

步骤 1：提取 MFCC 特征矩阵 $\boldsymbol{M}$，并初始化 $j=1$。

步骤 2：计算第 j 帧 TEO 平均值 $\overline{t}_j$，其计算公式为

$$\overline{t}_j=\frac{1}{r}\sum_{i=1}^{r}t_{i,j} \tag{2-57}$$

步骤 3：定义 $\chi_{i,j}$，如式(2-58)所示。

$$\chi_{i,j}=\overline{t}_j m_{i.j} \quad i=1,2,\cdots,p \tag{2-58}$$

步骤 4：$j=j+1$。如果 $j\leqslant n$，返回步骤 2；反之则生成 T-MFCC 特征矩阵 $\boldsymbol{\chi}$ 并结束 T-MFCC 特征提取算法。

将帧长设置为 25ms，帧移设置为 12.5ms，MFCC 特征维度设置为 8 维，相应地，梅尔滤波器数目也设置为 MFCC 特征维度的 2 倍。本节对行车噪声数据进行预处理，并提取三种交通运行状态下的 T-MFCC 特征如图 2-42 所示，其中，$\mathbf{TM}_i$ $(i=1,2,\cdots,p)$ 表示 T-MFCC 特征的第 i 维属性，此处 p 取 8。

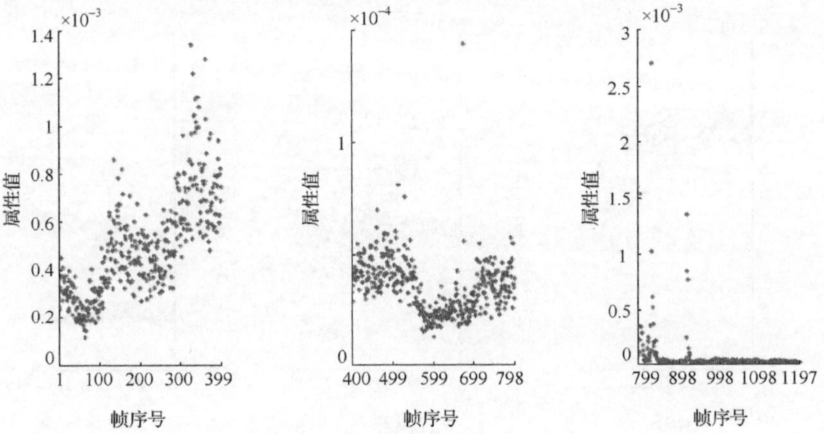

(a) $\mathbf{TM}_1$

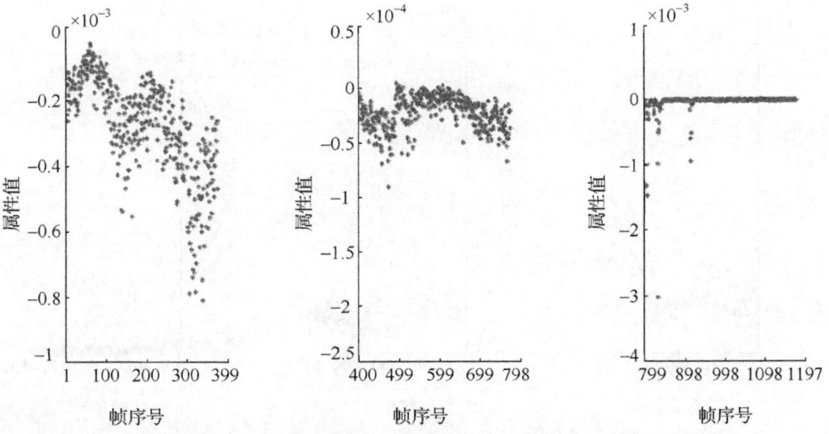

(b) $\mathbf{TM}_2$

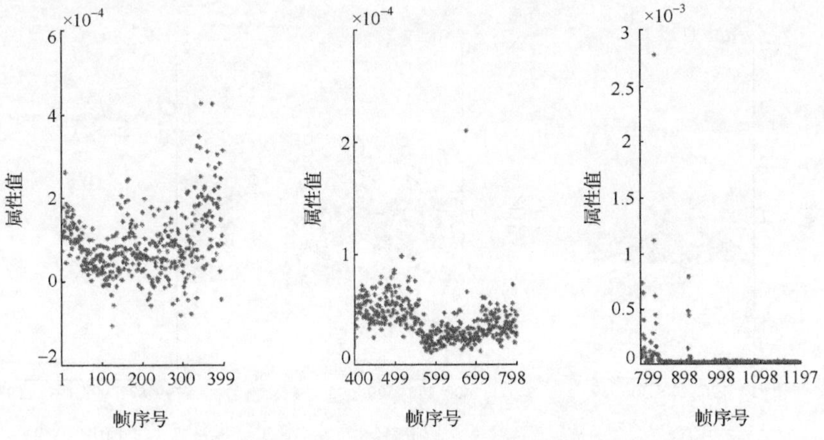

(c) $\mathbf{TM}_3$

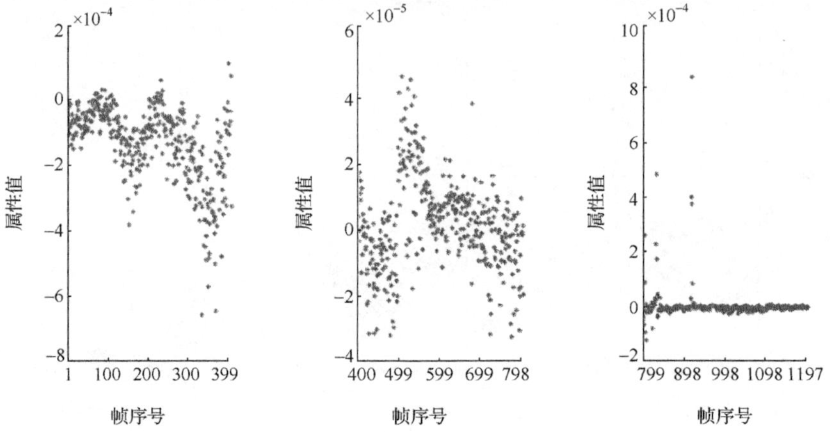

(d) $\mathbf{TM}_4$

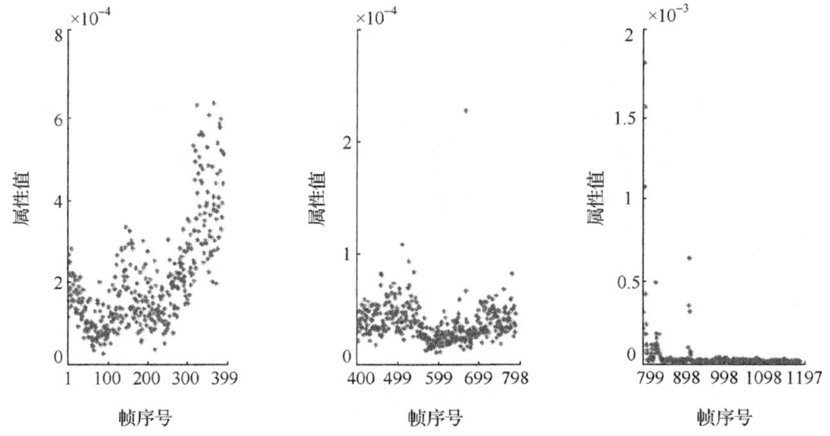

(e) $\mathbf{TM}_5$

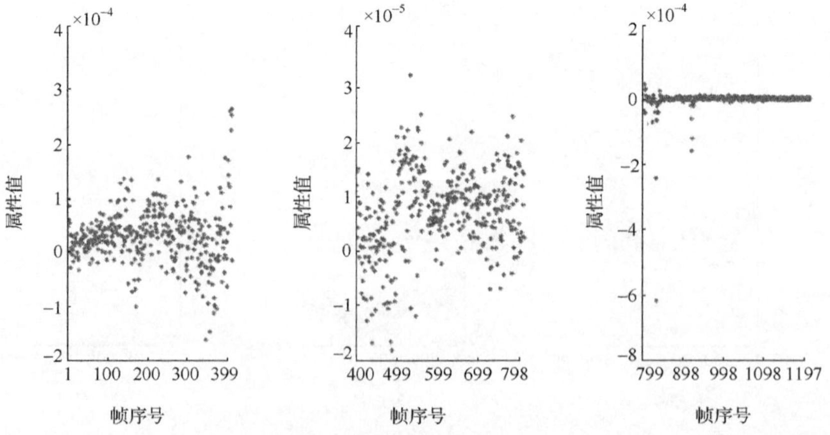

(f) $\mathbf{TM}_6$

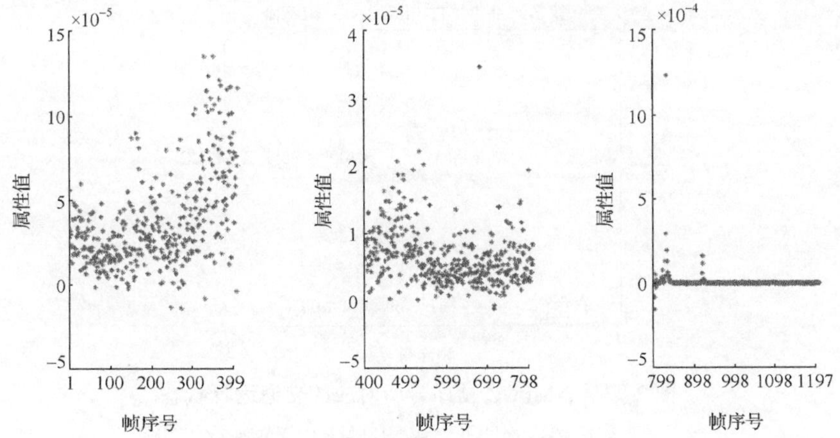

(g) $\mathbf{TM}_7$

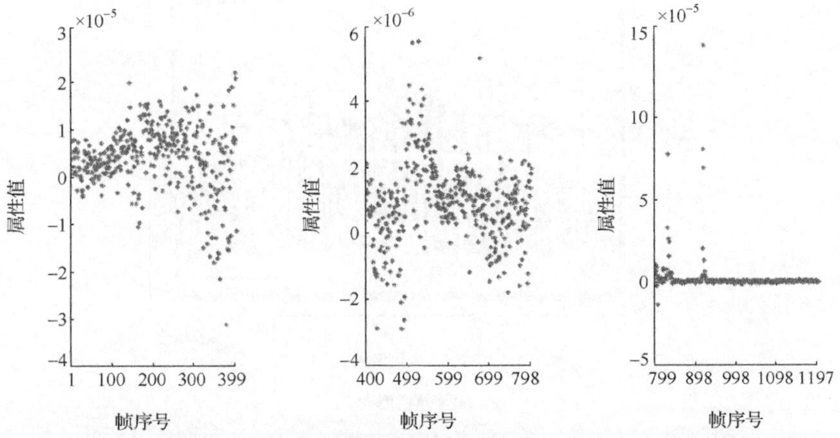

(h) $\mathbf{TM}_8$

图 2-42　T-MFCC 特征的分维可视化图

行车噪声每帧 T-MFCC 所对应的交通运行状态如图 2-43 所示，即第 1~399 帧 T-MFCC 表示自由流状态，第 400~798 帧 T-MFCC 表示饱和流状态，第 799~1197 帧 T-MFCC 表示阻塞流状态。所以每种交通运行状态下均有 399 帧 T-MFCC，三种交通运行状态下的 T-MFCC 帧数目合计为 1197。

选取每种交通运行状态的前 200 帧 T-MFCC 作为训练集，后 199 帧 T-MFCC 作为测试集。因此，训练帧总数目为 600，测试帧总数目为 597。首先，对 T-MFCC 特征进行归一化处理；然后，利用每种交通运行状态的前 200 帧 T-MFCC 训练得到 SVM 最佳参数 c_{opt} 和 g_{opt}，如图 2-44(a)所示，其中 c_{opt}=98.917，g_{opt}=151.5741，CVAccuracy 表示在当前最佳参数 c_{opt} 和 g_{opt} 条件下交互验证的准确率，此时为 95%，得到基于 T-MFCC 和 PSO-SVM 的交通运行状态综合评价准确率如图 2-44(b)所示，即 85.4271%。

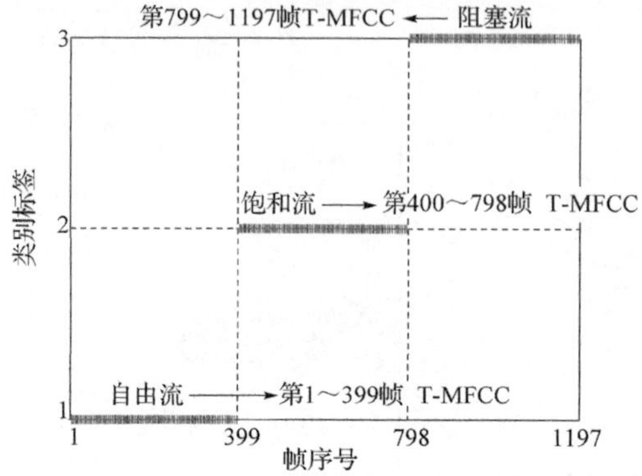

图 2-43　T-MFCC 帧序号所对应的交通运行状态

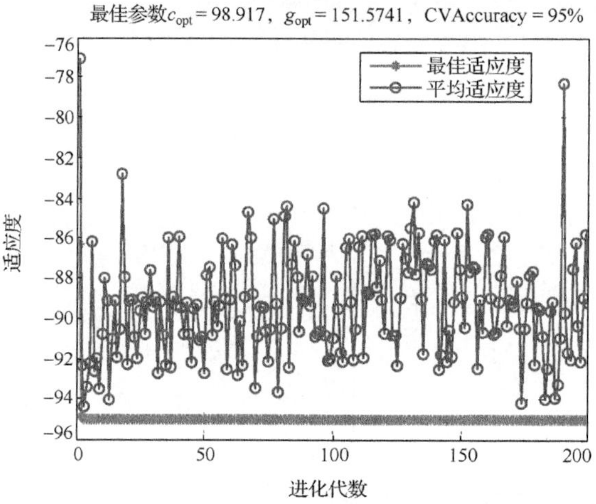

(a) SVM训练结果

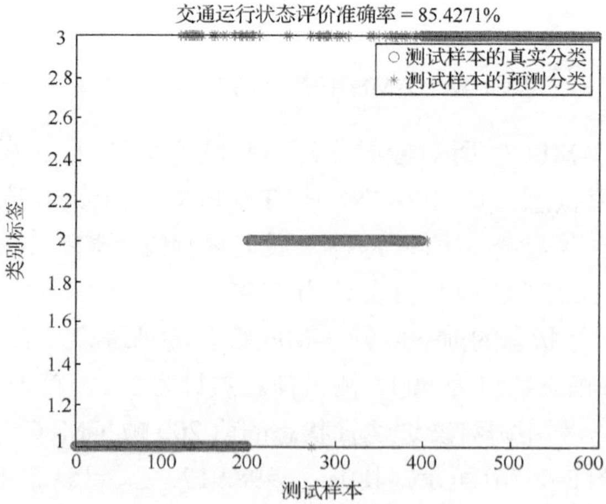

(b) 交通运行状态综合评价准确率

图 2-44　基于 T-MFCC 和 PSO-SVM 的交通运行状态评价结果

基于 T-MFCC 和 PSO-SVM 的自由流状态评价结果如图 2-45 所示。令 $n_{correct}$ 表示正确识别的测试样本数，n_{error} 表示错误识别的测试样本数，由图 2-45 可知，1~50 帧测试样本中 $n_{correct}$ 为 50，n_{error} 为 0；51～100 帧测试样本中 $n_{correct}$ 为 50，n_{error} 为 0；101~150 帧测试样本中 $n_{correct}$ 为 34，n_{error} 为 16；151～199 帧测试样本中 $n_{correct}$ 为 32，n_{error} 为 17。所以自由流状态下的 $n_{correct}$（即 1～199 帧所有 $n_{correct}$ 之和）为 50+50+34+32=166，n_{error}（即 1～199 帧所有 n_{error} 之和）为 0+0+16+17=33。

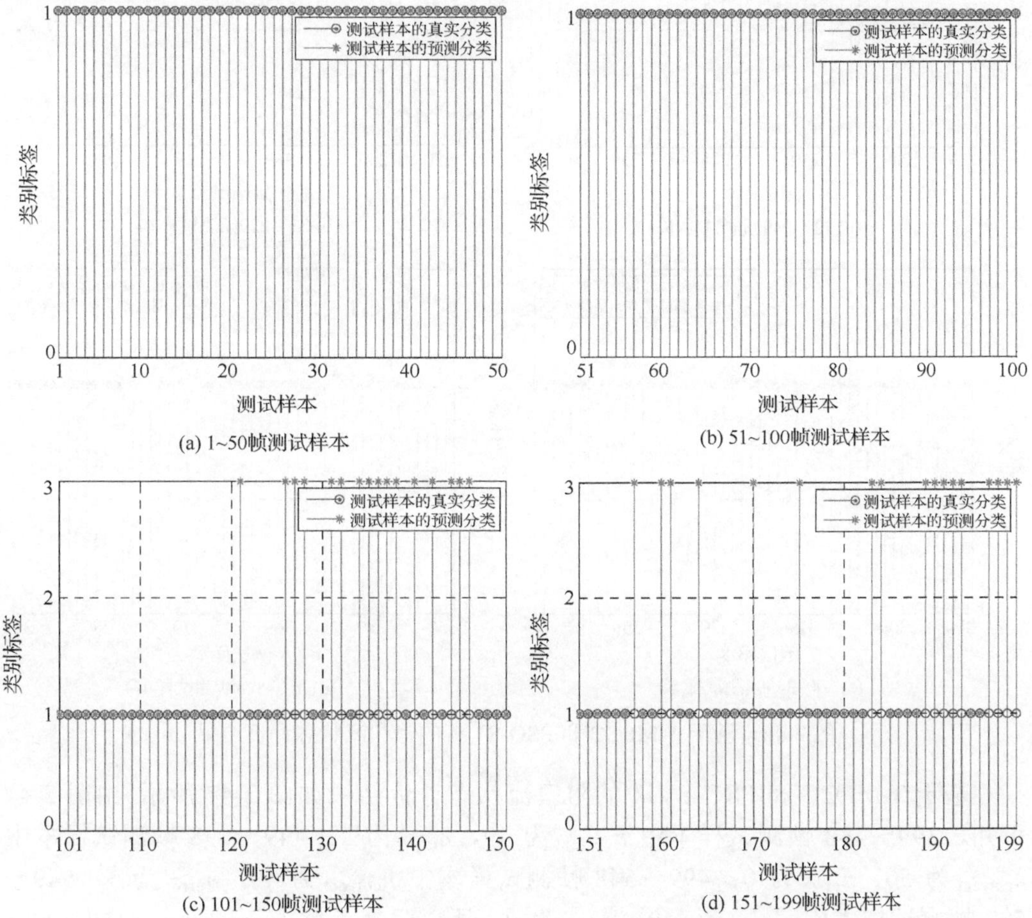

(a) 1~50帧测试样本　(b) 51~100帧测试样本

(c) 101~150帧测试样本　(d) 151~199帧测试样本

图 2-45　基于 T-MFCC 和 PSO-SVM 的自由流状态评价结果

基于 T-MFCC 和 PSO-SVM 的饱和流状态评价结果如图 2-46 所示。由图 2-46 可知，200～249 帧测试样本中 $n_{correct}$ 为 43，n_{error} 为 7；250～299 帧测试样本中 $n_{correct}$ 为 38，n_{error} 为 12；300~349 帧测试样本中 $n_{correct}$ 为 40，n_{error} 为 10；350～398 帧测试样本中 $n_{correct}$ 为 26，n_{error} 为 23。所以饱和流状态下的 $n_{correct}$（即 200～398 帧

所有 $n_{correct}$ 之和）为 43+38+40+26=147，n_{error}（即 200～398 帧所有 n_{error} 之和）为 7+12+10+23=52。

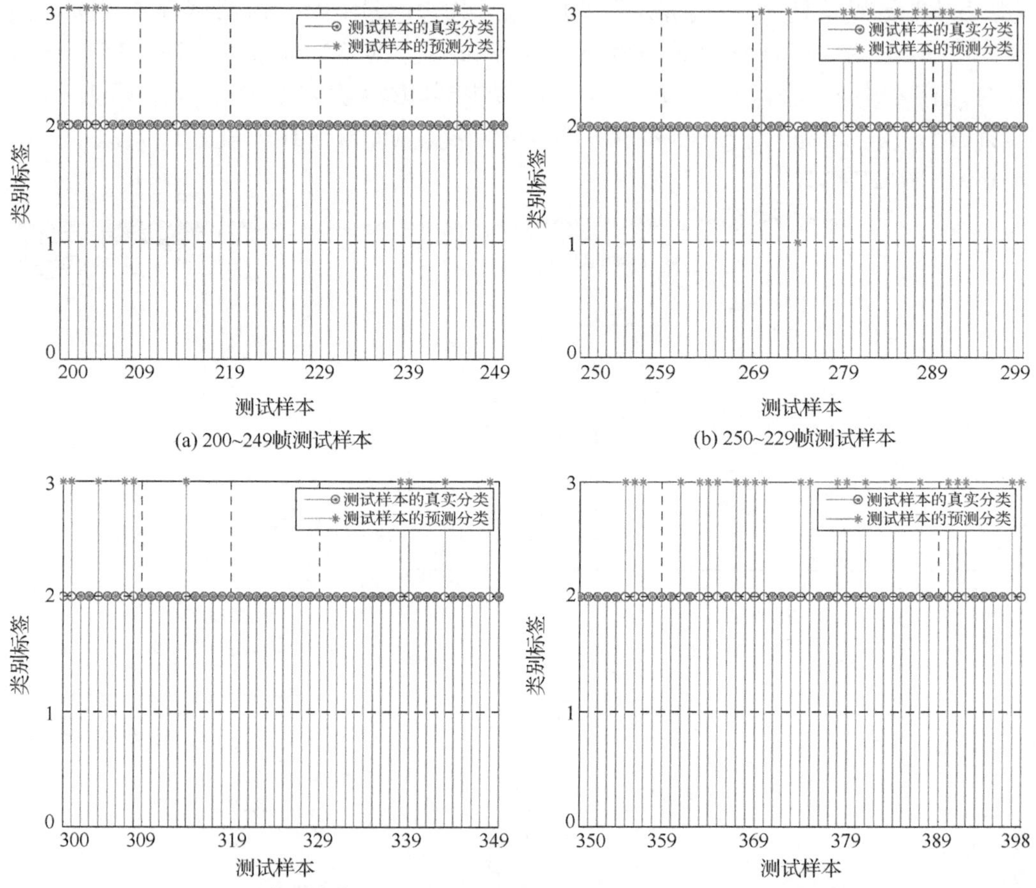

(a) 200~249帧测试样本　(b) 250~229帧测试样本

(c) 300~349帧测试样本　(d) 350~398帧测试样本

图 2-46　基于 T-MFCC 和 PSO-SVM 的饱和流状态评价结果

基于 T-MFCC 和 PSO-SVM 的阻塞流状态评价结果如图 2-47 所示。由图 2-47 可知，399～448 帧测试样本中 $n_{correct}$ 为 49，n_{error} 为 1；449～498 帧测试样本中 $n_{correct}$ 为 50，n_{error} 为 0；499～548 帧测试样本中 $n_{correct}$ 为 49，n_{error} 为 1；549～597 帧测试样本中 $n_{correct}$ 为 49，n_{error} 为 0。所以阻塞流状态下的 $n_{correct}$（即 399～597 帧所有 $n_{correct}$ 之和）为 49+50+49+49=197，n_{error}（即 399～597 帧所有 n_{error} 之和）为 1+0+1+0=2。

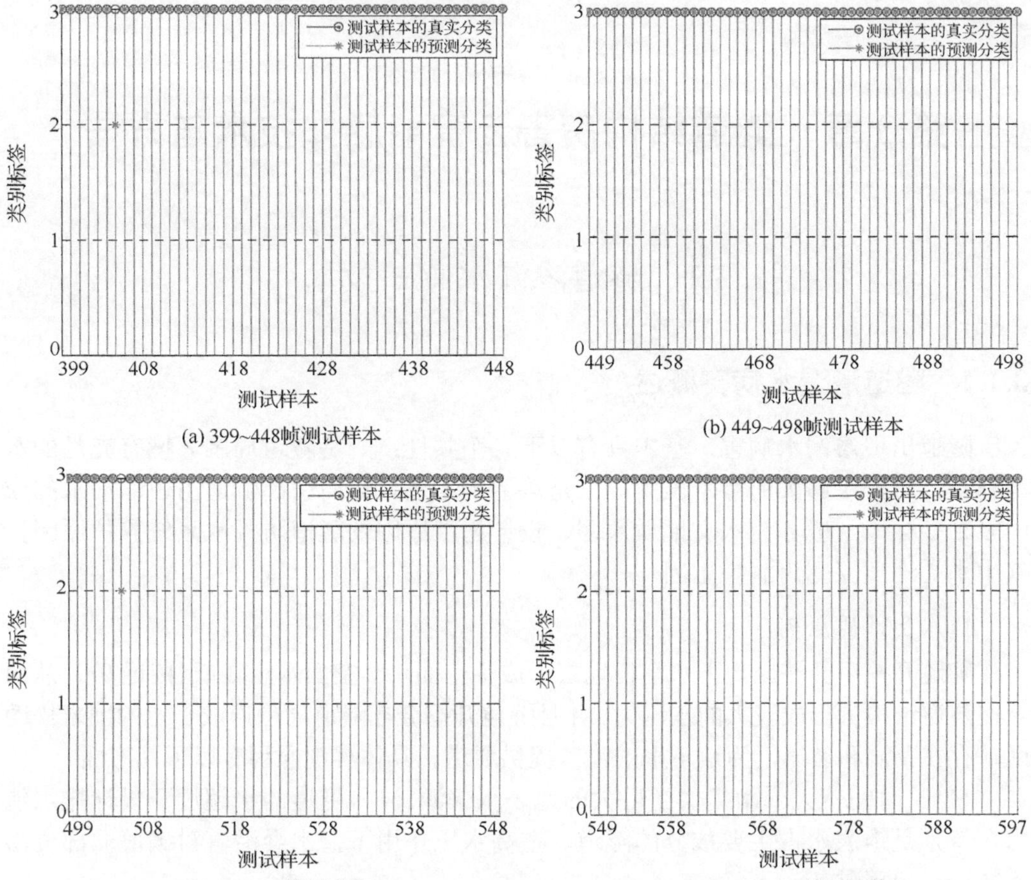

(a) 399~448帧测试样本

(b) 449~498帧测试样本

(c) 449~548帧测试样本

(d) 549~597帧测试样本

图 2-47　基于 T-MFCC 和 PSO-SVM 的阻塞流状态评价结果

根据图 2-45～图 2-47 统计，相比 MFCC 特征，T-MFCC 特征对应的自由流状态识别准确率为 41.709%，饱和流状态识别准确率为 24.121%，阻塞流识别准确率为 100%。

第3章　隧道结构病害云智能感知技术与方法

3.1　隧道渗漏水感知技术

3.1.1　隧道渗漏水病害概述

隧道出现渗漏水病害，基本具有以下三个共性：一是隧道周围环境有充足的水源补给；二是足够大的渗水压力；三是渗漏水通道。然而引起隧道出现渗漏水的成因多种多样，一般分为水文地质原因、设计施工原因及隧道防排水系统养护原因，其中水文地质原因为病害主因。

1）水文地质原因

隧道开挖后会在原地下水平衡地层形成临空面，临空面水压很低（接近0），从而会在隧道结构上形成较大的水压力。并且隧道开挖会在隧道周围形成一定的围岩松动区，存在孔洞和裂缝，为地下水的渗入提供通道。具体客观原因有以下几方面。

（1）长时间特大暴雨提供了巨大的地表水来源，渗入隧道的水超过了设计排水能力，特别是地表水占主要成分的隧道，在高水压作用下，水会沿着衬砌薄弱部位渗入隧道，出现破坏。

（2）隧道较长，埋深较大，汇水区域面积较大，长时间强大暴雨后隧道排水系统压力过大。

（3）以地表水为主要水源的隧道，水中泥沙含量严重，暴雨后超大量的泥沙导致隧道排水系统堵塞、瘫痪，从而出现极为严重的渗漏水病害，甚至变形、开裂，病害影响最为剧烈。

（4）隧址区围岩裂隙发育，岩层夹泥严重且隧道穿越溶洞，长时间强大暴雨后使隧道结构上水压大。

2）设计施工原因

（1）勘察设计方面。勘察设计过程中主要倾向于隧道结构部分，对隧道防排水有所忽视。虽然防水板采用全包形式，并且设计了相应的排水系统，但是对于复杂地质区段，特别是穿越破碎带、溶洞及软-硬围岩交接段等，未进行全面防排水处理，即没有采用初支背后围岩注浆堵水或未设置泄水孔等措施，从而使隧道出现渗漏水病害。

(2)施工方面。不正当施工极易使隧道产生渗漏水病害，例如，止水带固定不牢，二衬浇筑时出现卷起；止水条安装不规范；施工缝和变形缝处混凝土浇筑不够密实或与止水条不够密贴；隧道光面爆破效果不太好，而衬砌与围岩不密贴，从而出现存水构造等。

3)隧道防排水系统养护原因

交通运输部颁布的《公路隧道设计规范》(TG D70－2004)规定：隧道防排水应遵循“防、排、截、堵结合，因地制宜，综合治理”的原则，保证隧道结构物和运营设备的正常使用和行车安全。隧道防排水设计应对地表水、地下水进行妥善处理，洞内外形成一个完整、畅通的防排水系统。

其中“防、排、截、堵”四个字的具体含义分别为：“防”即要求采用防水板、防水混凝土等不透水层，防止地下水穿透从而渗入洞内；“排”即通过横向、纵向排水管，中央排水管等各种排水管路，将隧道区域内各部位的积水排出洞外；“截”即通过设置截水沟、填筑积水坑洼地、封闭渗漏点等措施防止地表水进入隧道区域，通过采取泄水洞、井点降水等措施防止地下水进入隧道区域；“堵”即针对隧道围岩出现渗漏水的地段，通过注浆、安装止水条等方法，堵塞围岩体内的渗水通道。

隧道渗漏水病害分类的方法有很多，我国铁路隧道渗漏水一般定性地分为六级：润湿、渗水、滴水、漏水、射水及涌水。而高速公路隧道，依据《公路隧道养护技术规范》(JTG H12－2015)，根据渗漏水压力、流量等因素，可以将其分为喷射、涌流、点滴、浸润。而根据隧道渗漏水形式和面积可以分为点、线、面三种形式。

点渗漏存在不连续和无规律性，其往往是在高水压作用下，大量的水在混凝土不够密实、施工缝止水条断缺及仰拱处等隧道结构防排水相对较为薄弱的部位有压排出，主要表现为孔洞渗漏水，其状态往往非常严重，严重时甚至可能会引起衬砌破坏。其中拱部喷射、涌流状渗漏水会严重影响行车的安全；从隧道结构受力来说，在泥沙堵塞排水系统导致的高水压作用下，仰拱往往为薄弱部位，容易破坏，导致路面翻浆冒泥，危害重大。

线渗漏具有一定的连续性和规律性，主要表现为缝漏，其主要出现在施工缝、变形缝及纵向裂缝(主要在拱脚和边墙处，呈条状，一般长达数十米)处，而由衬砌受力产生的斜向裂缝渗漏水较少。当水压较大时，线渗漏水较为严重。而从结构受力方面来说，一般环向(施工缝、变形缝)渗漏水对结构影响相对较小；斜向裂缝渗漏水影响最大；纵向裂缝渗漏水次之。

面渗漏主要表现为隧道衬砌内表面大面积渗漏水或水压较小时裂缝渗漏水，无规律性，分布区域较大。其往往由水压过大、二次衬砌(简称二衬)混凝土浇筑不够密实、混凝土抗渗等级和防水能力不够或者施工缝与变形缝防水措施不良引起，程度一般较轻，主要呈点滴或浸润状。

3.1.2 隧道渗漏水病害检测方法研究

近年来针对隧道衬砌表面的机器视觉自动化检测技术得到了长足的发展，其中主要包括摄影测量技术和激光扫描技术。摄影测量技术依托于线阵相机对隧道衬砌表面进行连续拍摄获得灰度图像，采用识别算法获得病害信息，并且已有学者将深度学习技术应用于图像病害识别，可快速精准地对盾构隧道渗漏水病害进行识别。激光扫描技术是通过激光光束对隧道进行高速的旋转扫描，生成隧道三维点云模型，并结合数据处理算法提取收敛变形信息。目前基于激光扫描技术的研究主要聚焦于检测断面轮廓变形，很少涉及渗漏水病害检测，主要是激光扫描获取的点云为三维离散数据点，不仅点云空间形态上与图像存在差异，而且点云与图像之间数据类型也不同，导致了病害检测的困难[84]。

1. 基于深度学习的图像检测方法

通过现场快速摄像获取地铁隧道结构渗漏水病害，并采用配套的图像分析技术进行数据处理的新型快速检测(以下简称为快速检测)技术能克服人工检测的缺点，其实施效果良好。快速检测系统由快速摄像设备和图像分析处理器组成。快速摄像设备包括车载平台和采集中心两个模块。车载平台为“工”字形可移动框架，由前梁、后梁、中梁、立柱和电池等组成。采集中心由工业定焦相机、编码器、里程控制卡、补光器、交换机和主控计算机等部件组成。各模块组装后可在轨道上完成检测工作。车载平台提供移动式工作平台和设备支撑框架。工业定焦相机为病害图像采集部件；编码器和里程控制卡能够实现在移动过程中自动图像拍摄且具有纵向里程记录和病害图像纵向定位的功能；补光器用来补偿现场拍摄光照条件；工业定焦相机沿着环形支架布置，通过与确定的立柱高度相配合，实现隧道内部表面的全覆盖。

快速摄像设备采用模块化装配式设计。在完成车载平台装配和控制系统启动之后，车载平台通过运动带动编码器转动，使编码器产生电子脉冲。在设定的距离间隔上，编码器的电子脉冲进入控制卡，激活控制卡中的控制程序，进而激活工业定焦相机，并同步激活补光器进行拍摄。拍摄的图像通过交换机存入主控计算机。

实现隧道渗漏水病害状况的快速检测，快速摄像仅是基础性工作。只有实现了对所摄图像的快速分析，才能充分提高信息反馈的效率。图像分析处理工作包括图像预处理、图像分割、病害特征计算和病害分类。识别隧道渗漏水病害、病害特征计算和病害分类是实现图像快速分析处理的关键。对此根据目前地铁隧道检测技术水平和评价方法，结合快速检测技术特点进行了针对性开发。

病害特征计算时要按连通区算法的特点和隧道渗漏水病害统计需要来设计其主要指标参数。主要指标参数包括面积大小、占空比、长宽比及平均灰度差等。经过腐蚀和膨胀处理后的图像可对病害进行连通区信息计算。连通区算法包括查找连通区及连通区的指标参数计算。

查找连通区的步骤如下所示。

(1)从图像的第一个像素开始，在图像中依顺序查找亮度为 1(即白色，在二值图中亮度只有 1 和 0，1 为白色，0 为黑色)的像素，当找到第一个亮度为 1 的像素时停止查找，并将此像素设置序号为 1。

(2)在该位置的相邻 8 个像素点(图 3-1)开始查找亮度为 1 的像素，若发现有亮度为 1 的像素，则将该像素标记为序号 1。

1	0	1
0	1	1
0	0	1

图 3-1　中心像素的 8 个相邻像素

(3)只要有序号为 1 的像素，就对该点进行步骤的运算，直到该位置周围没有亮度为 1 的像素。所有序号为 1 的像素是相邻的，称为连通区 1。

(4)继续查找亮度为 1 的像素，查找过程中跳过序号为 1 的区域，当其他位置有亮度为 1 的像素时，则将该位置标为序号 2。

(5)在序号为 2 的位置上重复步骤(2)、(3)，直至该序号位置周围没有亮度为 1 的像素。所有序号为 2 的像素也是相邻的，称为连通区 2。

(6)按照上述步骤依次查找图像中的连通区并编号，直到图像中没有无标记的病害区域。依次计算连通区域 n 的指标参数。

$$\text{面积}=\left(\sum \text{编号为 } n \text{ 的像素个数}\right)\times\text{每个像素对应的实际面积}$$

$$\text{占空比}=\frac{\text{连通区 } n \text{ 面积大小}}{\text{包含连通区 } n \text{ 的最小矩形面积}}$$

$$\text{长宽比}=\frac{\text{包含连通区 } n \text{ 最小矩形的水平长度}}{\text{包含连通区 } n \text{ 最小矩形的竖直长度}}$$

$$\text{平均灰度差}=\frac{\text{连通区 } n \text{ 内的像素灰度综合}}{\text{连通区 } n \text{ 的像素个数}}$$

包含连通区的最小矩形(图 3-2)水平长度等于该连通区最左边像素位置和最右边像素位置之差，竖直长度等于该连通区最上面像素位置和最下面像素位置之差。包含连通区的最小矩形面积等于宽度乘以高度。

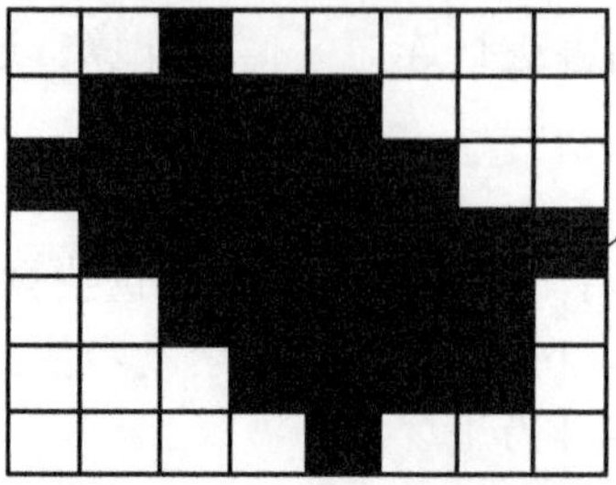

图 3-2　包含连通区的最小矩形

查找连通区可将图像中的每一块病害区分开，连通区的指标参数计算可得出病害的特征信息。这为病害的识别和分类做了准备。

病害的分类是通过分析病害的特征信息(如面积大小、占空比、长宽比、平均灰度差)来进行的。渗漏水、破损和裂缝等病害在特征上存在一些统计规律。识别程序可通过不断学习和修正得到合适的参数，进而对病害进行分类。根据人工在隧道内检测识别的经验，渗漏水、破损和裂缝等不同病害的特征各不相同，而同种病害的特征有一定的规律。根据病害特征信息的不同，通过统计经验确定大小阈值，可识别出每个病害连通区所属的病害类型。另外，还可根据检测系统记录的每张照片所在的里程数，定位出病害所在位置。根据病害的大小、类型和位置，就可统计出病害在隧道内的空间分布[85]。

2. 基于激光扫描技术的隧道渗漏水检测

随着三维激光扫描技术的发展，三维激光扫描技术具有扫描速度快、非接触式工作、数据信息丰富、主动性工作、高精度、高分辨率、高密度、可测量、数字化采集等优点。三维激光扫描能在短时间内获取海量点云数据，缩短监测周期，且观测时受外界环境影响较小，已有较多文献将三维激光扫描技术应用于隧道监测领域。

GRP5000 移动激光扫描系统是一种多传感器技术集成的隧道检测设备(图 3-3)，该设备由三维激光扫描仪、GPS、惯性测量单元、里程计和控制存储单元组成。当设备在轨道上前进时，激光扫描仪发射的激光光束以螺旋线的形式对隧道进行高速扫描，通过对比发射和接收到的激光信号相位差，可以获得隧道内表面各点的几何坐标和反射强度，行进过程中设备发生的姿态变化由惯性测量单元进行实时补偿，进而生成海量点云。GRP5000 系统与测量原理如图 3-3(b)所示，其中 y 方向为移动激光扫描系统行进方向，x 方向为水平垂直于 y 的方向，z 方向为竖直垂直于 y 的方向。

病害检测的实质是图像处理，而图像是一系列有序的矩阵序列，与此不同的是点云为三维空间离散海量点集，三维点的排列顺序千差万别，难以通过现有的方法进行渗漏水检测处理。基于激光扫描技术的渗漏水检测方法主要包括 4 个阶段：点云去噪、隧道内表面展开、图像生成和渗漏水识别。

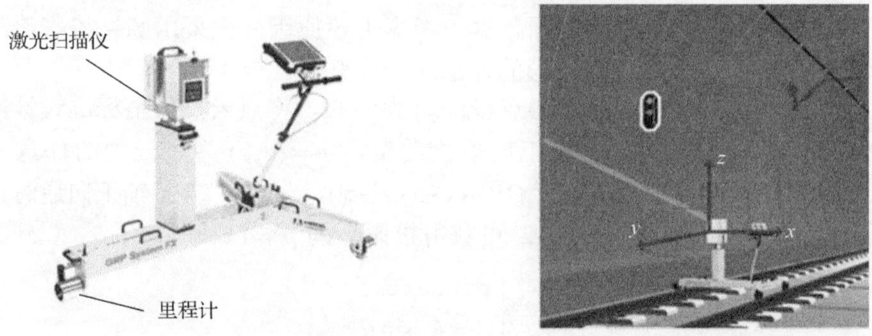

(a) GRP5000移动激光扫描系统　　　　(b) 测量原理

图 3-3　GRP5000 移动激光扫描系统与测量原理

运营地铁隧道中存在许多线缆、管道、支架及螺栓孔等干扰物，这些干扰物的反射强度与渗漏水的反射强度非常接近，如果不剔除干扰物将会对后续渗漏水识别精度产生较大的影响。点云采用空间直角坐标系 xyz，其中 y 轴为移动激光扫描系统前进方向，x 轴水平垂直于 y 轴，z 轴竖直垂直于 y 轴。

首先沿隧道纵向(y 轴)以 d 为间距选取一系列离散值 $M=\{m_1,\cdots,m_i\}$，根据 M 可将隧道点云划分成逐环点云，间距值为隧道环宽。获得逐环点云后采用迭代圆柱拟合的方法进行噪声剔除，具体步骤如下所示。

(1) 对单环点云进行圆柱拟合，并计算拟合残差 $V=\{v_1,\cdots,v_n\}$。

(2) 根据残差 v_i 偏离均值 3 倍标准差以上为噪声判断准则，剔除噪声点。

(3) 重复步骤(1)和(2)，直到没有数据满足噪声判断准则。

剔除干扰物噪声后，将各环点云合并即可获得去噪后的隧道点云(图 3-4)。

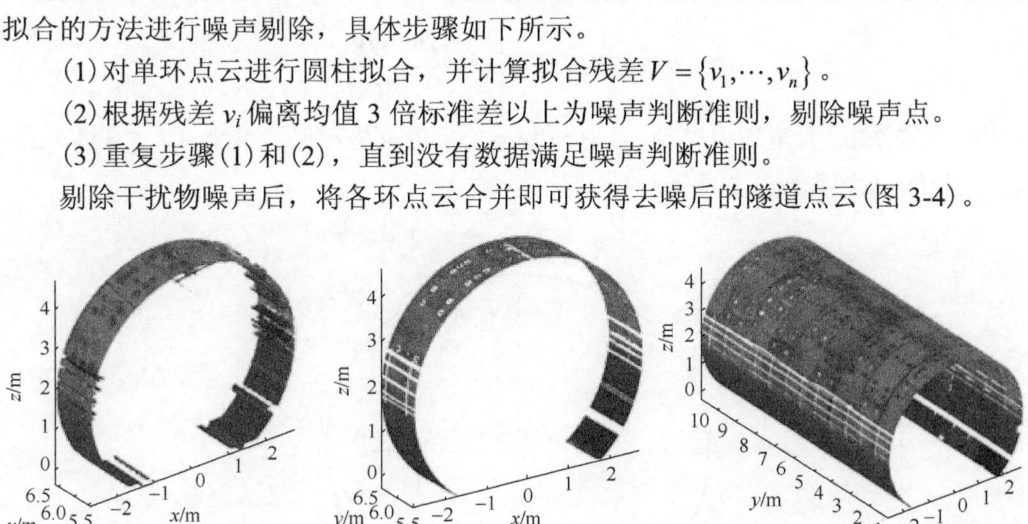

(a) 单环点云　　　　(b) 单环去噪点云　　　　(c) 整体去噪点云

图 3-4　点云去噪过程

为获取隧道内表面图像，首先应将三维点云变换至二维平面点云，进而将二维点云转换为图像格式。然而地铁隧道在运营中已经发生了变形，若直接依照标准断面展开，将形成失真的隧道内表面数据。考虑上述原因，先采用圆柱投影将隧道点云投影至标准圆柱，再依照圆柱形的顶部进行展开。

然后以去噪后的圆柱拟合中心点(x_0, z_0)为中心，将点云投影至标准设计断面。其中$\boldsymbol{OP} = (x - x_0, z - z_0)$为 X 轴正向单位向量，$p = (x, z)$为点云中的任意一点，$p' = (x', z')$为P投影后的点，向量$\boldsymbol{OP'}=(x'-x_0, z'-z_0)$，$\angle POA$绕$X$轴正向逆时针旋转时为正。因此根据式(3-1)与式(3-2)可获得投影后的$p' = (x', z')$。

$$\begin{cases} x' = R \cdot \cos\theta \\ z' = R \cdot \sin\theta \end{cases} \tag{3-1}$$

$$\theta = \angle POA = \cos^{-1} \frac{\boldsymbol{OP'} \cdot \boldsymbol{OA'}}{|\boldsymbol{OP'}| \cdot |\boldsymbol{OA'}|} \tag{3-2}$$

图 3-5 中$\boldsymbol{OB} = (0,1)$为 z 轴正向单位向量，$P'' = (x'', z'')$为P'展开后的点，$\angle P'OB$为$\boldsymbol{OP'}$与$\boldsymbol{OB}$夹角。因此可根据式(3-3)和式(3-4)获得展开后的连通区域的渗漏水面积。

$$\begin{cases} x'' = \begin{cases} \alpha \cdot R, & x' > x_0 \\ -\alpha \cdot R, & x' \leqslant x_0 \end{cases} \\ z'' = z_0 + R \end{cases} \tag{3-3}$$

$$\alpha = \angle P'OB = \cos^{-1} \frac{\boldsymbol{OP'} \cdot \boldsymbol{OB'}}{|\boldsymbol{OP'}| \cdot |\boldsymbol{OB'}|} \tag{3-4}$$

式中，R(=2.75m)为隧道内半径，且P点变换前后的y坐标保持不变，即$y = y' = y''$，点云展开示意图如图 3-5 所示。

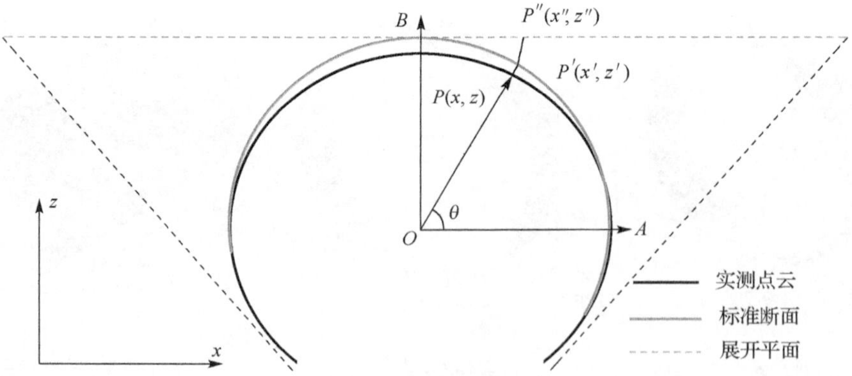

图 3-5　点云展开示意图

根据隧道内表面展开结果(图 3-6)可见两侧道床与隧道顶部的激光强度值呈显著的不均匀性，这种效应增加了渗漏水检测的难度。

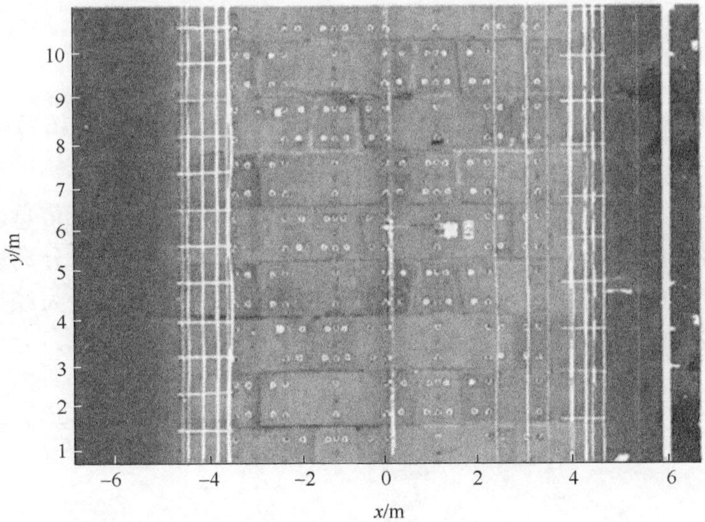

图 3-6 内表面展开结果

此外，展开后的点云仍为散点数据，为了更直观地表示地铁隧道数字化图像和对渗漏水病害进行定量分析，需将点云转化为灰度图像。综上，采用一种多项式模型对激光强度值进行修正，并通过栅格化方法生成隧道内表面灰度图像。

通过距离多项式经验模型表示强度值：

$$I = f(\rho)\cdot\sum_{i=1}^{N}(\alpha_i\cdot D^i) \tag{3-5}$$

式中，f 为目标反射率 ρ 的函数；N 和 α_i 为根据实测数据进行模型估计得到的多项式参数；D^i 为测距值。根据正则化原理对式(3-5)进行修正，修正后的强度值 I_c 可表示为

$$I_c = f(\rho) = I + \left(\sum_{i=1}^{N}(\alpha_i\cdot D_s^i) - \sum_{i=1}^{N}(\alpha_i\cdot D^i)\right) \tag{3-6}$$

式中，修正强度 I_c 已消除了与测距值 D 的相关性，I 为实测强度，D_s 为参考距离，可取隧道内半径为 2.75m。修正强度 I_c 仅受目标反射率 ρ 的影响，而渗漏水与隧道中其他材料(如混凝土)存在显著不同的目标反射率，可见修正强度是检测渗漏水并进行定量评估的可靠物理标准。

图像数据的实质是矩阵，每个像素都有明确的行列位置和色彩数值。以指定步长 a 的栅格对点云划分，并为每个栅格设置其行列值，将该栅格内点的强度平均值作为该栅格的灰度值，因此栅格即对应图像中的特定像素，进而实现点云到图像的转化，栅格化矩阵 $\boldsymbol{T}$ 由式(3-7)计算：

$$T_{ij} = \frac{\sum I_{ij}}{n} \tag{3-7}$$

式中，T_{ij} 为栅格化矩阵中 (i, j) 位置的灰度值；I_{ij} 为位于点云中 (i, j) 栅格内点的强度值；n 为栅格内点的数量。

最后针对隧道内表面展开图像，需要从图像中提取出渗漏水信息。图像灰度值是区分不同目标的重要特征，通过二值分割可将渗漏水从图像中分离出来。二值分割就是将图像上的像素点以一定的阈值划分为 0 或 1，图 3-7(a)为经过二值分割后的渗漏水病害图像，但是其中还存在许多离散的噪声(如螺栓孔)，为此采用中值滤波去除噪声，滤波结果如图 3-7(b)所示。

(a) 二值分割　　(b) 中值滤波

图 3-7　渗漏水分割结果

分割出渗漏水信息后，需要进行渗漏水个数、位置、面积等统计。图像处理技术中的连通域分析算法很适合渗漏水识别这类问题，连通域分析算法通过对二值图像中黑色像素(渗漏水)的标记，让每个单独的渗漏水形成一个独立的连通域，并进一步获取渗漏水的个数、面积、位置等几何参数。连通域分析算法的步骤如下所示。

(1)遍历图像，查找亮度为 0 的像素，当找到第一个亮度为 0 的像素时将其设置标签为 1。

(2)在该像素的 8 邻接像素中将所有亮度为 0 的像素设置标签为 1。

(3)若(2)中 8 邻接像素中存在亮度为 0 的像素，则对该像素重复进行步骤(2)的处理，直到周围没有亮度为 0 的像素，此时所有标签为 1 的像素称为连通域 1。

(4)重复进行步骤(1)、(2)、(3)的处理，遍历图像时需忽略已标记为连通区的像素，依次查找图像中的其他连通域并记录标签。

根据连通域获得其最小包围盒，即包围该连通域的最小矩形，从而可视化渗漏水识别结果。渗漏水位置由连通域的形心确定，且根据栅格化步长就可确定图像像素对应的实际面积，从而获得各处渗漏水面积 A_i，即

$$A_i = n_i A_p = n_i a^2 \tag{3-8}$$

式中，A_i 为连通域 i 中渗漏水面积；n_i 为连通域 i 中渗漏水像素点个数；A_p 为单个像素所对应的实际面积；a 为栅格步长。

3. 基于红外热像的检测方法

利用红外热成像技术对隧道渗漏水进行特征提取并识别。首先根据隧道渗水与周边环境之间存在的温度差异，利用阈值分割方法对隧道管壁的热红外图像进行分割，以提取出隧道管壁上的渗水区域。进一步地，基于渗水区域生成等温线，采用质心距离函数模型提取渗水类型、渗漏位置、渗漏缝隙走向信息[86]。隧道渗漏水检测的第一步是渗漏水识别，在利用红外热像法对隧道衬砌进行渗漏水检测的过程中，拍摄得到的红外热像数据是一个二维的温度矩阵，如图 3-8 所示，该温度矩阵可以转换为单通道的灰度图像，之后则可以使用计算机图像处理算法来实现红外热像数据中的渗漏水识别，进而判断红外热像数据中是否存在渗漏水。

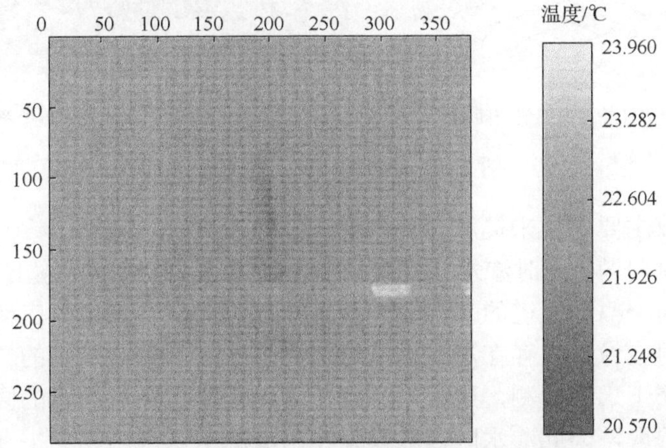

图 3-8　渗漏水红外热像图(见彩图)

隧道衬砌渗漏水在红外热像图中的主要特征是低温特征(图 3-8 中的蓝色区域)，但是在实际检测中红外热像仪的精度和红外热像仪工作时发热等原因会使得红外热像仪在拍摄红外热像图的过程中发生温度漂移，这使得利用单一的温度阈值来检测是否存在渗漏水的方法变得不可行。并且在隧道中除了隧道衬砌外还有许多其他的设备如高压电缆、线缆桥架、消防栓等，这使得检测装置拍摄得到的红外热像图中具有较为复杂的背景，同时检测过程中检测装置的不断移动会使得红外热像图中的背景不断变化，无法对背景进行简单建模，从而达到较好的识别效果。

在隧道衬砌的渗漏水检测中，经过渗漏水识别模型判断隧道衬砌存在渗漏水后，需要对该区域的渗漏水进行二次检测。在二次检测过程中首先需要提取出红外热像图中渗漏水的区域。渗漏水区域提取在图像处理领域属于一种区域分割技术，最常用的方法是阈值分割法。但是隧道衬砌红外热像图中存在大量的噪声(图 3-9(a))，这使得在利用阈值分割提取渗漏水之前，需要使用降噪算法滤除红外热像图中噪声，然而降噪算法的使用会使得渗漏水边缘变得模糊(图 3-9(b))，这会导致阈值分割时难以确定准确的分割阈值。因此，利用全卷积神经网络(fully convolutional neural network，FCNN)构建相应的渗水区提取模型，用于提取红外热像图中的渗漏水区域。

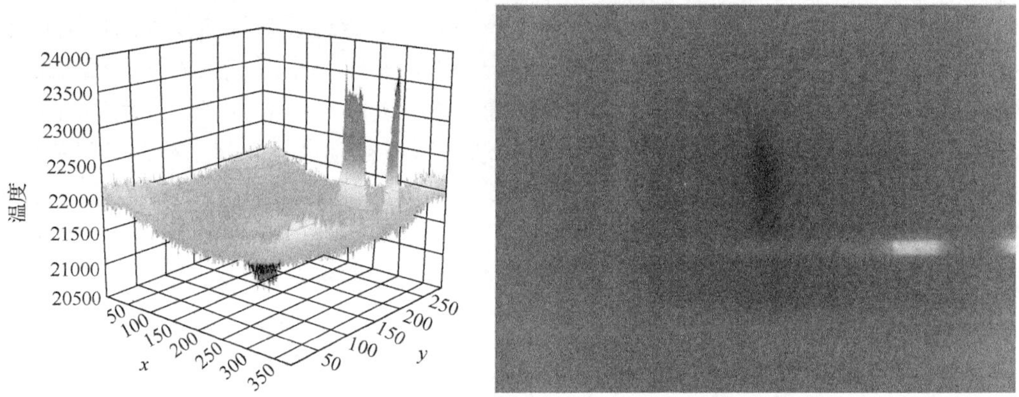

(a) 归一化红外热像图值空间图　　(b) 降噪后的红外热像图

图 3-9　不同形式的红外热像图

渗水区提取主要是用来提取红外热像图中的渗水区，并输出渗水区提取图像，是一种图像分割问题。此时渗水区提取模型的输入为 x384288，输出为 y384288，同时输出 y 要求为一幅单通道的二值图，并且在二值图中 0 表示对应像素点不存在渗漏水，1 表示对应像素点存在渗漏水，这可以看成一个像素级别的二分类问题。由于渗水区提取属于二次检测，用于对一次检测中判断存在渗漏水的区域的红外热像图进行渗水区提取，因此渗水区提取模型使用渗漏水识别数据集中存在渗漏水的红外热像数据作为数据集的输入。同时由于渗水区提取模型的输入 x 与渗漏水识别模型的输入 x 相同的地方都是红外热像数据，因此采用与渗漏水识别模型相同的非线性归一化方法对红外热像数据进行归一化处理。

渗水区提取模型所使用的数据集输入数据是渗漏水识别模型所使用的数据集输入数据的子集，因此在数据集划分的过程中，直接按标签数据对中输入数据的来源划分数据集，即输入数据属于渗漏水识别模型训练数据集的标签数据划分到渗水区提取模型训练数据集，类似地输入数据属于渗漏水识别模型测试数据集的标签数据划分到渗水区提取模型测试数据集，这样的划分方法保证了渗水区提取算法和渗漏水识别算法联合精度测试的可靠性。

在模型构建完毕后分别使用训练集数据对模型进行 1000 次训练迭代，并在迭代完毕后使用验证集数据衡量模型在验证集上的性能，从而选择最优的模型结构，对模型进行衡量的性能参数主要有损失值、Auc 值和平均推断耗时。其中由于渗水区提取模型属于像素级别的二分类问题，因此使用与渗漏水识别模型相同的损失函数和迭代训练方法。

3.1.3　隧道渗漏水智能感知技术应用

利用三维激光扫描仪器中的传感器来获取渗漏水检测所需的参数，对物联网系统进行构建，运营隧道渗漏水物联网监测系统技术架构如图 3-10 所示[87]。感知层由三维激光扫描仪、智能温度传感器、全球导航卫星系统(global navigation satellite system，GNSS)接收机、GPS 及其配套设备组成。支撑层通过 DSC(distributed source coding)无线数据系统软硬件进行传输数据，建立与终端手机、计算机的连接，传输系统采用的是 CMNET(China mobile network)，其中硬件使用的是 DSC 无线数据系统中的通信模块。应用层主要是隧道渗漏水监测系统所需的相关内容，主要包含项目信息中心、工程检测中心、风险管理中心、病害诊断中心和应急救援中心。

根据隧道实际情况，在检测渗漏水时采用三维彩色三点数据以便辨别出渗漏水位置与其他位置(拼接缝、电缆铺设等位置)。

(1)原始点云数据采集扫描仪获取实物的尺寸、位置信息，形成点云数据。选择在光线较好的情况下，将标靶球安置于设计好的点位，且距离扫描仪不超过 15m。安置仪器并设置好仪器的配置文件、分辨率、质量及扫描范围等。扫描设置的分辨率为 44dpi，质量为 1/4，扫描范围是横向 360° 和纵向 300° 。每次扫描完毕后将标靶球上盖打开，露出标靶球内的反光标靶，将全站仪安置在能通视标靶球的控制点上测量反光标靶，记录标靶的点位信息。

(2)线划图件利用点云数据在 CAD 中采用 Cloudworx 插件获取运营隧道的平面图、立面图和剖面图等，以读取隧道尺寸、形状、内部设施布置位置。

①点云拼接与坐标系归一化。点云拼接是通过一定的约束条件将多站点扫描数据配准到统一坐标系中的过程，拼接完成之后将得到一个项目的完整点云。具体步骤包括新建一个 Registration，在 Registration 中添加相邻的站点数据、添加约束条件、拼接点云等，这一系列操作可以通过 Registration 菜单下的工具实现。

②点云去噪与点云合并。点云去噪通过 Fence 工具和 Limit Box 工具实现。点云合并通过 Unify Clouds 工具或 Merge 工具实现。

③点云切割与平立剖面图绘制。利用 Cyclone 9.1 软件的 Cutplane 切片工具分别从水平和垂直方向对点云数据进行切片处理，切片厚度根据具体情况调整，以能够直观清晰地看到构件的轮廓线为准。

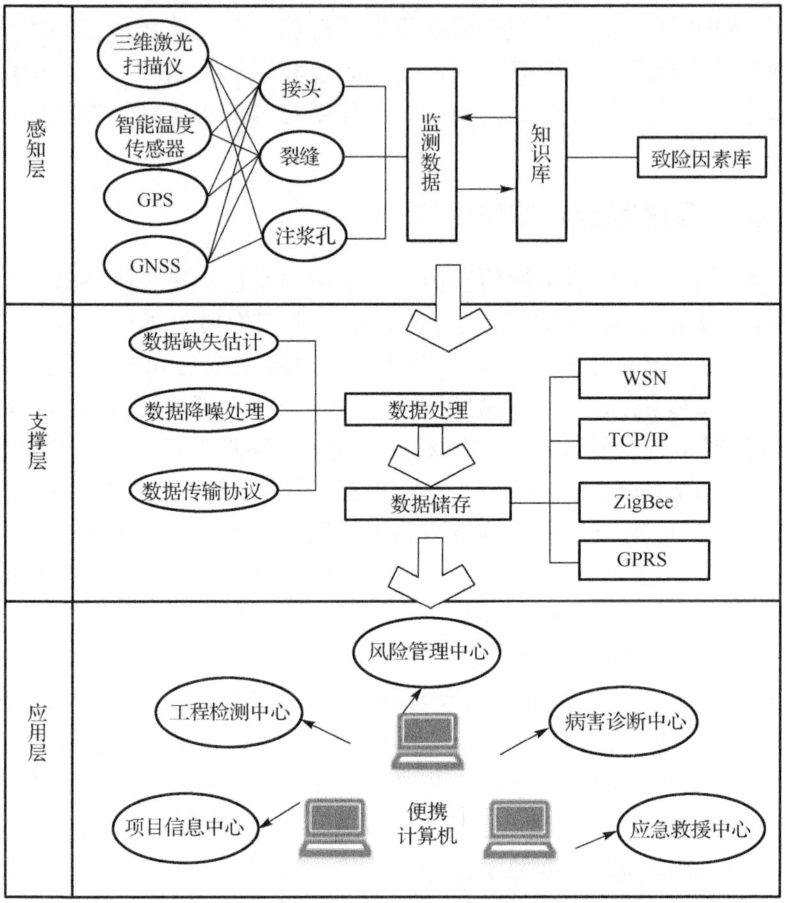

图 3-10　运营隧道渗漏水物联网监测系统技术架构

(3) 建立模型。用软件系统对收集的各个点云数据信息进行模型构建处理，形成 mesh 模型，模型建立成功后就可以在映射的基础上将所收集到的所有施工信息建立成数字化的工程渗漏水模型。

(4) 点云数据在互联网中发布。通过 Cyclone 软件中的发布模板与 Tru-View 软件，将点云数据放在同一空间坐标体系中，可以通过计算机界面对云数据实现发布、拼接、建模、纹理贴图。

三维激光扫描技术拥有多种优势，如较快的扫描速度、非常高的测量精度等，对运营隧道进行全方位扫描检测渗漏水，从三维扫描的图像特征，不仅可以检测到漏水，还可以检测不同的水流量。其中渗漏水的位置可以毫米级高精度进行确定，渗漏水水量大小也可以数量化。采用三维激光扫描的物联网感知层的探测，具有实时性、自动化等优点可以有效弥补当前运营隧道渗漏水监测不足。

3.2　隧道结构裂损与脱落感知技术

3.2.1　隧道裂损与脱落概述

隧道依靠衬砌来支持和维护隧道的稳定，保持车辆运行所需要的空间，防止围岩的风化，解除地下水的影响等。因此，隧道衬砌必须有足够强度、耐久性和一定的抗冻、抗渗和抗侵蚀性。一般衬砌主要由拱圈、边墙和底板构成(图 3-11(a))[88]。为了排出隧道内的水，隧道内还设排水沟(中心排水沟或侧沟)。其中，拱圈位于衬砌上部，边墙位于衬砌两侧，有直墙和曲墙之分，底板位于衬砌底部，有仰拱或铺底之分。衬砌技术凭借其较强的防渗、防冻效果和较长的使用寿命等优点，除了应用在隧道工程中，还广泛地应用在水利工程中。

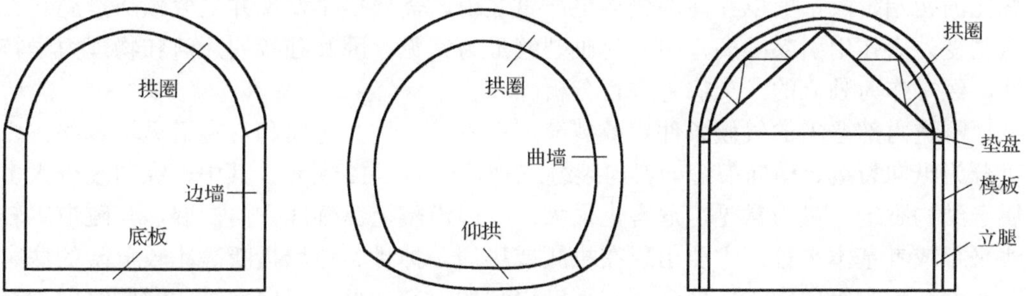

(a) 一般衬砌结构　　(b) 封闭式衬砌结构　　(c) 拼装式衬砌结构

图 3-11　不同衬砌结构示意图

图 3-11(b)为封闭式衬砌结构。封闭式衬砌是指直墙拱形衬砌或曲墙拱形衬砌带仰拱的衬砌，仰拱是为改善上部支护结构受力条件而设置在隧道底部的反向拱形结构，是隧道结构的主要组成部分之一。图 3-11(c)为拼装式衬砌结构，其中，拱圈与立腿通过螺栓连接；垫盘在拱圈与立腿之间，以便拆卸；模板铺设在立腿和拱圈之外。这类衬砌存在一些问题，如容易形成拼接接缝，造成漏水等，故一直未能推广使用。锚喷支护衬砌是一种利用锚杆和喷射混凝土与围岩共同形成承载结构的支护方法，这种方法可有效地限制围岩变形的自由发展，调整围岩的应力分布，防止岩体松散坠落。自 20 世纪 60 年代以来，已被广泛地采用。复合式衬砌由初期支护和二次支护组成，防水性能较好，主要应用于含水量较多的地段。初期支护一般采用锚喷支护衬砌；为了帮助围岩达成施工期间的初步稳定，二次支护一般是整体式衬砌，用来承受后期围岩压力。

隧道衬砌病害根据形成原因的不同分为很多种，比较常见的有防排水失效引起的衬砌渗漏水，衬砌混凝土材料劣化引起的衬砌空洞，外力作用引起的衬砌裂缝、变形，化学腐蚀引起的衬砌腐蚀、表面脱落等。总结起来，可将引起衬砌病害的原因分为衬砌材料本身、衬砌所受外界因素影响及工程施工水平。衬砌材料本身的质量决定了衬砌是否容易发生起层、剥落，质量好的衬砌即使受到了渗漏水、外力等因素的作用也很难产生病害。衬砌所受外界因素的影响包括渗漏水侵蚀、化学腐蚀、外力作用等，其中渗漏水侵蚀及化学腐蚀将直接导致衬砌腐蚀剥落，外力作用主要来自于地层压力，包括地层的形变压力、松动压力、收缩应力等。其大小与诸多因素息息相关，包括岩层地质条件、围岩力学特性等。工程施工水平不可忽视，施工质量的好坏直接影响着衬砌质量的好坏。施工人员在施工过程中的人为因素、施工车辆在施工过程中的负载状况都会造成衬砌病害。其中，外力作用引起的衬砌裂缝、变形等衬砌病害是影响隧道运营安全最主要的病害。这些病害不仅缩短了隧道的使用年限，影响了隧道的外在美观，还会导致其他病害的产生。它们往往出现在隧道恶化的初始阶段，所以在问题变得更严重之前，需要尽早发现并采取预防措施。在这些受外力作用引起的病害中，衬砌裂缝最为常见，因其独特的几何和物理力学特性，经常作为独立的一类病害进行分析。

隧道内部恶劣的气候条件导致裂缝形态各异，按其走向和与隧道纵轴线的关系可分为纵向裂缝、横向裂缝、斜向裂缝三种，如图 3-12 所示。其中，纵向裂缝大多属于结构裂缝，最为常见，危害也最大，一般沿隧道纵轴线方向扩展，与隧道纵轴线平行或者基本平行，主要出现在拱腰或拱肩。掉拱、边墙折断等比较危险的病害基本都是因为纵向裂缝发展到一定程度引起的。其次便是斜向裂缝，它同纵向裂缝一样都属于结构裂缝，经常被称为网状裂缝，一般与隧道纵轴线呈 30°～45°分布，几条斜向裂缝交叉很容易导致衬砌掉块。横向裂缝也称环向裂缝，主要由围岩压力变化、地基不均匀沉降等因素引起，大多发生在洞口及软硬岩层交接地带，对隧道的稳定性影响不大。

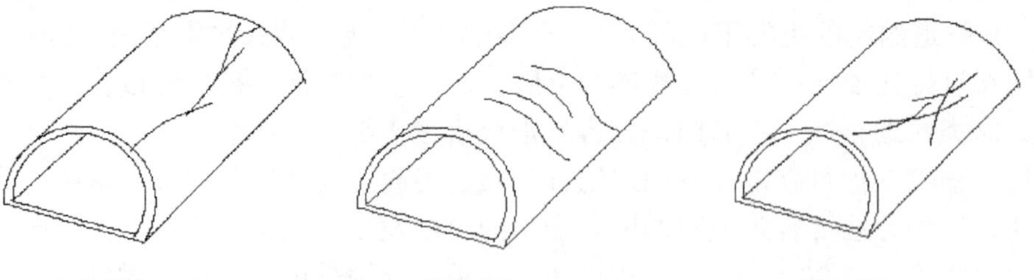

(a) 纵向裂缝　(b) 横向裂缝　(c) 斜向裂缝

图 3-12　隧道衬砌裂缝类型

衬砌裂缝直接影响着隧道的正常使用，裂缝刚开始形成时很细微，不容易被肉眼观察出来，对隧道构成的危害程度不大。随着进一步发展，其对隧道的危害就显现出来，严重威胁了出行人员的人身安全。关于隧道衬砌裂缝的分级有很多种，我国铁路规范中按铁路隧道衬砌裂缝的分级方法，将其分成五个等级，这种方法综合考量了裂缝的长度和宽度，在公路隧道中同样适用，如表 3-1 所示。

表 3-1　隧道衬砌裂缝评价等级

等级	分级依据
AA(极重)	L >10m，D>5mm，持续发展且速度快
A(严重)	5m≤L≤10m，D>5mm，外力作用下可能会崩塌
B(较重)	L<5m，3mm≤D≤5mm，持续发展但变化不快
C(中等)	L<5m，1mm≤D <3mm，发展趋势较为平稳
D(轻微)	D < 1mm，没有发展趋势

注：L,D 分别表示裂缝的长度和宽度。

3.2.2　隧道衬砌裂损与脱落检测方法研究

针对隧道衬砌裂损、脱落等结构病害问题，早期的检测主要依靠人工，当时的技术还不是很成熟。近年来，各国专家学者都在不断地探索和研究新的方法，很多新技术逐渐被运用。隧道衬砌裂缝检测按操作的复杂性和自动化的程度主要分为传统人工检测和自动化检测。

1)传统人工检测

其操作一般较为复杂，主要有以下两种。

(1)人工肉眼检测。人工肉眼检测是最传统的方式，如图 3-13 所示，工作人员沿隧道轴线方向行走，以肉眼观察为主，借助塞尺或裂缝宽度对比卡对衬砌表面裂缝进行检测，记录裂缝的位置、形状及严重程度。这种方法需要花费大量的人力、物力、财力，检测精度低、检测结果受人为影响较大。同时，在隧道等半封闭场所，人工检测会影响交通的正常通行，甚至还有可能造成交通事故。

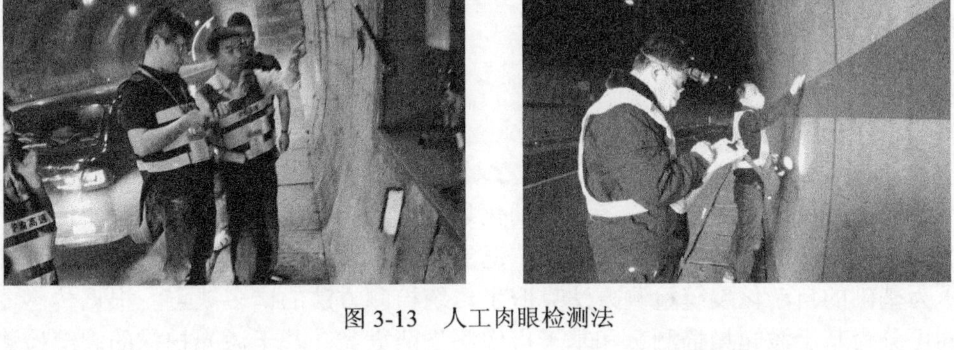

图 3-13　人工肉眼检测法

(2)人工仪器检测。除了人工肉眼检测，检测人员还利用裂缝测宽仪、裂缝显微镜等测量仪器对衬砌裂缝进行测量。图 3-14(a)为 DJCK-2 型裂缝测宽仪，主要是针对传统显微镜不便于观看测量的缺点而研发的，可广泛地用于桥梁、隧道等裂缝宽度的测量，测量精度达 0.01mm。图 3-14(b)为 Wexham WF10X 型裂缝显微镜，其配备一个可调光源以保证显微镜观看图像的清晰性。通过放大显微镜倍数可检测出衬砌表面裂缝的宽度。这种裂缝显微镜量程为 4mm，最低刻度为 0.02mm，故检测精度很高。

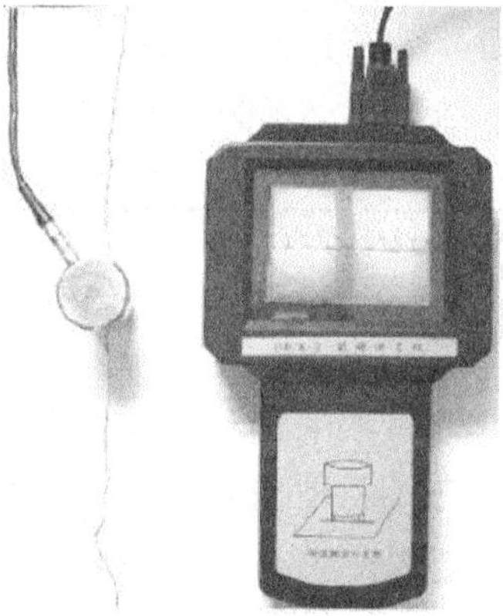

(a) DJCK-2 型裂缝测宽仪

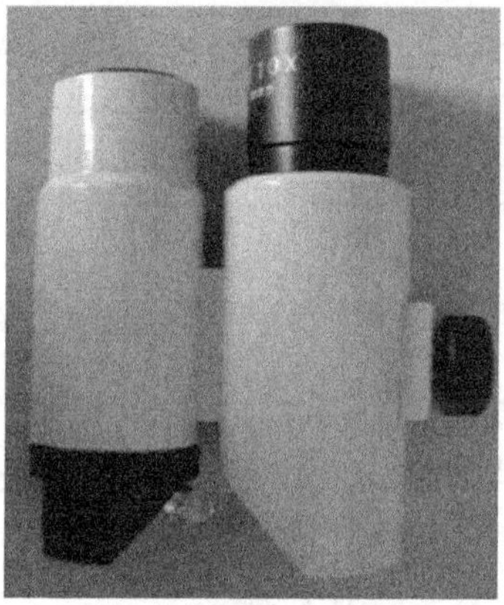

(b) Wexham WF10X 型裂缝显微镜

图 3-14　人工裂缝测量仪器

由于大部分裂缝位于隧道顶部，测量人员需要爬上脚手架，使用仪器近距离扫描、读数和记录，有些还需手持自带光源，操作极不方便且工作强度较大，对工作人员的安全造成了极大的隐患，大大降低了检测效率。综上所述，传统人工检测具有如下不足。

(1)检测效率低，传统人工检测需要投入的人力、物力不可估计。

(2)检测精度差，传统人工检测得到的检测结果存在主观性，不同检测人员检测的结果存在差异。

(3)影响正常交通，传统人工检测需要封闭隧道，给车辆、行人的正常通行带来不便。

2) 自动化检测

随着计算机技术的发展，各种自动化裂缝检测车应运而生，在公路、桥梁、隧道等基础设施的检测和养护上得到了广泛的应用。目前，以计算机信息和图像处理技术为基础的自动化裂缝检测方法克服了传统检测方法的诸多缺点，根据传感器的不同可分为基于激光扫描测量和基于摄像测量两大类。基于激光扫描的裂缝检测属于非接触式的无损检测，主要利用激光扫描器对隧道衬砌表面进行连续扫描，通过反馈回来的激光信号，得到隧道断面轮廓和衬砌裂缝信息。基于摄像测量的裂缝检测与激光扫描器一样，属于非接触式检测，主要包括以下两种。

(1)基于结构光的自动化裂缝检测。该方法将线状结构光投射到隧道衬砌表面，由于衬砌表面高低不平且存在裂缝，投射到衬砌上的光条会在凹陷或凸起处产生一定的变形和阴影。通过相机采集这些图像并进行分析可获得衬砌表面的三维信息。这种方法检测精度高、受环境光影响较小，但需要缓慢地在衬砌表面平行扫描，检测效率远不如基于图像处理的自动化裂缝检测。

(2)基于图像处理的自动化裂缝检测[89]。该方法通过相机采集复杂背景下的衬砌表面图像，利用图像处理技术对可能存在的裂缝信息进行识别、分类，从而实现对衬砌裂缝病害的评价。这种方法弥补了传统人工检测存在的检测效率低、精度差的问题，是目前实现裂缝自动化检测的研究热点。

隧道混凝土墙体表面凹凸不平、光照不均、背景噪声复杂、环境阴暗、裂缝与背景难以区分。CMOS 相机在隧道墙体获取裂缝图像后，通过获取同一图像中两个不同 k 值的主成分分析(principal component analysis，PCA)降维图像作为分割方法的初始输入，数据降维的方式将背景噪声抑制，使图像计算量减小。对获取的两幅 PCA 图中 k 值大的次模糊图像进行大津分割与 Wiener 去噪，去除离散点状噪声点。最后将分割到的裂缝区域通过泊松融合算法无缝融合至 k 值较小的模糊图像中，以增加裂缝与背景的对比度。阈值法分割融合后的图像，以此检测出裂缝区域。在检测的基础上，为了更智能与准确地勘测裂缝性质与危害程度，方便后期隧道工程施工抢修与维护，对分割到的裂缝区域进行宽度计算，确定危害程度等级。首先对图像进行分块，再对含有裂缝部分的区域块进行斜率评定，根据斜率判断裂缝的走向，判断裂缝为竖直型或水平型裂缝。计算块内左侧或上侧边缘点与其投影点间距离，计算所有裂缝区域块的平均宽度值，取整体裂缝的平均宽度值。根据裂缝宽度划分裂缝等级，对不同的等级实现不同的安全预警[90]。

基于阈值分割的裂缝检测，首先对输入图像进行 PCA 降维处理。设输入裂缝图像是 $m \times n$ 的样本矩阵 $\boldsymbol{X}$，根据样本矩阵计算出协方差矩阵的特征值与特征向量后，对取得的特征值进行裂缝检测流程排序，选取前 k 个比重大的特征值所对应的特征向量作为此样本矩阵的主成分，其中 k 维的特征是样本矩阵的主要成分特征，具有正交性。选取一个较小低维 k 值的模糊图像和一个较大高维 k 值的次模糊图像，对大 k 值的压缩图像大津分割，分割得到的裂缝图像容易质量不佳，裂缝区域模糊边缘尖锐且含大量离散的噪声点。Wiener 算法可使运动模糊图像复原，令裂缝区域平滑清晰，离散噪声减少，令复原后图像 $\hat{F}(x,y)$ 与原始清晰图像 $F(x,y)$ 的均方差值趋于最小数值，以达到最佳复原去噪的效果，如式(3-9)所示。

$$\min = E\left\{[\hat{F}(x,y) - F(x,y)]^2\right\} \tag{3-9}$$

复原去噪的过程中首先计算复原图像的函数，并将原始图像与噪声的自相关函数功率谱作为统计特征，其中，设 $H(u,v)$、$G(u,v)$ 分别为退化函数与退化图形的傅里叶变换；$P_n(u,v) = N(u,v)^2$、$P_f(u,v) = F(u,v)^2$ 分别为噪声与原始分割图像的功率谱。令 $\gamma = \dfrac{1}{s}$，s 是拉格朗日乘数，有

$$\hat{F}(u,v) = \left[\frac{1}{H(u,v)} \frac{|H(u,v)|^2}{|H(u,v)|^2 + \gamma \dfrac{P_n(u,v)}{P_f(u,v)}}\right] \tag{3-10}$$

$$G(u,v), \quad u,v = 0,1,2,\cdots,N-1 \tag{3-11}$$

去噪后的分割图像仅保留了大部分裂缝信息，噪声信息可忽略不计。为了增强裂缝与背景的对比度，利用泊松融合法将分割得到的裂缝部分无缝融合入小 k 值的模糊图像中，设 v 是分割图像的梯度场，$\partial\Omega$ 是分割图像在模糊图像中覆盖区域 Ω 的边界，f 表示 Ω 边界内的像素值，f^* 表示 Ω 边界外像素值。首先对分割图像的内部梯度值最大限度地弱化，同时最大限度地保留分割图像的原本纹理，确保融合效果，需使分割图像的梯度场 v 与合并后的 Ω 区域的梯度场最大限度地接近，图像满足边界梯度场相同的条件，使边界处梯度流畅自然，主观上实现无缝连接，如式(3-12)和式(3-13)所示。

$$\min_f \iint_\Omega \| \nabla f - v \|^2 = \min_f \iint_\Omega \| \nabla f - \nabla u \|^2, f\big|_{\partial\Omega} = f^*\big|_{\partial\Omega} \tag{3-12}$$

$$\nabla = \left[\frac{\partial}{\partial x}, \frac{\partial}{\partial y}\right] \tag{3-13}$$

基于阈值分割的裂缝检测的算法步骤主要包括以下几方面。

(1) 利用 PCA 初步降维与去噪。输入图像的矩阵设为 $\boldsymbol{X}$，分别取 k 值为 1 与 k 值为 5 时构成的包含 k 个行向量的 $n \times k$ 的基矩阵 $\boldsymbol{N}$，令 $\boldsymbol{Y}=\boldsymbol{XN}$，矩阵 $\boldsymbol{X}$ 从 n 维映射到 K 维的新空间 Y 中，形成 k 值为 1 的模糊图像与 k 值为 5 的次模糊图像，两幅图像降维后不同程度上弱化了背景噪声。将获取到的 k 值为 5 的次模糊图像进行灰度值计算，评测裂缝前景与背景的最大类间方差的灰度值，以此作为阈值进行大津分割。

(2) Wiener 复原与二次去噪。在计算复原图像前需先计算原始图像和噪声的二阶统计特性，根据近似估计法简化 $P_n(u,v)$ 与 $P_f(u,v)$ 的占比取值，将公式化简为

$$\hat{F}(u,v) = H(u,v)G(u,v) \tag{3-14}$$

$$H(u,v)=\left[\frac{1}{H(u,v)}\frac{|H(u,v)|^2}{|H(u,v)|^2+k}\right] \tag{3-15}$$

用 k 值自动估计算法估计 k 的取值，通过图像信噪比估计最优 k 值，取得最终滤波后的复原图像。

(3) 泊松融合算法将分割的裂缝图像融合至 k 值为 1 的模糊图像的裂缝区域中。保证边界散度一致，将式(3-16)代入欧拉-拉格朗日方程，则

$$\Delta f=\mathrm{div}(v)=\mathrm{div}(\nabla u)f\big|_{\partial\Omega}=f^*\big|_{\partial\Omega} \tag{3-16}$$

式中，$\mathrm{div}(v)$ 表示梯度场 v 的散度；$\Delta=\frac{\partial^2}{\partial x^2}+\frac{\partial^2}{\partial y^2}$ 保证两幅图像边界梯度接近实现了图像无缝融合，分割图像弱化了边缘，使裂缝部分与背景的对比度增加，由于模糊图像压缩的维度极小，背景噪声抑制到极限，融合后的图像裂缝部分得以完善，增大了裂缝与背景的对比度。最后将泊松融合后的图像进行灰度值统计，通过计算得出类间方差最大的灰度阈值的图像，并对其进行灰度图像的自动阈值分割法(OTSU 分割法)，取得最终的裂缝图像。为了后续的裂缝宽度计算，对分割好的最终图像进行边缘描绘。借鉴方向梯度直方图(histogram of oriented gradients，HOG)算子，计算裂缝图像中边缘像素点的梯度，描绘裂缝边缘。

在检测到隧道裂缝之后进一步地分析裂缝宽度，并借此提出安全预警。裂缝危害评级流程如图 3-15 所示。

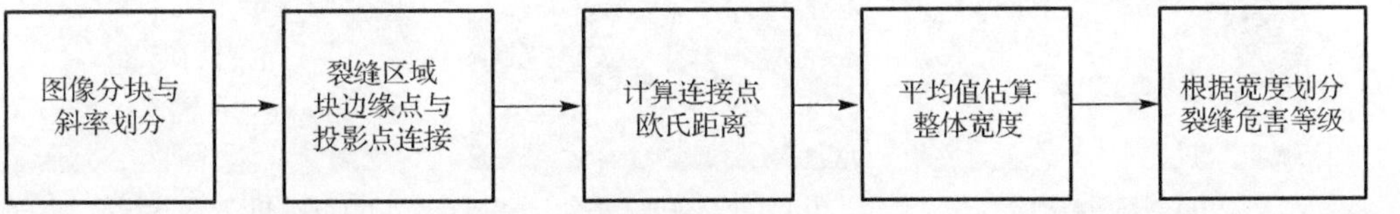

图 3-15　裂缝危害评级流程

由于裂缝弯曲、纹路多变、各段裂缝宽度不一，很难利用一个定量的值去衡量整段裂缝的宽度值。分析裂缝的走向，可以对裂缝的形状进行线性解读。以图 3-16(a)纵向裂缝为例，裂缝线性走向图将裂缝的形状走向大体线性定义为 3 段，每条线段均有特定的斜率值 K，分别定义为 K_1、K_2、K_3。线性划分后，大致表示裂缝的形状走向，但粗略的划分误差极大。

基于阈值分割算法对图像进行分块，将图像划分为许多小的区域块，可以更清晰地描述每一部分裂缝走向，最大限度地利用线性表示裂缝。标记出落在区域块内的左侧边缘点及右侧边缘点的两个分界点，连接两个分界点，形成区域块段状裂缝的线性表示，之后对落在每个区域块的裂缝边缘进行斜率判定。定义一个以分块图像下边界中心像素点为原点，水平方向为 x 方向的坐标轴，延长连接点判断斜率值。

斜率在[45°，135°]区间内的块内段状裂缝定义为竖直型裂缝，斜率在[0°，45°)和(135°, 180°]区间内的块内段状裂缝定义为水平型裂缝。其中，夹角为 90° 时，对应斜率不存在，不计入最终结果。以水平型裂缝为例，此时，若斜率在(90°, 135°]区间内，则应标记出左侧边缘最高点对应垂直方向的下边缘处投影点和右侧最低点对应垂直方向的上边缘处投影点，并计算两段边缘点与投影点间的欧氏距离。若斜率在[45°,90°)区间内，则应标记出左侧边缘最低点对应垂直方向的上边缘处投影点和右侧最高点对应垂直方向的上边缘处投影点，并计算两段欧氏距离。取两段距离平均值，作为区域块的裂缝宽度，取所有区域块的裂缝宽度值的平均值为整条裂缝的宽度值。根据裂缝宽度值整合裂缝评级标准，将裂缝划分为毛裂纹、小裂纹、中裂缝、大裂缝 4 个等级，并对每个等级的裂缝提出相对应的安全预警，为后续隧道裂缝的施工维护提供借鉴。

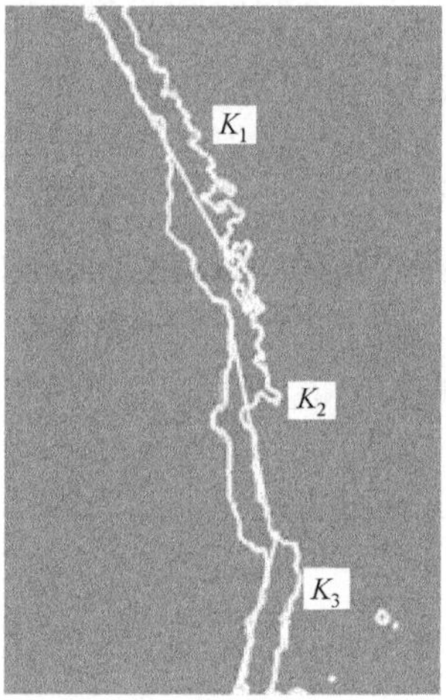

(a) 斜率粗略划分

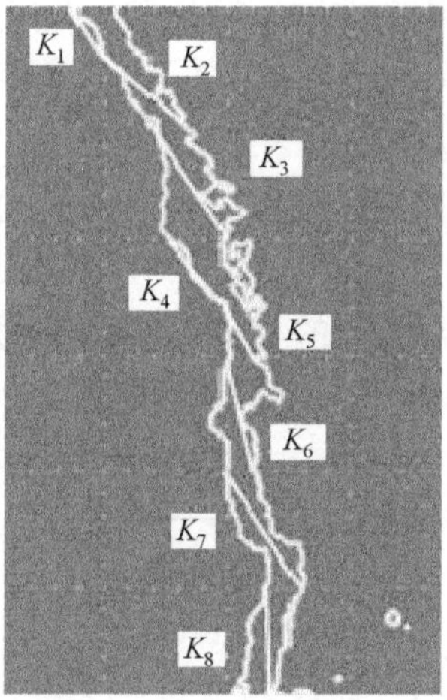

(b) 分块与裂缝斜率划分

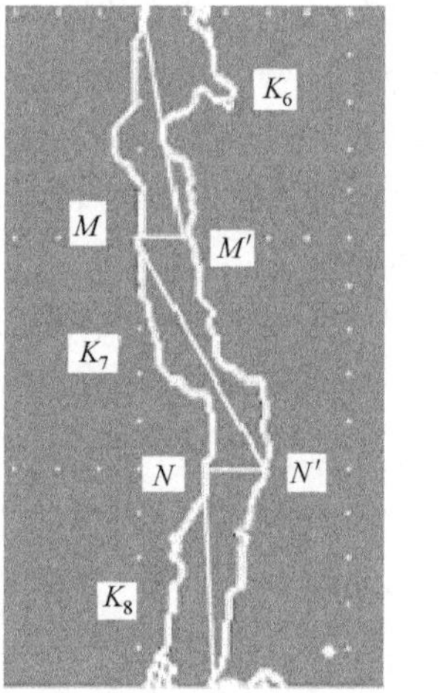

(c) MM' 和 NN' 欧氏距离

图 3-16　基于图像处理的自动化裂缝检测

基于阈值分割的裂缝缝宽检测的算法步骤主要包括以下几方面。

(1) 如图 3-16(b)所示，图像分块将图像划分为 9×6 的小型区域块。

(2) 检测 54 个区域块内含有裂缝边缘的区域块为 10 个。计算每个区域块内裂缝走向的斜率值，通过测算，其中两个区域块的夹角为 90° 时，斜率不存在，不计入结果。剩下的 8 个块斜率分别表示为 K_1、K_2、K_3、K_4、K_5、K_6、K_7、K_8。通过估算，8 段段状裂缝斜率值均在[45°, 135°]区间内，判断 8 段段状裂缝全部为竖直型裂缝。

(3) 图 3-16(c) 以图 3-16(b) 中斜率为 K_7 的区域块段状裂缝为例，点 M 为区域块中裂缝左边缘的最高像素点，点 N 为区域块中裂缝右边缘的最低像素点，连接 MN 线段构成了斜率为 K_7 的区域块段状裂缝的线性表示。此段的斜率 K_7 在[45°, 135°]区间内，此块裂缝定义为竖直型裂缝，标记 M 点对应水平方向上落在右边缘处的投

影点 M'，标记 N 点对应水平方向上落在右边缘处的投影点 N'点，连接 MM'、NN'，计算两段的欧氏距离。设坐标为 $M(x_m, y_m)$，$M'(x_{m'}, y_m)$，$N(x_n, y_n)$，$N'(x_{n'}, y_n)$，则两点距离为

$$P_1 = \sqrt{(x_{m'} - x_m)^2},\ P_2 = \sqrt{(x_{n'} - x_n)^2} \tag{3-17}$$

(4) 求得区域块段状裂缝的两段宽度距离之后，求取两段的平均值 PP'，PP'即为该区域的裂缝宽度值。以此类推求得各个分块的裂缝宽度值，最后进行整张图像的平均值计算，估算裂缝宽度值。

(5) 由步骤(4)中可估算出整幅图像的裂缝宽度值，根据我国《铁路工务技术手册——隧道》《公路隧道养护技术规范》(JTG H12—2015)，判断宽度值所属评级标准中的级别范围，判断图像的裂缝是否需要抢修及所产生的安全影响。

三维激光扫描技术不仅可以获取隧道内部的点云数据，而且可以获取其高分辨率的全景影像信息，这些影像数据包含了隧道内部的裂缝、渗水信息，可以有效地应用到隧道的裂缝检测中。针对隧道内部裂缝的特点，基于点云影像提出不同尺度空间下的裂缝渗水区域识别与检测算法。针对不同尺度的隧道裂缝，通过定义尺度空间，提出了一种融合型图像检测算子，实现不同尺度和形态裂缝渗水区域检测[91]。

隧道裂缝在物理形态上具有多样性，容易受到伪裂缝信息的干扰。在空间特点上也具有尺度多样性，需根据其尺度特征，设计合适的检测算子，实现不同尺度和形态的裂缝检测。尺度空间构建是为了模拟图像数据的多尺度特征。对于预处理过的隧道内部图像，其裂缝在图像上具有多尺度特征。通过建立尺度空间，可以实现不同尺度下裂缝特征的提取。根据高斯核函数构建的尺度空间如式(3-18)所示。

$$L(x, y, \sigma) = G(x, y, \sigma) \cdot I(x, y) \tag{3-18}$$

式中，σ 为高斯核函数的尺度因子；$L(x, y, \sigma)$ 为尺度空间函数；$G(x, y, \sigma)$ 为高斯核函数；$I(x, y)$ 为输入图像，尺度空间是不同尺度高斯核函数和图像的卷积。

$$G(x, y, \sigma) = \frac{1}{2\pi\sigma^2} \mathrm{e}^{-(x^2+y^2)/(2\sigma^2)} \tag{3-19}$$

通过改变 σ 的大小可以控制图像被平滑的程度，σ 值越大，图像被平滑得越厉害。通过选择不同大小的尺度因子 σ 来突出图像在不同尺度上的特征，这样就保证了同一特征在不同尺度上都可以被提取出来，从而使检测出的特征具有尺度不变性。

裂缝检测算子定义可以根据图像的概率统计特性，对图像中裂缝进行提取。定义比率检测算子 D_1 表示相邻区间像素均值的比率 (r_{ij}∶r_{ji})，对于图像中的任意两个相邻区间 i 和 j，对检测算子 D_1 的响应可表示为

$$r_{ij} : r_{ji} = 1 - \min(\mu_i / \mu_j, \mu_j / \mu_i) \tag{3-20}$$

式中，μ 为采样均值，对于三个相邻区间 k 、i 和 j ，检测算子 D_1 的响应可表示为

$$D_1 = \min(r_{ik}, r_{ij}) \tag{3-21}$$

可以发现，检测算子 D_1 是关于像素 (x, y) 的邻域大小 $m \times n$ 和夹角 θ 的分布函数，其中 θ 角的定义如图 3-17 所示。

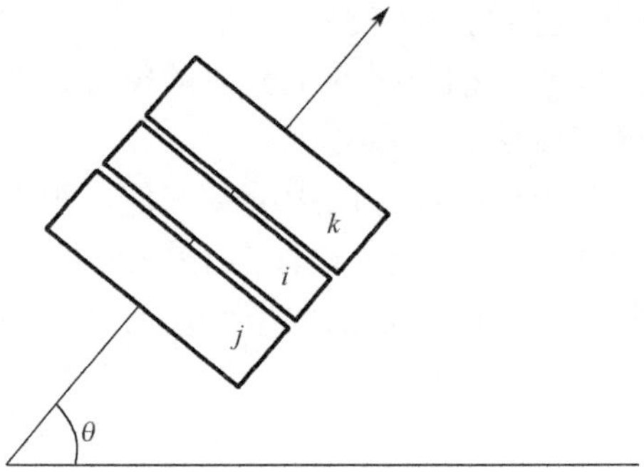

图 3-17　θ 角的定义

检测算子 D_1 对图像统计特性中的均值比较成分具有较好的表现，但是对于算子窗口中心不在裂缝边缘的情况下，其检测效果较差。因此定义检测算子 D_2 ，其意义为用概率分布函数模型表示裂缝强度函数，数学模型如式(3-22)所示。

$$D_2 = \left[\frac{(\sigma_{ij}^2)^{|R_{ij}|}}{(\sigma_i^2)^{|R_i|}(\sigma_j^2)^{|R_j|}} \right] \tag{3-22}$$

式中，σ_i^2 为邻域 i 的采样方差；σ_j^2 为邻域 j 的采样方差；σ_{ij}^2 为邻域 i 、j 并集的采样方差；$|R|$ 表示邻域内的像素个数。

检测算子 D_2 对灰度值较高的裂缝比较敏感。在对裂缝图像的测试中，检测算子 D_1 、D_2 均不能完全实现对不同尺度裂缝的检测提取。因此根据两种检测算子的特点，提出了一种融合型检测算子 D ，其响应函数如式(3-23)所示。

$$f(D) = \frac{D_1 D_2}{1 - D_1 - D_2 - 2D_1 D_2} \tag{3-23}$$

该算子既可以保持对带状裂缝检测的稳定性，同时对于灰度值较高的小裂缝，可以恢复其对高灰度值的敏感特性，得到较多的响应边缘像素值，可获取边缘特征点的尺度和位置。为了更精确地定位所有边缘特征点，对提取的极值点做二次函数拟合，再按泰勒级数展开，如式(3-24)所示。

$$D(\boldsymbol{X}) = D + \frac{\partial \boldsymbol{D}^{\mathrm{T}}}{\partial \boldsymbol{X}} \boldsymbol{X} + \frac{1}{2} \boldsymbol{X}^{\mathrm{T}} \frac{\partial^2 \boldsymbol{D}}{\partial \boldsymbol{X}^2} \boldsymbol{X} \tag{3-24}$$

式中，$\boldsymbol{X}=(x,y,\sigma)^{\mathrm{T}}$。$D(\boldsymbol{X})$ 对 $\boldsymbol{X}$ 求导数，当导数值为零时，有

$$\hat{X}=-\frac{\partial^2 \boldsymbol{D}^{-1}}{\partial \boldsymbol{X}^2}\frac{\partial \boldsymbol{D}}{\partial \boldsymbol{X}} \tag{3-25}$$

根据式(3-25)可求出 $D(\boldsymbol{X})$ 在 $(x_0,y_0,\sigma_0)^{\mathrm{T}}$ 处的偏移 $(\Delta x_0,\Delta y_0,\Delta\sigma_0)^{\mathrm{T}}$。当它在任一维度上的偏移量大于 0.5 像素时(即在 X 或 Y 或 σ 上时)，意味着插值中心已经偏移到它的邻近点上，通过改变当前点的位置，然后继续迭代式 (3-25)直至偏移量小于 0.5 像素，特征点对应函数值 $D(\hat{X})$ (式(3-26))的绝对值小于给定阈值，阈值取 0.05。

$$D(\hat{X})=D+\frac{1}{2}\frac{\partial \boldsymbol{D}^{\mathrm{T}}}{\partial \boldsymbol{X}}\hat{X} \tag{3-26}$$

通过式(3-24)～式(3-26)，可以实现不同尺度裂缝的提取。由于隧道图像中含有凹槽和管线，在边缘点计算中会被当作裂缝边缘进行提取，因此需要通过计算裂缝的宽度作为设计阈值，进行过滤。

3.2.3　隧道裂损或者脱落智能感知技术应用

国外一些发达国家，如瑞士、德国、日本，在隧道衬砌裂缝检测方面的技术比国内要成熟和先进很多，除了传统的方法，在基于激光扫描测量和摄像测量的技术上开发出了很多产品，技术已经相当成熟。瑞士安伯格公司生产的 GRP5000 隧道检测系统如图 3-18(a)所示，主要应用于铁路，其装备有一个高速旋转的激光发射器。如图 3-18(b)所示，实际检测过程中，激光发射器发射螺旋线形状的激光对隧道表面进行全断面扫描，通过分析发射和接收激光信号的强度与相位差可以得到隧道衬砌图像和隧道衬砌表面各点与轨道中心线的距离，从而对隧道病害进行标记并计算出裂缝长度和渗水面积等参数。为了获取高清晰度的衬砌图像，检测车的速度需控制在 0.7km/h 内。

德国 SPACETEC 公司研发的 TS3 隧道三维激光红外车载扫描系统外观如图 3-19(a)所示。该系统使用激光和红外线作为测量介质，检测工作图如图 3-19(b)所示，检测时配合旋转频率高达 300Hz 的可实现 360°旋转的扫描头对衬砌表面进行全面扫描，扫描的同时记录和存储数据。扫描结束后，系统可自动生成隧道表面图像、热成像图像和断面尺寸数据图像，通过对这些图像的分析可得出相应的衬砌裂缝数据。图 3-19(c)为本系统扫描到的隧道拱顶部位斜向裂缝。实际检测过程中，检测车的速度控制在 4.5km/h，检测到的裂缝精度为 0.3mm。

日本 Komatsu Engineering 公司在 2012 年成功研发并投入使用了一款装有 16 台高分辨率工业相机的多功能隧道检测系统，如图 3-20 所示。实际检测过程中，工业相机在辅助照明装置的配合下采集衬砌表面图像并及时存储，通过图像处理技术对裂缝进行识别分析。该检测车的速度为 60～80km/h，工业相机采集速率为

30 帧/s，可检测到 0.2mm 宽的细裂缝，使得人工检测一个月的工作量能在一周内完成。

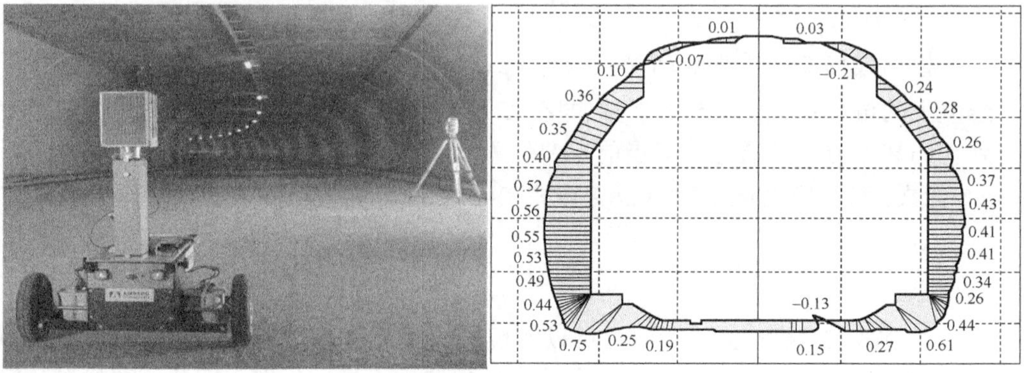

(a) 隧道检测系统界限分析

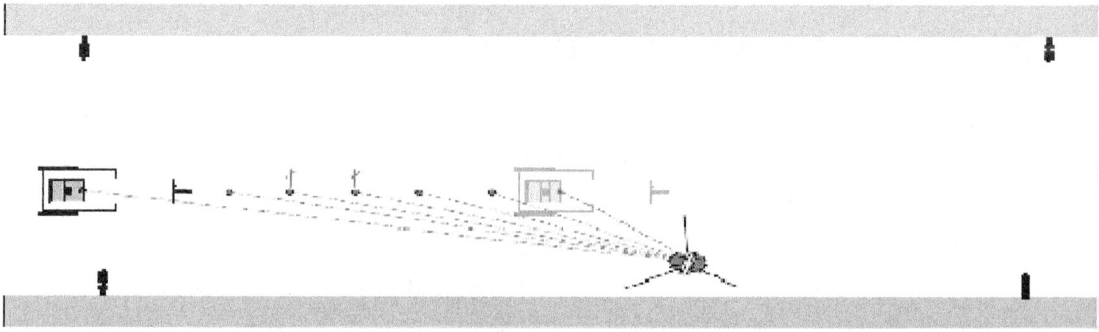

(b) 隧道检测系统工作示意图

图 3-18　瑞士安伯格公司生产的 GRP5000 隧道检测系统

(a) 系统外观　　(b) 检测工作图

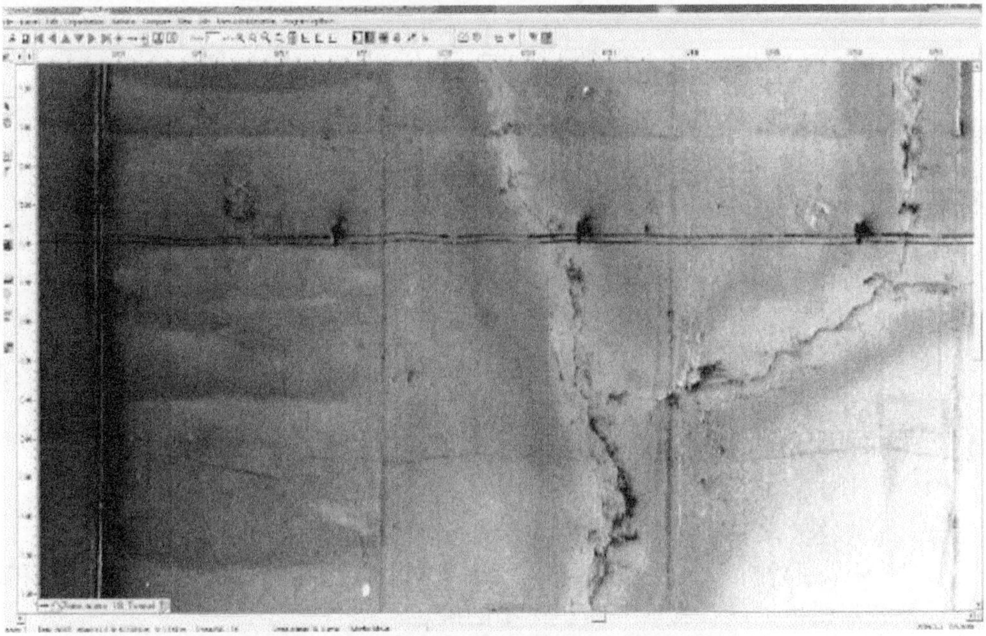

(c) 扫描到的衬砌裂缝图像

图 3-19 德国 SPACETEC 公司研发的 TS3 隧道三维激光红外车载扫描系统

图 3-20 日本 Komatsu Engineering 公司研发的多功能隧道检测系统

目前，受制于技术，国内对隧道的病害检测大多采取人工检测的方法。有关裂缝的自动化检测主要应用在道路路面的裂缝检测上，针对隧道衬砌裂缝的自动化检测还处于初级阶段，技术不是很成熟，应用也不是很广泛，远远落后于西方发达国家，无法满足日益增长的隧道检测的需求。

3.3　隧道结构形变与位移感知技术

3.3.1　隧道形变与位移概述

相比桥梁、建筑物等在变形监测分析应用方面取得的进展，隧道管线这类工程的监测明显滞后于桥梁等领域。这与隧道结构的复杂性和监测上的难度有关，也跟周围环境介质有关，因土壤介质和地质情况的复杂性导致监测难度大大增加。这也导致了目前的隧道变形监测研究主要集中在监测技术方面，而很少有变形状态分析和评价的研究。

对于隧道变形监测的分析研究一般包括以下三方面。

(1) 观测数据预处理，包括对数据的粗差探测与剔除、评定观测数据的质量并进行平差、监测数据之间的相关性检验、对系统误差的检测与分离。

(2) 变形几何分析，包括变形量的有效估计，对变形模型的初步识别、定阶和参数估计及变形模型的统计检验与最优模型的确定。

(3) 变形物理解释与变形预测，包括对变形成因进行探讨、给出变形值和荷载之间的函数关系、对未来变形趋势做出变形预测。

正确地分析与处理得到的监测数据，对出现的变形做出准确的几何分析与物理解释。变形的几何分析是指对变形体的形状与大小的变化情况做出几何上的描述，重点是描述出变形体变形的空间状态特征及对应的时间特性。而变形的物理解释是指研究确定变形体变形与变形原因之间的内在联系，其任务就是对变形原因进行解释。

几何分析是分析的基础，具体体现在确定相对位移量与绝对位移量，而物理解释则是要从本质上去认识变形。几何分析主要包括观测值的平差处理与质量评定、对参考点进行稳定性分析与对变形监测模型的参数估计等几方面，其中变形模型的参数估计方法主要有坐标分析法和观测值分析法两种。

坐标分析法：指的是把所有的观测值都以监测网中的点位坐标的形式做两期或者多期坐标差，然后通过变形模型做变形分析。

观测值分析法：指的是直接把观测值的数值以两期或多期的形式做差值，再通过建立的变形模型进行变形分析。

物理解释也就是通过一些方法来探讨造成状态变化的原因，方法分为三种。第一种是直接采用某种模型，通过分析已观测到变形与隧道周围外因之间的相关性，从而找到影响隧道变形的因子，然后建立变形因子和隧道变形之间关系的数学模型，这种方法主要是分析实测资料，实测资料的丰富性、质量好坏都对变形因子的准确性有很大的影响。也正是这个原因，观测资料本身的局限性，会在一定程度上带来分析结果的局限性。时间序列分析模型、回归分析模型、模糊聚类分析模型、灰色关联分析模型都是此类模型。第二种是直接根据隧道本身的物理和力学参数来建立变形因子而得到函数模型。这种方法不需要已有的观测资料，但是对做计算的资料数据有一定要求，工作量比较大而且精度也不太好，有限元法属于此类方法。第三种方法就是把这两种方法结合起来，分步进行。影响关系确定的就用第二种方法，影响关系不明确的就用第一种方法。第三种方法是使用混合模型处理的方法，该方法已经在坝体等建筑物的性态分析中取得了很好的效果。

变形监测数据中各种各样的误差和形变信息常常混合在一起，利用传统的数学监控模型难以发现隐含于数据中内在变形规律，也难以直观地看出变形情况。因此，必须通过综合处理分析变形监测数据，挖掘其中的变形信息，以期找出变形规律。《铁路隧道监控量测技术规程》中规定，对于隧道监控量测的信息反馈以位移反馈为主，数据分析一般采用位移时态曲线图或散点图来反映数据的变化规律。可采用指数模型、对数模型、经验公式和回归分析法等进行分析并预测最终值。规范中提到的数据分析方法当然是无可厚非的，但是回归分析法等方法并不能对隧道变形在时空上的分布特征给出说明。

3.3.2 隧道形变与位移检测方法研究

隧道因交通设施的穿越工程等近接工程对周围土层产生的应力场改变，容易发生受力失衡情况，产生裂缝、形变等，从而危害其结构安全。同时，隧道供工作人员进行检测的天窗时间极短，采用传统的结构测量仪器如采用测距仪、水准仪、全站仪等测定待定点的变形值，不仅需要消耗大量人力、物力，而且采集的数据量有限，分析结果准确度不高。随着隧道结构复杂程度逐渐增加及对状态评估的可靠性要求不断提高，无论是精度还是效率上都给传统的检测方法带来了巨大的挑战。

近年来，三维激光技术快速发展，并越来越广泛地应用于隧道检测领域。除了隧道整体结构建模，国内外学者对三维激光扫描仪检测隧道形变也做了大量研究。与传统方法相比，三维激光扫描技术具有精度高、效率高、采集信息丰富及非接触性等特征，使得基于三维扫描技术的隧道形变检测方法具有巨大的优势。

以基于实测点云数据的隧道形变检测方法为例，其主要步骤包括：①基于最小二乘优化的三次 B 样条拟合算法提取隧道轴线，提高轴线提取准确率；②改进的随机采样一致(Random Sample Consensus，RANSAC)算法进行隧道断面圆拟合，提高拟合效率并保证拟合效果；③基于隧道的分层结构，结合隧道点云几何特征及反射率信息对隧道进行分割，提取各隧道管片块；④通过对分割后隧道各管片块进行单独拟合，准确获取隧道断面全角度的形变数据，从而全面地评估隧道结构健康安全状态。算法主要由三个核心部分组成。

(1)提取隧道的实测轴线。以隧道原始扫描点云和设计轴线为输入，通过优化设计轴线获取实测轴线。具体地，以设计轴线为初始轴线，算法以等间距提取一系列隧道截面，并应用圆拟合算法拟合断面圆，得到断面圆心。获取到断面圆心点集后，采用基于最小二乘优化的三次 B 样条拟合算法提取新的轴线，并应用迭代优化算法得到最终的隧道实测轴线。

隧道轴线反映了隧道的整体走向与姿态，是隧道断面提取和形变检测的基础。隧道长期受到外力的挤压，整体结构发生形变，导致隧道实测轴线相对设计轴线发生偏移，从而对后续的隧道形变检测产生影响。因此，从已有的隧道三维扫描点云数据中，准确地提取全局实测轴线，对于隧道的状态分析与评估有重要意义[92]。隧道轴线是一条空间连续曲线，因此简单地将隧道轴线表示为一系列直线段的轴线拟合算法无法实现对轴线的准确提取，同时这种方法在大规模隧道场景下，工作量十分巨大。为此，基于设计轴线优化算法对隧道实测轴线进行提取。

由于隧道点云中包含电缆、管线、螺栓等附件设施，对任意断面 s_k 应用改进的 RANSAC 算法拟合断面圆，去除断面 s_k 中的噪声和异常值。传统 RANSAC 圆拟合方法采用随机采样策略，在给定的数据集中随机选取 3 个点确定一个候选圆 C_d，并基于设定的阈值带计算 C_d 的局内点(落入阈值带内的点)个数。通过迭代选取一系列候选圆后，选择局内点最多的候选圆 C_m 作为拟合结果。然而，由于隧道点云数据规模较大，密度较高，因此应用传统 RANSAC 算法效率较低。为此，对 RANSAC 算法进行改进，改进之处在于，基于隧道断面中每一点的密度值，重新计算每一点被采样的概率，即每个点的采样概率不同。密度越小的点越有可能是噪声点或离群点，因此算法通过降低该类点的采样概率，提高算法运行效率，同时保证拟合效果。具体地，定义待拟合的圆方程为

$$F_{a,b,r}(x,y):(x-a)^2+(y-b)^2=r^2 \tag{3-27}$$

式中，r 和 (a,b) 分别为候选圆的半径与圆心。针对任意断面数据 s_k，首先进行参数初始化，包括拟合次数 $N=0$，拟合参数 $p=0.99$，初始最大迭代次数 $I=\infty$，初始局内点集 $S_{\text{inlier}}=\varnothing$，初始候选圆得分 $S(C_0)=0$，阈值 $t=0.5$。改进的 RANSAC 算法的步骤如下所示。

①计算断面数据 s_k 中每个点的密度。

②计算断面数据 s_k 中每个点的采样概率，s_k 中第 i 个点的采样概率 P_{ki} 为

$$P_{ki}=\frac{D_{ki}-D_{\min}}{D_{\max}-D_{\min}} \tag{3-28}$$

式中，$D_{\max}$、$D_{\min}$ 分别表示 s_k 中点的最大密度值和最小密度值；D_{ki} 为 s_k 中第 i 个点的密度，计算公式为

$$D_{ki}=\frac{|\chi|}{\pi r^2} \tag{3-29}$$

式中，$|\chi|$为以 D_{ki} 为中心建立的邻域 χ 中点的个数；r 为邻域 χ 的半径。

③候选圆选取，改进的 RANSAC 算法并非采取随机采样策略，而是基于步骤②中计算的采样概率进行采样，并计算对应的候选圆 C_d 参数 (a_d, y_d, r_d)。

④局内点集计算，统计位于候选圆 C_d 阈值带内的点集 S_{inlier} 中每个点的密度，作为该候选圆的得分 $S(C_d)$：

$$S(C_d)=\sum_{i=1}^{m}D_{ti} \tag{3-30}$$

式中，m 为 S_{inlier} 内的点数；D_{ti} 为 S_{inlier} 内第 i 个点的密度值。

⑤模型选择。若 $S(C_d)>S(C_0)$，则 $S(C_0)=S(C_d)$，$(a,b,r)=(a_d,b_d,r_d)$。完成本次迭代，重置最大迭代次数 $I=\dfrac{\log(1-p)}{\log(1-q^n)}$，其中 $q=\dfrac{S(C_0)}{|s_k|}$，n 为每次采样点个数，迭代次数 N 增加 1。

⑥算法迭代停止条件：若拟合次数 $N<I$，则重复步骤③～⑤；若拟合次数 $N>I$，则算法停止。

采用上述方法，最终得到一系列的断面圆的圆心坐标 $(c_1, c_2, \cdots, c_m)$。基于该断面圆心点集，采用三次 B 样条的最小二乘拟合方法进行轴线拟合。进一步地，为了保证拟合的曲线准确地表达隧道中轴线，应用迭代算法重复上述过程，即基于新轴线 A_1 进行等间距提取断面、断面圆拟合及三次 B 样条曲线最小二乘拟合。迭代过程直至三次 B 样条曲线拟合趋于收敛，即断面圆的圆心坐标 $(c_1, c_2, \cdots, c_m)$ 的误差小于一定阈值，如式(3-31)所示。

$$E(c)=\frac{\sqrt{\sum_{i=1}^{m}(c_i-c_i')^2}}{m} \tag{3-31}$$

式中，c_i 和 c_i' 分别表示两次迭代拟合的第 i 个断面的圆心坐标。若 $E(c)<0.03$，则认为拟合曲线趋于收敛。最终，经过迭代优化，可获得准确的隧道中轴线。隧道轴线提取如图 3-21 所示。

(2)断面分割及管片块提取。基于提取的实测轴线，将点云数据进行展开，生成反射率影像。进一步地，应用边界线检测并利用几何特征生成几何权重图，进行二维边界线提取，然后将二维边界线的像素坐标映射至三维点云空间，实现隧道点云分割。

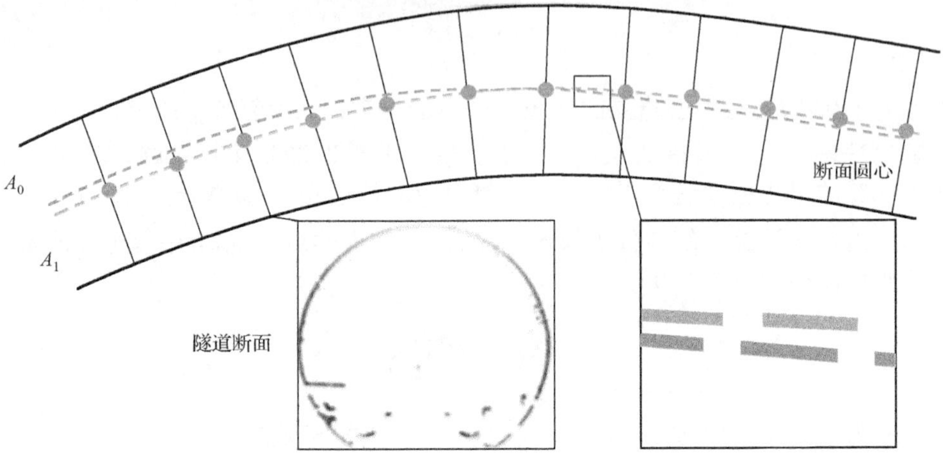

图 3-21　隧道轴线提取

盾构隧道由多个单环管片拼装而成，而每环管片则由若干个预制混凝土管片块铆接而成。地铁隧道由于长期受到不均匀地下压力的影响，容易在管片块接缝位置发生不规则形变。而管片块是整块灌注而成的，发生形变的可能性较小。在隧道形变检测中，由地下不均匀压力引起的不规则形变，直接应用圆或椭圆拟合容易引入较大的拟合误差。因此，只有精确定位各个管片块的位置，并分别进行拟合，才能得到精确的隧道断面的形变检测结果。为此，结合点云与影像信息对隧道进行分割。

基于隧道实测轴线，由三维激光扫描技术获取的点云数据不仅包含三维坐标信息，还包含反射率信息，即激光雷达脉冲回波强度，因此拟将隧道点云数据展开至参数平面，并进一步生成反射率影像。给定隧道点云数据 $P=\{p_1,p_2,\cdots,p_n\}$，对 P 中任意一点 $p_i=(x_i,y_i,z_i)$ 检索提取的隧道轴线 A_1 中的最近点 q_i，并建立 Frenet 局部坐标系，将 p_i 坐标从全局坐标系转换至局部坐标系下，得到 $p_l'=(x_l',y_l',z_l')$。基于该局部坐标系，设计如下转换方程，将三维数据点 p_i 转换至二维参数平面，如式(3-32)和式(3-33)所示。

$$u_i = x_i \tag{3-32}$$

$$v_i = \operatorname{sign}\left(x_l'\right)\cdot D\cdot \arccos\left(\frac{(p_i-q_i)\cdot \boldsymbol{N}}{\|p_i-q_i\|}\right) \tag{3-33}$$

式中，D 为隧道设计直径；$\operatorname{sign}(x_l')$ 为指示函数，x_l' 为正时，$\operatorname{sign}(x_l')$ 为正，反之亦然；$\boldsymbol{N}$ 为轴线 A_1 在 q_i 点的单位法线。通过上述公式，将三维点云转换至 u、v 坐标系下的二维参数平面 $\mathcal{P}$，通过将 $\mathcal{P}$ 进行网格划分并将每个三维点的反射率信息填充至对应网格，作为反射率影像的像素值。特别地，当同一个网格中有多个数据点时，取它们的平均反射率进行填充。通过该算法，可获得隧道反射率影像。

获取到隧道反射率影像后，采用 Canny 图像边缘检测算法提取隧道反射影像中的所有边界特征。由于管片环的边界线均为垂直线段，因此进一步采用霍夫(Hough)变换，通过设定角度区间(实验中设定为[80°, 100°])，可提取反射影像中的垂直边界。根据得到的垂直边界，可将隧道反射率影像分割为一组单环管片子影像。隧道管片环分割如图 3-22 所示。

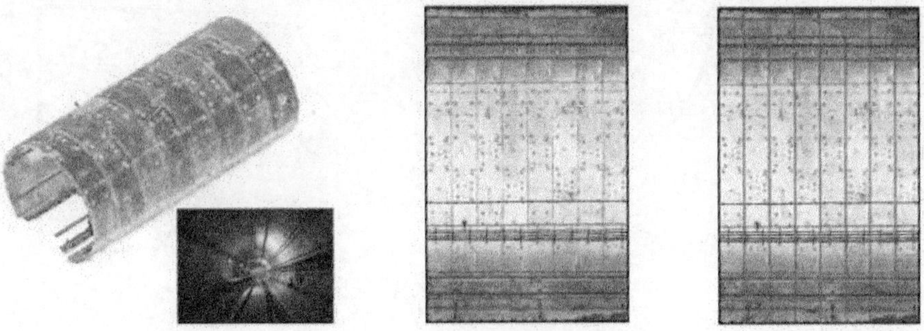

(a) 扫描点云　(b) 隧道影像　(c) 影像分割

图 3-22　隧道管片环分割

在单环子影像中，部分边界线较短且受噪声等因素影响，存在特征不明显、检测不准确的问题，这导致无法准确全面地检测出所有边界线特征。因此，为了突出影像中的管片块边界线，利用隧道管缝处的几何特征代替反射率特征生成影像。管缝特征法线如图 3-23 所示。在隧道断面点云中，管片块管缝处凹陷，导致断面点云在相应位置产生同样的变化，从而引起该处点云的法线异于其他位置。

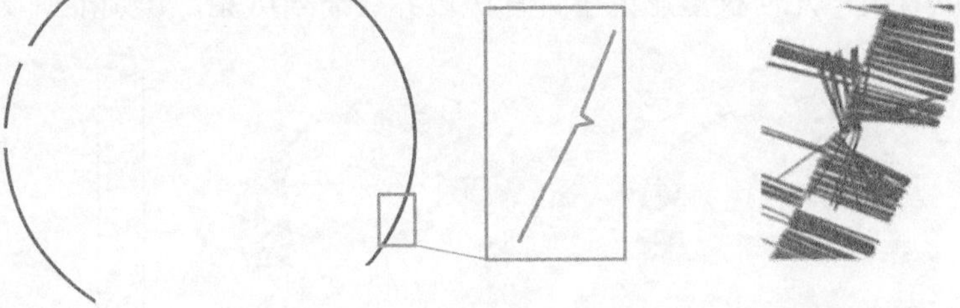

(a) 断面点云　(b) 管缝特征法线

图 3-23　管缝特征法线(见彩图)

进一步地，发现点云法线的变化也有可能是隧道附件如管线等结构引起的，而管线处点云和管缝处点云的不同在于前者位于轮廓内侧，而后者位于轮廓外侧。管缝、管线特征区分如图 3-24 所示。

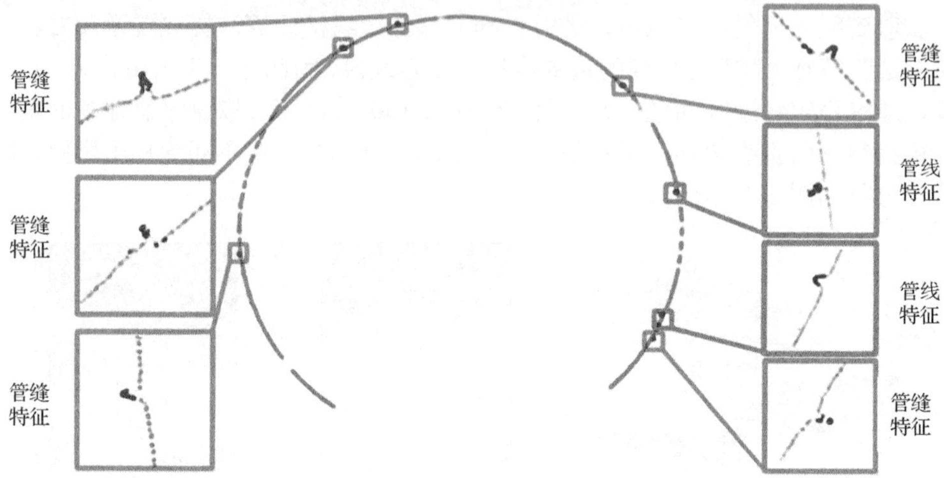

图 3-24　管缝、管线特征区分

基于上述发现，为隧道点云中每一个点 p 定义几何权重 $g(p)$，从而突出管缝特征如式(3-34)所示。

$$g(p)=C\cdot D(|\boldsymbol{p}_c|,r)\cdot\left|\sin\left[\arccos(\boldsymbol{n}_p,\boldsymbol{p}_c)\right]\right| \tag{3-34}$$

式中，C 为权重参数；$D(|\boldsymbol{p}_c|,r)$ 为指示函数，用于区分轮廓内外侧，若 $|\boldsymbol{p}_c|>r$，则该点位于轮廓外侧($D=1$)，反之则位于内侧($D=-1$)，从而区分管缝和管线等附件特征；r 为改进的 RANSAC 拟合算法的断面半径；$\boldsymbol{n}_p$ 为 p 点法线；$\boldsymbol{p}_c$ 为断面圆心点 c 到点 p 的方向向量 $(p-c)$。

通过上述定义，可准确地区分出管缝特征。几何权重影像生成如图 3-25 所示。从图 3-25 中可以看出，几何权重影像中管片块边界线清晰可见，识别准确率大大提升。

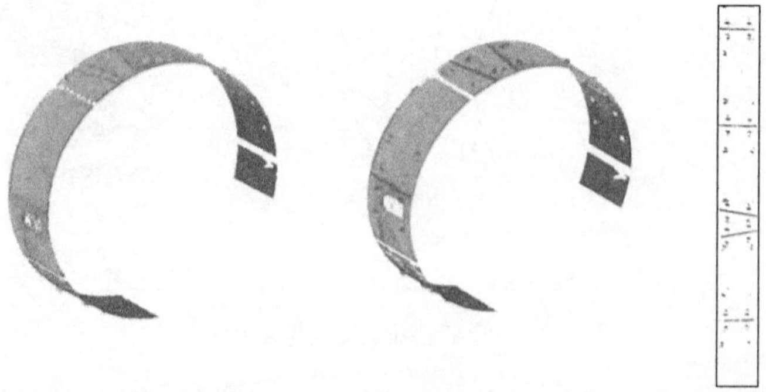

(a) 单环管片点云　(b) 管缝特征检测　(c) 几何权重影像

图 3-25　几何权重影像生成(见彩图)

基于生成的几何权重影像，采用 Canny 算法及霍夫变换，可准确地提取出管片块边界特征。

(3) 基于隧道影像与点云的对应关系，将隧道反射率影像中的边界像素映射至三维点云空间，从而完成对隧道点云数据的分割。隧道点云分割如图 3-26 所示。

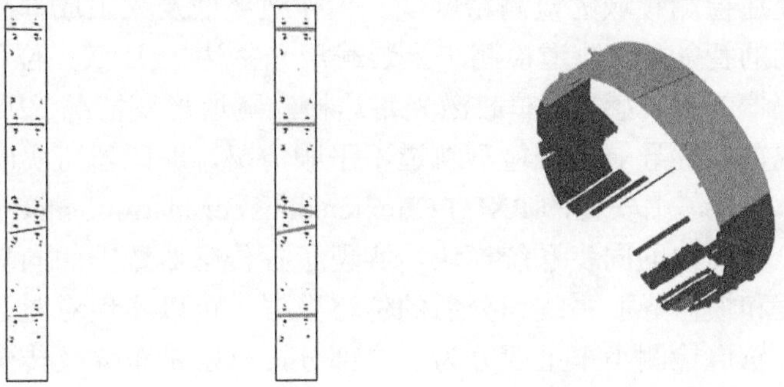

(a) 几何权重影像　(b) 边界检测结果　(c) 点云分割

图 3-26　隧道点云分割（见彩图）

隧道断面形变检测。通过对分割后的隧道管片块进行单独拟合，准确获取隧道断面全角度的形变数据，从而全面地评估隧道结构健康安全状态。

基于隧道点云分割结果，对隧道断面进行形变检测。首先，根据隧道实测轴线上一点 (x_c, y_c, z_c) 提取隧道断面 S_c，其中包含 n 个圆弧段 $\{s_{c1}, s_{c2}, \cdots, s_{cn}\}$，即隧道管片块。由于隧道长期受到不均匀地下压力的影响，其断面通常为不规则形状。因此，区别于误差较大的圆或椭圆拟合，提出一种更加准确的断面拟合和分析方法。具体地，基于提取的 n 个圆弧段 $\{s_{c1}, s_{c2}, \cdots, s_{cn}\}$，分别对其进行圆拟合，获取拟合半径 $\{r_{c1}, r_{c2}, \cdots, r_{cn}\}$ 及圆心 $\{c_{c1}, c_{c2}, \cdots, c_{cn}\}$。基于断面中心点 (x_c, y_c, z_c)，将断面 S_c 与理论设计断面进行套合（理论半径 D=5.4m），并计算不同角度下的形变量 d_a。隧道形变分析如图 3-27 所示。由于该形变分析方法是依据盾构隧道设计规律对隧道进行分段分析，因此相比于常用的断面分析方法，该方法可更加精确地计算隧道形变，反映隧道真实状态。

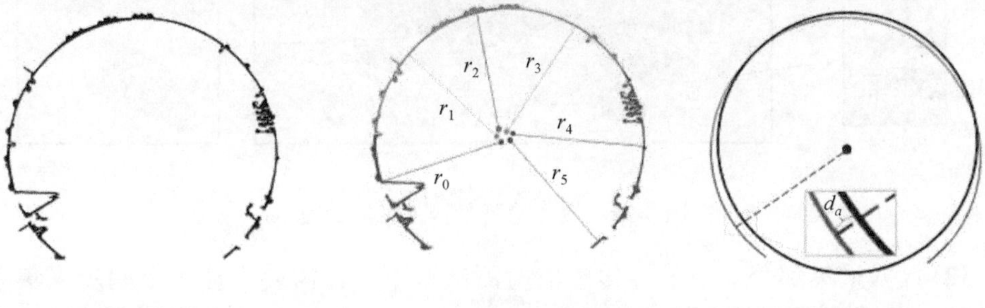

(a) 隧道断面点云　(b) 断面拟合　(c) 形变计算

图 3-27　隧道形变分析

3.3.3　隧道结构形变与位移智能感知技术应用

轨道检测车是实现地铁轨道及隧道检测的综合性检测平台，该平台的研发解决了当前轨道交通检测领域的检测精度低、工作效率低及人工成本高的缺点，实现了轨道交通检测的智能化。轨道检测车上装载激光雷达、2D 激光位移传感器、惯性导航系统及编码器四种传感器。车载激光雷达检测隧道形变情况，2D 激光位移传感器检测轨距情况，惯性导航系统检测轨道不平顺情况，编码器可实时采集轨道检测车的行驶里程。同时车上安置的 PXI(PCI extensions for instrumentation，面向仪器系统的 PCI 扩展)机箱中的同步系统模块，实现了各传感器数据的同步采集。编码器采集的行驶里程和惯性导航系统积分后的位移数据，可以实现对隧道和轨道病害位置的快速定位。轨道检测小车主要分为三个部分，分别是车体及传感器部分、数据采集部分和数据处理部分[93]。

(1)车体及传感器部分。轨道检测小车车体主要材料为铝合金，相对于传统的大型轨道检测车，其车体体型较小、质量较轻，提供两个座位供工作人员进行操作，主要装载电源、传感器及电气设备。其车载的传感器有四个，分别是激光雷达、惯性导航系统、2D 激光位移传感器及编码器，其结构如图 3-28 所示。激光雷达安装在车架后侧支架上，主要完成对地铁隧道的扫描；惯性导航系统安装于轨道检测车前两侧惯导平台上，主要获取轨道不平顺信息及轨道检测车行进的转向角信息；2D 激光位移传感器安装于轨道检测车两侧底部检测梁，主要完成对轨距的检测；编码器安装于车轮轮毂，实现对轨道检测车行驶里程的计数。

图 3-28　轨道检测车传感器位置图

(2)数据采集部分。由于各传感器检测频率不一，需要设计一个同步采集系统来实现各传感器数据的同步采集。主要设计思路是利用车轮上装载的编码器输出计数脉冲信号来进行数据的同步采集，综合各传感器工作的频率，选取合适分辨率的编码器连接同步控制模块对集成式采集系统(PXI 机箱)发送触发指令，根据发送的触发指令，集成式采集系统中的数据采集板卡实现对各个传感器数据的同步采集。

(3)数据处理部分。由于各传感器检测到的数据类型都不尽相同，在对各传感器数据进行处理之前，需要将其转换为相一致的数据类型，主要是对采集到的同步数据进行数据融合。对于各传感器数据的融合，主要对多传感器不同类型数据进行综合性的处理，在对传感器数据预处理之后进行归一化处理，最后通过数据级融合、特征级融合及决策级融合之后，输出隧道病害点。

第 4 章　隧道机电系统云智能感知技术与方法

4.1　隧道照明系统运营感知

隧道照明系统运营感知主要是对隧道常用设备进行日常检测并报告其健康状态，隧道照明系统常用的设备包括：①光效高优质、高亮度的 LED 灯，配光科学合理，满足隧道各个路段的照明均匀度和防眩光要求。②无极灯，也称无电极灯、感应灯，是一种没有电极和灯丝的照明设备，它通过灯管外的磁环产生电磁波激发灯管内的物质工作。③钠灯是指以金属钠蒸气为工作物质的照明装置。钠灯的灯管内也会填充汞和稀有气体，但实际上起作用的是钠蒸气。照明设备监测需采集设备周围环境数据、设备电线形变数据、设备用电变化数据、亮度变化数据等信息。利用射频识别(radio frequency indentification，RFID)技术采集隧道内设备信息，能保证采集的信息范围更广，精度更高、更可靠，再结合 ZigBee 技术的自组网远距离信息传输，能够实现信息的时效性及设备的可扩展性，更有利于系统后期的维护与管理隧道照明。改善隧道内视觉享受，减轻驾驶员疲劳，有利于提高隧道通行能力，保证交通安全。

除对系统设备进行监测外，还需利用智能技术对照明系统进行优化，使其更加高效。隧道照明的主要目的是把必要的视觉信息传递给驾驶员，提高驾驶的安全性和舒适感。隧道照明相对于道路照明，情况更加复杂，主要表现在昼间照明和亮度水平。

隧道照明系统(图 4-1)由三部分组成，即洞内昼夜正常照明、洞外夜间高杆灯照明及洞内事故应急疏散照明。洞内昼夜正常照明(含应急安全照明)、洞外夜间高

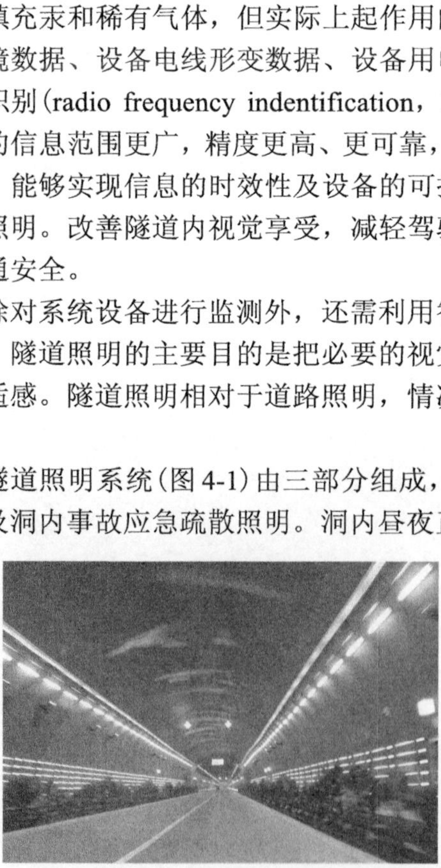

(a)六盘山隧道照明及景观图

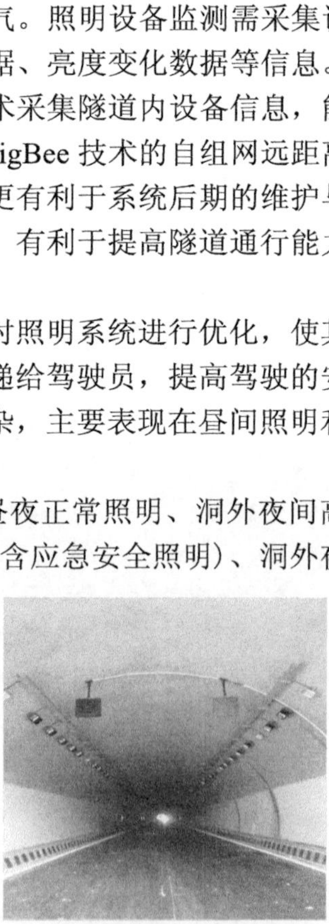

(b)隧道照明安装设施图

(c) 不同结构的隧道照明灯具

图 4-1　隧道照明系统

杆灯照明采用高压钠灯，洞内事故应急疏散照明采用自充电式应急灯。照明设施主要包括灯具、托架、标志及信号灯、洞外路灯和照明线路等为隧道运营提供照明服务的设施。

4.1.1　隧道照明系统概述

隧道照明控制方案的实施，依赖于先进控制技术的支撑。隧道照明控制方式在很大程度上体现出隧道运营管理的现代化程度。隧道照明系统配置了照明控制系统和配电箱，能实现现场人工控制和自动控制，并且预留了远程控制模块，提供控制照明设施的继电器接点，将照明区域控制单元直接与照明控制柜/配电箱的继电器接点相连，以实现对照明设施的远程控制。隧道照明控制方式有以下几种。

(1) 人工控制方式。人工控制方式是指隧道管理人员根据洞外亮度、交通量等参数，人工选择控制方案。公路隧道管理人员根据洞外亮度、交通量、平均车速及天气条件等因素的变化，手动控制照明回路的开关或无级调控照明亮度，其可细分为远程人工控制方式和本地人工控制方式。本地人工控制方式早期多用于长度较短、运营管理设备较简单的公路隧道。

(2) 自动控制方式。自动控制方式是指照明控制系统根据实时采集的洞外亮度、交通量等参数，自动调控照明亮度。隧道照明的自动控制是利用光亮度检测仪、车辆检测器等设备采集的相关照明控制参数，由电子设备直接控制照明回路的开/关或无级调控照明亮度，无须人工参与控制过程，其可细分为远程自动控制方式和本地自动控制方式。在自动控制方式下，隧道照明控制系统根据实时采集的洞外亮度、交通量、平均车速等照明控制参数，自动调控隧道内照明亮度；隧道管理人员也可根据实际运营管理情况，由自动控制方式切换到人工控制方式。国外早在 20 世纪 80 年代就已经开始采用自动控制方式，我国多数公路隧道也都采用了以自动控制为主、人工控制为辅的照明控制方式。

(3) 智能控制方式。智能控制方式是在自动控制方式的基础上，采用短时交通流预测理论，应用人工智能、模糊控制、神经网络、遗传算法等智能控制技术，按公路隧道照明亮度递减适应曲线进行动态调光控制，以达到安全、舒适、高效、经济的照明效果。该方式重点突出节能控制的特点，体现绿色照明要求，追求“按需照明”的理想设计目标。随着工业自动化水平的提高和照明光源的发展及照明灯具的改善，智能控制方式将会得到更为广泛的应用。

4.1.2 隧道照明系统运营方法研究

随着智能感知技术的发展，任凤琴[94]、魏清华和梁波[95]提出一种名为“车进灯亮，车走灯灭”的隧道照明节能智慧控制系统，该系统以隧道洞外车辆检测器检测是否有车辆进入隧道的结果为判断基准，如果有车辆进入隧道，则系统以隧道外部亮度、能见度、车速、车流量等信息作为输入参数，利用隧道照明规范实时计算隧道灯具的需求亮度，并通过隧道内安置的监控摄像机检测隧道内部路面实际亮度值和均匀度值，将其作为系统的反馈信息，该系统的车辆行为感知传感器布设方式如图 4-2 所示。系统根据摄像机计算的隧道内部实际照明亮度和根据隧道照明规范计算的需求亮度进行闭环反馈调节，最终确定灯具的调节亮度值，弥补了隧道内部实际亮度与需求亮度的差距。该系统还引入了能见度理论对隧道内各段灯具亮度进行修正。如果利用隧道内部监控摄像机实时采集的图像判定隧道内部无车，且隧道外部车辆检测器也检测到隧道外部没有车辆即将进入隧道，则将隧道内部灯具调至低能耗亮度(一般为额定亮度的 10%)。

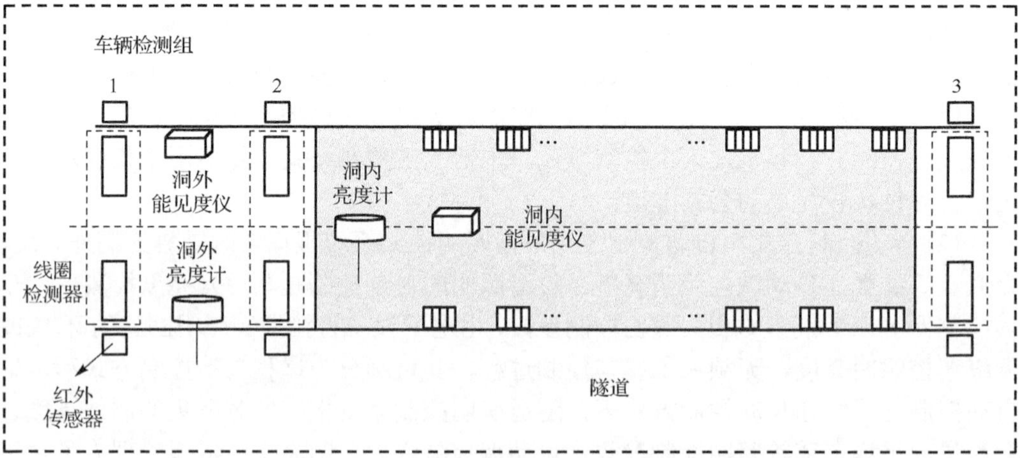

图 4-2　隧道环境信息、车辆行为感知传感器布设方式

隧道照明节能智慧控制系统主要包括环境信息和车辆行为感知系统、监控及亮度实时监测系统、通信系统、照明及调光系统和隧道照明智慧控制软件五部分。其中环境信息和车辆行为感知系统负责采集洞外亮度值、洞内亮度值、车辆有无、车流量、车辆速度、洞外能见度和洞内能见度信息，而采集的有无车辆经过隧道的信

息，作为隧道正常照明的触发控制信号。监控及亮度实时监测系统主要功能是将拍摄的隧道内部图像经过通信系统传输给监控中心和变电所监控工作站，用于检测洞内路面的亮度和均匀度、洞内路面上有无车辆存在、洞内灯具的运行状态、洞内有无火灾发生等情况。通信系统通过光纤环网将环境信息感知系统、车辆行为感知系统、监控及亮度实时监测系统采集的各种数据和图像信息传至变电所照明监控工作站，并负责把变电所监控工作站传出的调光指令等传送给照明及调光系统。照明及调光系统通过 LED 调光控制器对隧道内 LED 灯进行无级调光，为隧道各段提供指定的照明亮度。隧道照明智慧控制软件在车辆行为感知系统检测到有车将要进入隧道时，以环境信息和车辆行为感知系统采集到的数据为基础，根据隧道照明规范计算洞内各个段的需求亮度值，并用洞内实际能见度值修正计算亮度值。以监控亮度实时监测系统输出的路面亮度实际值和均匀度值表征隧道照明实际状态。根据计算所得的需求亮度值和亮度监测系统测量的实际亮度值通过闭环反馈调节模型确定对隧道照明亮度的进一步调节方式和结果。隧道照明智慧控制软件以隧道智慧控制系统传输的图像为基础进行处理运算，当运算结果判定隧道内部所有车辆全部通过隧道，且此时车辆行为感知系统也没有检测到有车辆即将进入隧道时，将隧道内部灯具调至低能耗亮度。

4.1.3　隧道照明系统智能感知技术应用

高速公路智慧隧道照明系统的主要作用是在保障驾驶员在隧道中行驶安全的前提下，节约照明灯具的用电量，降低运营成本。主要思路是通过检测隧道洞口外的环境参数值，包括光照值、色温值、车流量值及车速等参数，按照《公路隧道照明设计细则》(JTG/T D70/2-01—2014)给出的规范标准得到隧道中各个路段的具体亮度需求值；同时通过检测隧道洞内的亮度实际值，将亮度实际值与亮度需求值一起作为闭环反馈的输入参数，闭环反馈结果输出到调光控制器中；最后调光控制器采用脉冲宽度调制(pulse width modulation，PWM)波技术对 LED 灯进行调光处理，信号之间均采用 RS485 进行传输，从而可以让隧道灯具亮度随着环境变化而动态变化，达到在保证驾驶员安全性的同时降低隧道运营成本的目的。高速公路智慧隧道照明系统的硬件设备主要包括用于数据采集功能的环境探头、用于控制回路开关的八回路开关控制器、用于调节 LED 灯具调光的二回路调光控制器、用于采集隧道洞口外车流量及车速相关信息的车检器及装有控制软件的现场工控机，其中现场控制主机和所有硬件设备通过 RS485 传输数据信息[96]。

(1) 硬件系统。

硬件系统的组成结构包括以下几方面。

①环境探头。其功能是采集隧道实时环境参数值，这些参数包括当前环境的色温值、亮度值、温度值、湿度值、露点值等，其中亮度值是最重要的，它是隧道照明系统的重要参数。

②车检器。车检器的功能在于采集当前隧道入口处关于车的信息，如车速、车流量，这些信息可以作为隧道的回路打开或者关闭的重要指标。

③八回路开关控制器。它的作用是可以根据接收到的信号命令，控制某个回路的开关状态。

④二回路调光控制器。它的作用是根据接收工控机发送的命令，采用 PWM 波技术对 LED 灯具进行无极调光，同时能够检测灯具的当前电流值，并且可以做到定时回传给现场工控机。

⑤现场工控机。上位机的程序安装在现场工控机中，它扮演着核心的作用，能够按照《公路隧道照明设计细则》将接收到的现场环境参数进行合理设置之后再进行调光处理。

(2)隧道照明监控软件。

隧道照明监控软件安装在现场工控机中，它主要实现的功能有以下几方面。

①能够接收来自洞内和洞外的环境参数值，主要是亮度值和色温值，其中洞内亮度值是闭环反馈系统的一个输入值，洞外环境参数数据需要保存在数据库中。

②能够根据《公路隧道照明设计细则》和隧道洞外实时亮度值计算出隧道各段所需要的亮度值，作为闭环反馈系统的另外一个输入值。

③能够将闭环反馈系统的结果输出到二回路调光控制器中，从而对 LED 灯进行无极调光。

④能够根据需求设定八回路开关控制器的状态。该软件整体上由用户登录模块、数据处理模块、闭环反馈模块、指令收发模块、数据存储模块组成。

随着技术的不断发展，同时国家对于节约能源、保护环境更大力度的支持，隧道照明系统会朝着科学性、安全性、实用性、经济性的方向发展。随着系统的智慧化，能够自动按照隧道当前环境参数值进行调光操作，结合现在的智能化算法，提高调光精准度，减少人工参与，这有利于系统在未来的推广。因为隧道照明系统比较复杂，要考虑到很多情况，专业性很强，控制方法也很多，所以对这个专用软件的要求很高，在未来需要专业的团队通过大量的实验进行相关软件的开发。

4.2　隧道供配电系统运营感知

供配电系统设施包括高压断路器柜、高压计量柜、高压电压互感器、避雷器柜、高压隔离开关、高压负荷开关、电力变压器、高低压熔断器、高低压电力电容器柜、低压开关柜、信号屏、微机继电保护装置、高低压母线、电力电缆、控制电缆、不间断电源(UPS)、自备发电机等各种为隧道用电设施服务的供配电及辅助设施

(图 4-3)。由于供电设备为隧道机电提供电能，供电设备的运行情况能够直接影响其他隧道设备的正常工作，对供电设备监测需要采集的运行信息包括设备周边环境温湿度数据、设备振动数据、设备受力数据、电流及电压变化数据等信息。设备监测数据还包括设备地址信息、设备固有信息数据，其中设备地址信息指该设备的具体位置信息，如位于某地某隧道第 n 号设备；设备固有信息指设备出厂时所设定的数据，如设备生产时间、设备寿命、设备额定工作电流及额定功率等数据信息。

(a) 隧道发电机与电缆

(b) 隧道配电柜

图 4-3　隧道供配电系统设备

在对供配电系统的常用设施进行日常检修的同时，运用大数据、智能技术来分析隧道的供配电情况，并生成更加科学合理的供配电方案。

4.2.1　隧道供配电系统概述

高速公路隧道用电设施主要包括照明灯具、监控设施和通风设备。隧道照明区段一般划分为入口加强段、过渡 1 加强段、过渡 2 加强段、基本段和出口段。照明灯具按功能划分为加强照明、基本照明、应急照明。隧道监控设施包含隧道摄像机、情报板、车道指示标志，以及各类检测器和疏散指示标志等。隧道通风设备主要为隧道风机。隧道照明传统供电方案是从变电所低压柜引 380V 电压至隧道内照明配电箱位置，由于需要在低压柜位置进行开关操作，需要根据灯具的不同分组配置多条母线供电回路。因此隧道传统供电方案需要配置大量干线电缆，重复敷设，并且由于采用 380V 电压供电，电缆也需要配置较粗的四芯电缆，以满足压降要求。隧道内各监控设施并联于一条供电电缆上。

在传统方案中，隧道监控设备往往需要和照明灯具供电回路分开，并根据不同种类的监控设备从低压配线柜配置单独回路，同时需要敷设大量电缆。传统供电中隧道风机一般每组风机单独设置回路，根据回路长度敷设大量不同规格电缆，在下端还需设置风机控制柜，对风机软启动、正转、反转进行控制[97]。

4.2.2 隧道供配电系统运营方法研究

1. 传统供配电系统分析

(1) 380V 低压供电系统是高速公路中短隧道最主要的供电方式。对于短隧道群，只需在每个隧道处设置变电所或箱式变电站即可。380V 低压供电系统，通过变电所、箱式变电站的低压馈线柜直接向负载供电。这种供配电方式，对配电设施和供电电缆的耐压等级要求较低，设计施工较为便捷，但这种供电方式也存在一定的技术局限性，传输距离短、供电能力弱。但随着距离的增加和远端负载的增大，为满足远端设备电压不低于压降的要求，保证远端设备的供电质量的同时，380V 低压直接供电常常采用的是直接增加电缆截面积的方法。从而造成供电电缆截面积增大、成本增加、线路损耗变大、供电成本提高等。其中，电缆的成本根据传输距离和负载情况变化幅度较大[98]。

低压供电的稳定性和精度都无法满足高速公路隧道群机电设备的需求，因此，对于较长隧道的机电设备，常采用 10kV（或 6kV）高压间接供电方式。该供电方案从变电所、箱式变电站高压配电柜侧引出，10kV 电压传输至负载较集中位置，经变压器变压到 380V 向附近的设备供电。即将电源提供到负载相对集中的位置，在此处安装 10kV（或 6kV）/0.4kV 变压器，将 10kV（或 6kV）变压为 380V/220V，再将 380V/220V 二次配电。

(2) 10kV 供配电系统虽供电能力强，能够满足长距离供电需求，但该系统方式不仅需要增加 10kV 电缆和变压器等设备，还要进行二次配电。10kV 电压通过变压器降至 380V 后，还需通过电缆传输至附近用电点，造成 10kV 和 1kV 等级不同的两条电缆重复敷设。并且该系统所需设备和供电电缆耐压等级要求较高，造价成本也相对较高。同时，为保证用户侧对电网不产生不良影响，需要额外配置隔离变压器，价格较高。

(3) 660V 升降压供电方案就是在变电所、箱式变电站内设置升压变压器，将低压馈线 380V 升至 660V 传送到负载较集中的位置，再经降压变压器将 660V 降压到 380V 向就近负载供电的供电方式。该供电方式，相当于将 380V 低压供电系统做了一定程度上的升级，在供电能力和传输距离方面有所提高。但此供电方式与 10kV 方案相似，电缆需要重复敷设，负载端需三相平衡，只能适用中等距离、中等负载的系统供电，对长距离、大容量负载的供电能力，仍有不足。

目前，高速公路的隧道群系统设计中，供配电多以低压为主。建设较多的变电所或设置较多的箱式变电站是主要设计方案。然而，这种传统的隧道供配电设计方案容易受到多种技术条件的限制。仅从供电需求的角度出发，虽能满足供电的功能需求，但对于经济、效益、环保、控制等方面则考虑有限。因此，传统的设计方式，存在着建设成本高、带载能力弱、线缆用量大、无功功率高等技术问题。

2. 智能长距离供配电系统

智能长距离供配电系统是在传统供配电系统分析的基础上提出的一种新型带载能力强、传输距离远、系统能耗小、供电质量稳定的智能型供配电系统。系统由监控管理主机、上端智能均衡负载稳压电源(简称上位机)、下端智能终端电源(简称下位机)及供电电缆等构成，形成分布式的智能电源管控系统(图 4-4)。系统从市电引入 380V 三相电(10kV 或者 6kV 可选)，通过上端上位机进行功率因数补偿、稳压、抑制谐波处理后，输出三相或单相交流电。经由相应电压等级的供电电缆将电力输送至各个用电点，再由下端下位机将电压转为 380V/220V 电压向负载供电，从而实现长距离供电的系统方案[99]。

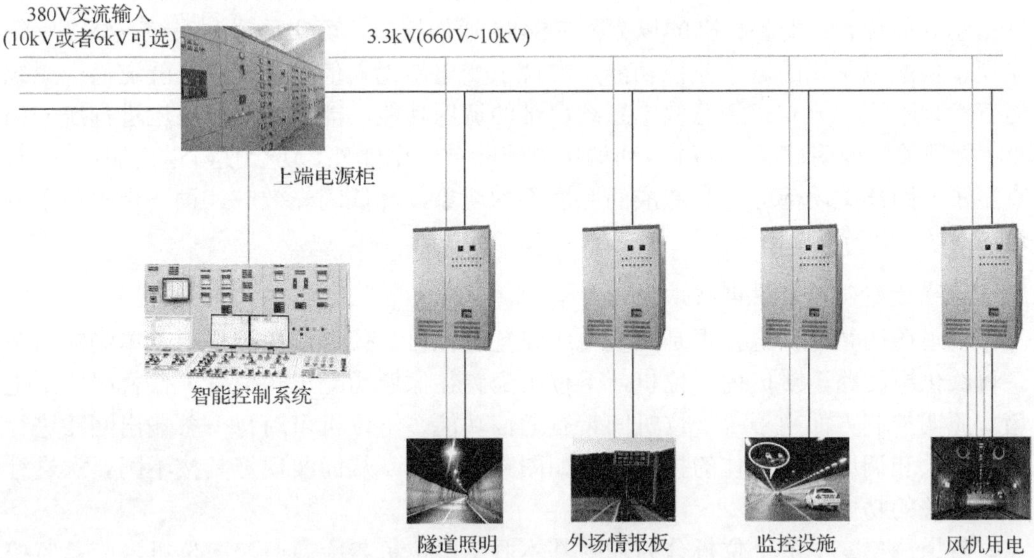

图 4-4　智能长距离供电系统结构图

智能长距离供电系统相较于传统隧道群供配电系统，具有如下特点：公网供电侧、用电设备侧互相隔离，主控单元可实时监测系统绝缘状态，确保用电设备和人身的安全。可实现多电源的不间断供电，旁路开关冗余配置，提高供电系统的可靠性；计算机实时监测电源系统功能及设备用电状态，自动调节电压以保证可靠的供电质量。电压(660V～10kV 内可选)到户，一次配电，降低无功损耗，节省供电线路成本及用电成本。传输距离远，便于隧道群的集中供电。系统无须负载三相平衡，减小设计、施工难度。

4.2.3 隧道供配电系统智能感知技术应用

高速公路隧道分布式智慧供配电技术具有良好的经济、节能和社会效益，同时也响应了建设智慧高速、绿色公路的号召。智慧供配电技术系统在满足供电需求的同时，根据负载量及供电半径，通过适当地提高供电电压，以减少电缆中的电流，从而减少电缆的线路损耗[100]。系统设置无功补偿设备的供电回路，提高系统功率因数，降低系统的无功功率，通过无功补偿技术，降低用电量。系统在隧道照明设备中设置灯具调压调光装置，通过照明调压调光技术，在满足隧道照度的同时，进一步地降低照明用电量。通过智慧供电系统项目具体应用情况核算，采用智慧供配电技术，每年的节能率可达到20%左右。智慧供电技术配置先进的自动化远程电力监控系统，具有以下功能：有效保护线路、变压器、电动机、电容器、分段开关；可实现电流、电压、功率、频率、功率因数等电量的测量功能；可控制各种断路器的合闸、跳闸，并指示开关位置；配备标准的以太网 RS485 通信接口，可实现遥测遥控。整个系统实现了供配电系统的远程监控功能，实现了变电站无人值班，提高了隧道供电系统运营管理水平。分布式智慧供电系统自带的调压功能，能够对照明电压进行统一调整，无须关闭照明灯具。这种自动调压方式除节约电能外，还会使隧道内照度均匀，克服了等距离关闭部分灯具造成的照度不均现象，降低闪光效应，进一步提高了隧道内行车的安全性。

1）隧道照明智慧供电技术

隧道照明智慧供电技术是在变电所设置上位机，代替低压配电柜，单洞输出两条母线供电回路至隧道内下位机，下位机配置在原照明配电箱位置，代替照明配电箱。照明控制方面由于上下位机间带有通信功能，下位机可对每一条输出回路进行单独开关和调压，其具体的技术方案如图 4-5 所示，从而实现灯具按不同要求进行分组开关的功能。

隧道洞口变电所上位机分为加强基本照明上位机与应急监控上位机，应急监控上位机前端配置不间断供电柜。经滤波、补偿、稳压等处理后输出 33kV 单相交流电至隧道下位机，由下位机降压为 220V 后再为灯具供电。隧道内下位机配置于原照明配电箱位置，下位机分为加强照明下位机、过渡照明下位机、基本照明下位机和应急监控照明下位机。加强照明下位机配置于隧道洞口，负责入洞和出洞洞口处的加强灯具；过渡照明下位机配置于入洞后第一个照明配电洞室位置，负责过渡 1 段和过渡 2 段的加强照明灯具；基本照明下位机与应急照明下位机交错布置于隧道其他照明配电洞室位置。由于应急监控照明下位机需配置应急电源（emergency power supply，EPS），需单独并联为一路接入应急照明供电上位机，其他下位机可并联为接入加强基本照明上位机。下位机经降压后，输出单相交流 220V 电压为灯具供电。下位机可输出多条回路，并带有配电、单独开关、单独调压功能，可对任一输出回路进行单独开关和调压控制。

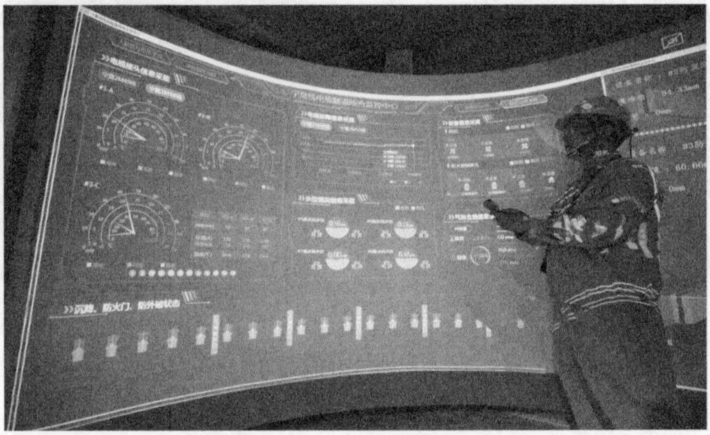

图 4-5　隧道智慧供电技术方案

2) 隧道监控智慧供电技术

监控设备需要接入 EPS 电源，与应急照明的供电性质略为相似，因此不需要再单独敷设电缆，由隧道应急与监控下位机输出监控回路，即可为隧道内监控设备供电。供电回路与原监控相同，供电区段按应急电源区段划分。

3) 隧道通风智慧供电技术

智慧供电在配电房设置风机。风机上位机通过三芯电缆将 33kV 电力传输到各风机下位机，一般 3 组风机共用一根母缆，电缆敷设在隧道电缆沟内托架上。风机下位机输出各回路为 3×380V，采用四芯电缆接至风机，风机下位机可为三台风机供电，每台风机具有软启动、正转、反转等功能。

4.3　隧道消防系统运营感知

消防系统是指用于预防隧道火灾和进行必要救援的设施，包括消防栓、灭火器、高低位水池、消防管线、盘卷、泵房、水成膜泡沫消火栓箱、喷淋系统、人行横洞、车行横洞、隧道排烟装置(图 4-6)。消防设备监测需要采集设备气压数据、设备形状变化数据等信息，同时也要对隧道内的消防设施进行日常检测，及时更新替换损坏或过期的物资。

消防系统感知包含了消防设施的感知，但是消防系统感知更重要的是对隧道火灾的感知。及时的火灾感知，配合消防联动系统可以有效地提高救援效率，减小交通损失。

(a) 车行横洞　　(b) 消火栓箱

图 4-6　隧道消防设施

4.3.1　隧道消防系统

随着我国公路建设的加快，我国的隧道、长隧道及特长隧道不断增多，消防感知已经成为一个广大关注的研究课题。发生在隧道中的火灾，往往几分钟就能使温度迅速攀升到 1200℃以上。如果不能及时遏制，高温环境和冒出的大量浓烟就会对人员、车辆和隧道结构产生威胁，甚至造成灾难性后果，因此需要消防感知系统具有及时性和有效性。隧道消防报警系统误报警现象较严重，通常同时采用红外光报警与紫外光报警。除自动报警设施外，也设有人工报警按钮，在任意消防设备箱门被打开时，也能发出报警信号[101]。

隧道火灾报警系统是集中报警系统(图 4-7)，各报警区域的火警信号由区域火警报警器采集后送至中央控制室集中火灾报警器。隧道内任一区域火警信号出现时，相应区域的电视摄像机信号就自动地显示在主控制台的电视监视器上，同时被自动录像，中央控制室设有火灾模拟显示图，任何火警信号出现时，相应区域的信号灯及时闪亮并伴发声音报警。隧道内部单侧每隔 50m 设置室内消火栓箱，消火栓箱内应配置 1 支喷嘴口径为 19mm 的水枪、1 盘长 25m、直径为 65mm 的水带，设置消防软管卷盘和 2 个 5kg 干粉灭火器(设计压力不低于 1.6MPa)及 30L 泡沫灭火器，同时还设有气体灭火器(图 4-8)等。消火栓的栓口距地面高度宜为 1.1m。隧道内设置独立的消防给水系统，隧道内消防管网最高等容易积气部位设置自动排气阀，充水压力常年维持在 0.4～0.5MPa，同时保证用水量达到最大时，最不利点水枪充实水柱不应小于 10m，内部消火栓用水量不应小于 20L/s，隧道洞口外的消火栓用水量不应小于 30L/s。灭火直径达到 50m。隧道内部发生火灾时，能够保证正常排烟。

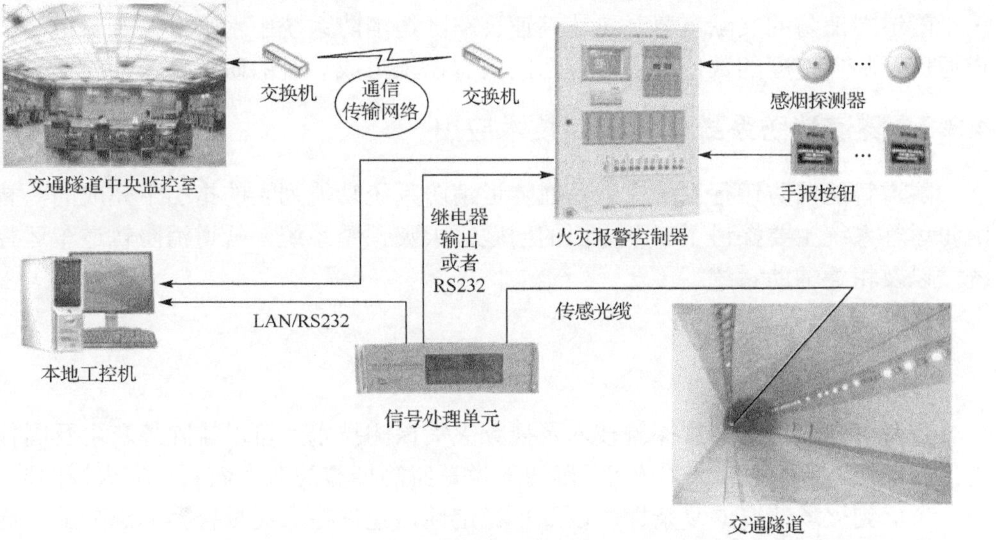

图 4-7　火灾警报系统

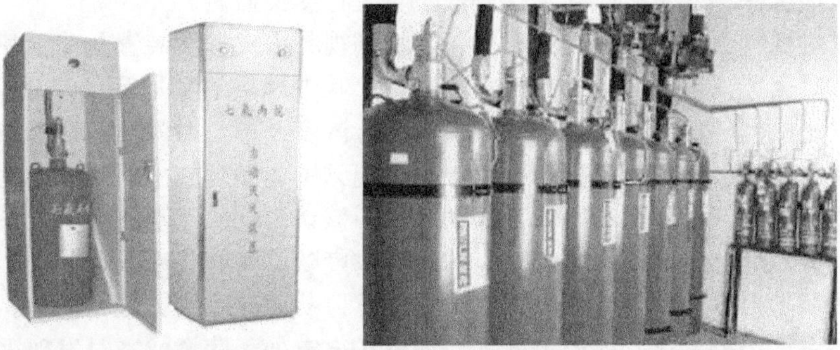

图 4-8　气体灭火设备

4.3.2　隧道消防感知方法研究

高速公路隧道智能消防系统是建立在之前隧道内的水喷淋及泡沫灭火系统之上的一种更为先进且高效的灭火系统[102]。相比之前的消防系统，其应急反应时间更短，火灾扑灭成功率更高。智能消防系统的建立以一个按照既定轨道行驶的小车为载体，并将其称为隧道消防轨道车。隧道消防轨道车可以在控制系统的控制下启动，跟随起火车辆进行灭火工作，当然智能消防系统还包括其他救援系统才能正常运行，如火灾报警系统、消防联动系统及紧急疏散系统等。意大利消防科研所 2002 年研制出一辆双向行驶的隧道消防车，车上装载有大型遥控水枪、新型的热成像仪及反光摄像机，能够在黑暗中寻人及辨别方向。但它是在普通消防车基础上进行的改造，车体体积庞大，一旦隧道内发生火灾，就造成了交通堵塞，使其难以进入救援。现有关于隧道端消防的文献主要是论述高速公路隧道消防系统中水喷淋及水雾机制、隧道通风及临界速度的数值分析等方面的内容，未形成系统的研究体系。

4.3.3 隧道消防系统智能感知技术应用

隧道智能消防运行系统规划是在隧道消防系统功能列表的指引下完成的，智能消防运行系统主要探讨了三个方面的问题：火灾预警系统、隧道消防轨道车运行系统，以及相关辅助系统。

1. 火灾预警系统

1）火灾探测器分型

目前最为前沿的火灾探测技术是视频火灾探测技术，可以排除掉灰尘及固体障碍物的干扰，通过监测烟雾浓度，确切地说是监测烟雾的灰度做到火灾火情的监测。但是考虑到火场情况的复杂性，以及不稳定性，建议在火灾报警器的选择上，选取两种探测器进行交叉监测，这样可以使得火灾探测的准确性得到提升。具体可以选择吸气式烟雾探测器及视频火灾探测器装置进行交叉监测。

通过对视频火灾探测装置的研究，了解到视频火灾探测装置是基于视频图像处理技术，对火灾烟雾的浓度进行区分的装置，其中烟雾浓度是反应火灾等级的重要指标。它是根据隧道环境设置起火车辆的烟雾浓度及单位时间内的烟雾灰度变化率的监控装置，对于火情的监控准确率较高。视频图像处理技术需要先搭建一个背景区域模型，提取其中的运动区域，运动区域即默认为烟雾运动的区域，系统会对烟雾结构及类似烟雾区域内每个像素点的烟雾浓度随时间变化率进行分析，并通过设置合适的烟雾浓度阈值，有效地探测火灾烟雾，从而减少火灾报错概率。

想要进一步提高火灾的监测效率，使得在火灾处于荫燃状态时发现火情，光利用视频火灾探测装置是不够的。吸气式烟雾探测器与视频火灾探测装置相结合的形式能取得较好的火灾探测效果。

2）火源位置定位

点阵红外摄像机是红外摄像机的一种，它比普通的红外摄像机拍摄效果更加清晰，而且拍摄距离也更远。自然界的所有物体，只要是温度高于绝对零度，它的表面就会不断地向外衍射红外线，红外线是一种肉眼看不到的“热线”，它反映的是物体表面的红外辐射场，即温度场。因此，物体表面的温度不同，它所辐射出的红外线能量也是不同的，温度越高，辐射出的红外线能量越大[103]。

2. 隧道消防轨道车运行系统

隧道消防轨道车运行系统主要包括：火情发现之后的隧道消防轨道车启动、追踪、灭火及实施灭火过程中的多车联动、物资投放等环节[104]。

1) 隧道消防轨道车启动系统

隧道消防轨道车的启动方式分为两种，一种是人工启动，另一种是自动启动。人工启动是指在火灾探测器发出报警信号 10s 内，隧道内值班人员可以通过视频摄像头对于火情进行判断，若是火情误报，则可手动取消火情警报；若是真正发生火情，则可即刻启动隧道消防车。自动启动是指由于值班人员自身原因没有对火情信号进行处理，在 10s 之后，隧道消防车会自行启动，并不断地向隧道值班室发出火情警报。

2) 隧道消防轨道车轨道铺设方案

重点火灾隐患部位是大货车货仓部位、轮胎、油箱及小型车辆的内部、后备厢、车身外侧，所以隧道内的轨道铺设位置，选择在隧道顶部。主要原因是顶部空间相对充足，并且顶部的视野相对于侧面来说拥有更好的灭火角度，当有火灾发生时，在顶部实时跟进观察，可以获得最新的火情信息，并可根据火场情况适时地投放救援物资，如防毒面具等。针对双洞隧道，为了方便调度消防轨道车，将轨道规划为环形(图 4-9)。

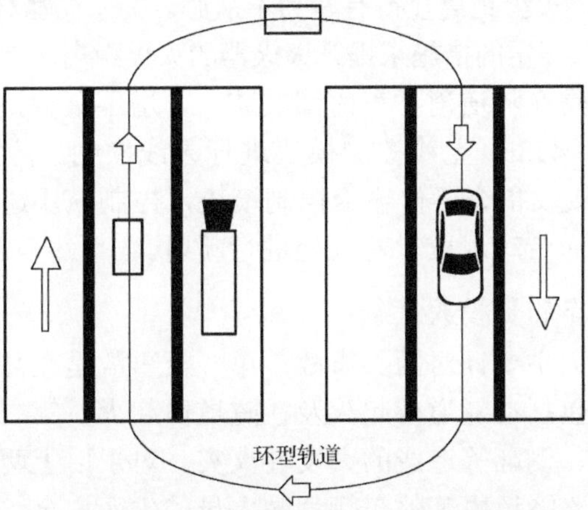

图 4-9　双洞隧道轨道平面铺设示意图

3) 隧道消防轨道车驱动控制系统

驱动控制对于整个灭火过程相当关键，隧道消防轨道车的控制采用人工控制与自动控制相结合的方式。无论运用哪种方式，都需要对消防轨道车进行远程操控。目前较为成熟的远程控制方式有红外遥控、无线电波遥控、超声波遥控等。对于红外线遥控启动来讲，虽然红外线穿透烟雾能力，以及抗干扰能力都比较强，但是由于其遥控的距离比较近，无法满足长隧道及特长隧道的远程控制要求。

控制区域分为控制室端和隧道消防轨道车端，在控制室收到火情警报，启动隧道消防轨道车时，先由值班工作人员操作计算机经由 USB 串口将指令发送给 433m 无线控制模块，433m 无线控制模块通过接收端向隧道消防轨道车内部的 433m 无线控制模块进行指令传输，433m 无线控制模块再将指令传输给主控制模块。此时主控制模块会进行指令判断，如果收到的是加速、减速的命令，则主控制模块会通过输出可变电流(PMW 波)的方式控制直流电机，再由电机带动机械传动装置，带动隧道消防轨道车进行加速、减速，整个过程由安装在隧道车内的蓄电池供电。

4) 隧道消防轨道车增压灭火方案

由于轨道铺设的位置在隧道的拱顶，考虑到隧道消防轨道车在行进间对着火车辆进行灭火，并且有些火源位于车体的侧面轮廓等位置，所以灭火器的压力必须能够达到要求，才能保证灭火剂顺利到达着火点。灭火器的使用说明中规定灭火人员站在距离火场 5m 远处，将灭火器喷头对准火源进行喷射。此种规定是建立在扑灭静态火灾的情况下，然而对于隧道内行驶车辆的跟进式灭火形式，考虑到行进时风的作用，灭火实际有效距离应当在 3m 左右，高速公路隧道的净高是 5m，实际的最大高度应该在 6～7m，大型货车的高度在 4～4.2m，加之隧道消防车有一定的高度，因此在面对大型货车顶部着火的情况下，隧道消防车的灭火范围基本可以覆盖完全，那么在面对货车轮胎及发动机处起火时，灭火距离显得有些力不从心。为了防微杜渐，提高紧急情况下的灭火效率，应当采取一定的措施来提升灭火器的灭火距离。

较为可行的方案是在隧道消防车内部安装一个增压泵。对于增压泵的控制方式，同样采用控制室端的 433m 无线控制模块进行无线控制，隧道消防轨道车内部的 433m 无线控制模块接收指令后传输给控制模块，控制模块通过继电器的开合来控制增压泵的工作，从而带动水枪对着火处进行喷射。

5) 隧道消防轨道车物资投放

高速公路隧道灭火主要针对两类事故：第一类事故是在高速公路上行驶的大型运载车辆起火，其中包括在隧道外起火及在隧道内起火；第二类事故是在高速公路隧道内由追尾、碰撞、侧翻等造成的突发性火灾。对于以上两类事故而言，一旦发生就会威胁到高速公路隧道内其他车辆驾驶人员的生命安全。由于长隧道的长度为 1000～3000m，特长隧道的长度在 3000m 以上，在隧道内发生火灾，尤其是在节假日，高速公路上车流量较大时，隧道内的滞留车辆很多。而火灾中的不完全燃烧伴随产生的大量一氧化碳、碳氨化合物及氮氧化合物，这些有毒气体会在几分钟内充斥整个隧道，对人体器官及大脑造成损伤，严重了会造成窒息及脑死亡等无法挽救的损失。针对此种高速公路隧道内的突发火情，在隧道消防轨道车内设置了一个区域作为救援物资的投放区域是相当有必要的。

3. 相关辅助系统

1) 隧道消防联动系统

隧道消防联动系统主要是针对隧道内的车辆火势较大，一辆隧道消防轨道车难以快速灭火的紧急情况，此时出动 2～3 台高速公路隧道消防轨道车进行协同作业，可以选择其中两辆主要负责扑灭火灾，以此来尽快控制火情，另外一辆消防轨道车视火场情况而定，是否进行防毒面具的投放。在进行协同作业时，是由高速公路值班室的工作人员进行手动调控指挥，使得多辆隧道消防轨道车同时对一处起火火源进行灭火，若此时火势得到控制，则继续进行灭火工作；若火势持续扩大，则由工作人员拨打求助电话，请求消防人员支援。由于一辆隧道消防车能够携带的灭火原料有限，加之隧道内火场火情复杂多变，为了能够尽快地控制住火情，防止火势的再次扩大，建立隧道消防轨道车消防联动系统也是相当关键的。

2) 隧道消防物资补给维护系统

一旦高速公路上发生火灾，隧道消防轨道车进行消防活动之后，都需要进行消防物资的补给，包括隧道消防轨道车内部放置的消防面具及水基灭火原料等，与此同时还需要一个对隧道消防车进行维修维护的区域，因此需要搭建一个隧道消防轨道车物资补给维护站。经过调研发现，针对目前主要研究的双洞隧道，在洞与洞的中间部位有一些闲置空间，对于这一部分空间进行充分利用，可以搭建高速公路隧道消防轨道车物资补给维护站。

3) 紧急疏散系统

紧急疏散系统指的是在隧道内发生重大火灾，造成交通瘫痪时，为了更好地保护隧道内的其他车辆，以免发生次生灾害而应用的系统。紧急疏散系统的启动程序，是高速公路隧道内发生重大火灾后，先由隧道消防轨道车进行跟进扑灭，此时值班室工作人员根据监控摄像头对于火情进行判断，一旦工作人员认为火情不在隧道消防轨道车控制范围之内，需要请求消防队支援时，可以在一边等待消防人员到达现场的同时，开启隧道内的人行横洞防火口。其中受困人员可以通过车行横洞逃生，受困车辆也可以经由车行横洞从双洞隧道的另一个洞口驶出，但此时需要注意的是应当在发生火灾的隧道口进行车辆限行管制，禁止有新的车辆进入隧道，直至隧道内的火情被完全扑灭，相关工作人员检查隧道通行无风险后，方可取消限行管制。

在开启紧急救援通道的过程中，高速公路隧道工作人员的密切合作是顺利完成救援疏散任务的关键。值班人员负责总体调度，控制火情，另外需要有工作人员去开启相应的防火口引导受困群众及车辆紧急撤离；在未发生火灾的隧道，需要有工作人员进行警戒引导标示的放置，即将往来两个方向的车辆车流分开。同时，要在出隧道口的相应位置，将已经引导到未发生火灾的隧道逆向行驶的车辆，引导回正常的行驶道路上来，以免发生后续其他事故。

4.4　隧道通风系统运营感知

通风设备的选择是确定隧道洞内通风效果的关键所在，隧道洞内所需要的最大通风量是选择通风设备的控制因素，而通风机工作全风压和工作风量是选择通风机比较重要的两个因素。隧道通风机的通风管的选用要充分地考虑到隧道洞内风量、风速，通风管的耐用性和造价等各方面因素。一般通风管选用塑胶材质，通风管的管径为 110cm，20m 作为一节。接头采用新型的刚性接头，通风管安装在隧道洞顶的中央或者稍微偏离中央的位置(图 4-10)。每隔 5m 就要打一个瞄杆孔，并且风管的吊挂每隔 100m 的挠度不能超过 150mm，轴向的偏差每隔 100m 不能超过 300mm。由于隧道洞内的中部空气净化的实际时间比较长，空气净化的程度也难以达到工作面的要求，因而采用混合通风，将通风机安装在隧道洞口，采用压入式进行供风。通风设备需采集信息包括：设备通风流量数据、设备通风流速数据、设备变形数据、设备噪声数据、设备周围环境数据等信息。

(a) 隧道内风机　　(b) 隧道内风室中的风机　　(c) 隧道射流风机

图 4-10　通风设施

4.4.1　隧道通风系统概述

隧道通风系统主要是为了保证隧道通风，有效地排放隧道内的有害气体及烟尘，保证隧道内良好的视觉环境，控制空气污染状态在规定的限度内，保证驾乘人员及洞内工作人员的身体健康，提高行车的安全性和舒适性，并能有效地处理火灾等紧急事故。公路隧道空气污染物主要为隧道空气中的灰尘及车辆排放的尾气。汽车尾气中的有害气体成分主要包括：碳烟等悬浮颗粒物、一氧化碳(CO)、氮氧化物(主要指 NO、NO_2)、硫化物(SO_2)及碳氢化合物。因此，公路隧道空气污染物可分为颗粒物及气态污染物两部分(图 4-11)。

现如今我国在道路建设方面取得很大进步，并在隧道建设方面位列世界顶尖水平，隧道长度也越来越长。因此在相对密闭的隧道中通风显得尤为重要，其主要是：①向工程内部供给新鲜空气；②排除有害气体、蒸气、粉尘和炮烟等有害物质；

③使工程内部空气的温度、相对湿度和流速达到规定标准；④对军事和人防工程则要求有防核武器、防化学武器和防细菌武器的“三防”通风功能。

(a)隧道口空气污染

(b)隧道内空气污染

图 4-11　隧道内灰尘影响交通运行

经过良好的通风后，隧道及地下工程空气中有害物质的最高容许浓度、空气的温度、相对湿度和流速都应达到国家卫生标准，缺乏卫生标准时则按照有关设计规范的规定。

(1)铁路隧道。要求空气中的一氧化碳浓度不得大于 30mg/m^3，氮氧化物(换算成二氧化氮)浓度不得大于 8mg/m^3，含游离二氧化硅 10%以上的粉尘浓度不得超过 2mg/m^3。

(2)道路隧道。通风以消除汽车排烟中的一氧化碳和烟雾，确保驾驶员的安全视距和行驶舒适性。

(3)地下铁道。主要考虑车站和区间要有适宜的气温，并控制好二氧化碳的浓度。

(4)地下建筑工程。按其重要性和使用性质分别要求不同的空气温度、相对湿度、流速和空气中有害物质的最高容许浓度和新鲜空气量等。一般以二氧化碳浓度作为衡量内部空气质量的标志：平时使用时，容许浓度为 0.1%～0.5%；战时使用时为 1%以下。当建筑物和外界隔绝(即密闭)时，短时容许浓度为 2%～3%。每小时供给每人的新鲜空气量，平时通风为 30～40m/(小时 ·人)；战时清洁式通风为 5～35m/(小时 ·人)，滤毒式通风为 2～10m/(小时 · 人)。其设施主要包括轴流风机、离心风机、射流风机及其配套的供配电控制柜、操作箱、配电线路、一氧化碳检测器、能见度检测器、风速检测器等。

公路隧道应用通风系统最早出现在美国，纽约市 1927 年投入使用的荷兰隧道(Holland tunnel)是全球首次使用的机械式通风的公路隧道，其通风方式采用了全横向的设计，达到了隧道换气的目的，但同时需另外设置两条送、排风道。所以，20 世纪中期，半横流式通风被逐步采用，如 1934 年英国建设的默尔西隧道(3226m)。而到了 20 世纪 60 年代中期，竖井送排式纵向机械通风取代了设备规模大、投资较高、耗能较多的全横流通风方式与半横流通风方式，如日本关越一线隧道(10926m)、惠那山二线隧道(8649m)。纵向送排风的方式较横向排风具有换气速度快、通风效果好和易于控制等优势，但轴流风机设备庞大，施工难度大，使用时耗电量巨大及日常保养维护难度大等缺点同样比较突出。

到目前为止，国内外对隧道空气污染的治理方法，主要是以稀释有害成分浓度为目的的通风换气法。通风方式分为自然通风和机械通风。自然通风是以行驶车辆的活塞作用将新鲜空气带入隧道稀释有害物质的一种通风方式。当交通流量不大，隧道长度比较短时，隧道采用自然通风即可满足要求。隧道机械通风方式一般有以下三种。

(1)横流式通风：该方式同时设置有独立的送、排通风管道，从送风管道吹出的风横向流过车道，经排风管道排出隧道。采用横流方式，能尽量地将新鲜空气的吹出口设置在车道两边的下方，从车道中央的天井将污染空气吸出。横流方式的造价较大，限制了它的实际应用。

(2)半横流式通风：该方式设置有独立送(或排)通风管道，用送风道(或排风道)沿车道连续吹出新鲜空气(或吸出污染空气)。它包括送风型半横流式、排风型半横流式及设有竖井的半横流式等。采用半横流式通风方式，隧道内各处的污染物浓度基本接近一致，但投资也较高。对于圆形断面的隧道，车道的上部、下部空间可以作为风道，而对于其他断面形式的隧道就没有这种便利了。全横流和半横流通风方式，需要隔离较大的隧道断面空间作为风道，需要大功率的轴流风机通过斜(竖)井排出洞内废气，因此需要花费较大的工程费用和营运费用。为克服横流式通风的缺点，纵流式通风方式被研究并应用。

(3)纵流式通风：纵流式通风是指从一端洞口直接向车道内送入新鲜空气，从另一端洞口抽出隧道内废气的方法，它包括设有竖井的纵流式通风。采用纵流方式隧道内污染物浓度沿隧道线性增大。相关研究证明，公路隧道采用纵流换气方式能够降低隧道建设的成本和运行费。

在国家大力倡导绿色节能的大环境下，隧道节能通风系统也得到广泛的关注。基于寻找通风与节能的平衡点，近年来，国内外研究学者更多关注利用自然通风与机械通风相结合的通风方式，纵观国内公路隧道自然风研究进展，已取得不少突破，但还存在一些问题和不足，例如，在计算风墙式压差时采用的风压系数取值无依据可查，目前运用自然风进行通风节能的隧道较少，其运用范围及节能效果有待更进一步研究。有学者提出隧道前馈式智能控制自然风节能技术，在公路隧道通风系统前馈式模糊控制系统的基础上增加隧道洞内外增加气象数据及洞内自然风检测元件，通过实测气象数据及洞内自然风速，预测未来一阶段的气象情况及洞内自然风速；将交通量的预测、隧道洞内浓度的预测、隧道洞内自然风风速及方向的预测这三者共同决定隧道风机增量。并以六盘山特长隧道为研究对象，基于六盘山隧道洞口气象监测数据，研究气象数据变化规律；基于气象数据及规律，研究隧道内自然风预测方法和模型。当隧道内自然风风速大于隧道设计风速且方向与机械通风一致时，可不开启风机，完全利用自然风进行通风；当隧道内自然风方向与机械通风方向相同，但是风速小于设计风速时，部分利用自然风，结合隧道风机进行通风；当隧道内自然风方向与机械通风方向相反时，则将自然风作为阻力考虑。

4.4.2　隧道通风系统运营方法研究

隧道排风机是专门为特长隧道中竖(斜)井送排式通风设计的，广泛地应用于隧道纵向通风的集中送入式、集中排出式、送排组合式通风，也适合半横向、全横向式及坑道辅助通风方式用，可根据设计的具体性能参数，通过采用不同叶轮直径或同一叶轮直径时调节叶片的安装角来满足不同风量、风压的送排风使用要求。隧道施工中，钻眼、炸药爆破、装渣、喷射混凝土产生的烟尘，以及内燃机和运输车辆的排气，还有洞内氧气太少，开挖时地层中放出混杂各种有害气体与岩尘，使洞内狭窄空间的空气非常混浊污浊，对人体健康威胁影响严重。必须向洞内供给新鲜的空气，排除有害气体，降低粉尘浓度，有效通用的方法就是使用各种通风机和风道来排尘通风[105]。

纵向式通风工程造价较低，运营费用也较低。缺点是污浊空气将在隧道出口端积累，有害物质浓度较高；一旦发生火灾，火势会顺着气流沿纵向蔓延，救援人员不易进入隧道抢救。车流连续不断的长道路隧道不宜采用，适用于单向行车的短道路隧道。铁路隧道是间歇地通过列车，污浊空气在隧道出口端积累对行车无影响，故铁路隧道和地下铁道一般采用纵向式通风。纵向式通风有多种不同的装置形式，如洞口帘幕式、吹入式、竖井吸出式和多竖井分段式等。

横向式通风在车道中产生横向气流，有利于扑灭火灾；车辆排放的烟气以最短的路程被排除，又被均匀稀释，不易局部积累，通风效果较好，适用于较长的道路隧道，但是造价和运营费用都比较高。横向式通风按照进、排风气流横穿隧道的流向，又可分为：①上流式通风。进气风道设在车道下面或侧面，排气风道设在车道的上面，车道中的气流向上流动。一般用于圆形道路隧道，利用车道上下空间作为风道；非圆形隧道进气风道和排气风道都设在车道上面，新鲜空气经进气风道的支风道，从侧壁下部孔口压入车道，气流仍向上流动，斜穿过车道被吸入排气风道中。②侧流式通风。风道设在车道两侧，新鲜空气经一边侧壁进气孔压入车道，由另一边侧壁排气孔吸入排气风道，多用于沉管法施工的水底道路隧道。

4.4.3　隧道通风系统智能感知技术应用

考虑模糊通风控制方法和近些年兴起的基于深度学习预测交通车流量等技术，

牛峪南坪隧道将预测车流量和隧道内实测粉尘颗粒浓度作为模糊控制器的输入，射流风机开启方案作为输出，从而实现对隧道风机系统的智能控制。模糊控制理论作为智能控制系统的基础理论，主要优点如下：简化系统设计的复杂性，特别适用于非线性、时变、滞后、模型不完全系统的控制；不依赖于被控对象的精确数学模型；不用数值而用语言式的模糊变量来描述系统，模糊控制器不必对被控制对象建立完整的数学模式；模糊控制器是一种容易控制、掌握的较理想的非线性控制器，具有较佳的鲁棒性。

由于模糊控制能够利用模糊逻辑建立特殊的非线性控制算法，它在系统参数难以确定、高阶或者大时变、非线性复杂的被控对象中能够表现出显著的效果。牛峪南坪隧道模糊逻辑控制系统的基本结构如图 4-12 所示[106]。模糊控制是以模糊集理论、模糊语言变量和模糊逻辑推理为基础的一种非线性控制方法，它是从行为上模仿人的模糊推理和决策过程的一种智能控制方法，可以利用模糊逻辑的人工智能特性对系统进行控制。

采用数值模拟方法和模糊控制理论分别验证与优化了隧道通风系统。在既有规范、标准的框架下，基于公路隧道的实际运营环境条件和实时的环境信息，建立综合的隧道通风控制体系，以便在确保隧道安全运营的条件下，大幅地降低隧道运营能耗，同时可为相似隧道通风系统优化提供指导。

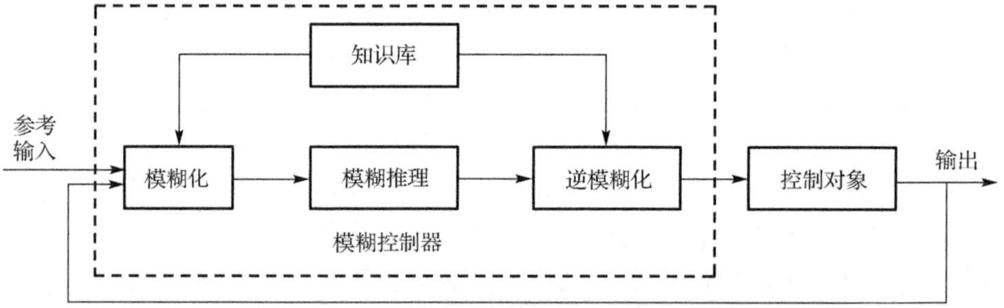

图 4-12　牛峪南坪隧道模糊逻辑控制系统的基本结构

4.5　隧道监控系统运营感知

完善的隧道监控系统包括：①交通监视检测系统，含车辆检测子系统，以获取一段距离内的车辆数、车速和占有率等参数；闭路电视子系统，对通过隧道的交通流进行直观的总体监视；紧急电话呼叫子系统。②交通控制系统，含交通信号灯、车道信号灯、可变信息情报板、有线广播等设备，以传达隧道开放、关闭的信息，车道全部或分段开闭信息，指导车辆减速、改道、紧急疏散的信息等。监控设备需采集设备用电数据、设备各部件变形数据、设备周围环境数据、设备拍摄图像清晰度数据等信息。

4.5.1　隧道监控系统概述

隧道机电工程中，通常将现场控制网络、交通监控系统、闭路电视系统、紧急电话系统、有线广播系统、环境检测系统均归类为隧道监控系统。

(1)现场控制网络。

隧道的现场控制网络采用工业以太网方式，分为三级。第一级为隧道管理所分中心控制，与隧道变电所监控环网构成控制、通信环网。第二级为隧道本地区域控制，与隧道内监控设备构成现场总线系统。第三级为主本地控制器控制级。利用双洞隧道可构成具有真正物理意义“环”的特点，将隧道内各本地控制器连接为冗余光纤环网。如若光纤因事故或火灾断开时具有真正意义的迂回路由可保证隧道控制通道的畅通。通过隧道变电所内工业控制计算机可以对隧道内区域控制器及其所控设备实施控制，进行在线实时监控、离线过程控制、远程维护等。主本地控制器设置在隧道变电所。

(2)交通监控系统。

交通监控系统由现场控制网络和隧道现场监控设备组成。现场控制网络主要由隧道上、下行区域控制单元(area control unit，ACU)、变电所内的 ACU、工业以太网交换机、连接光缆等组成，隧道的现场控制网络采用工业以太网方式。

(3)闭路电视系统。

隧道闭路电视系统由中控室内闭路电视监控设备、图像传输设备、外场摄像机等组成。具体的设备布设按设计要求。

①外场设备。在隧道的洞口设置全方位彩色摄像机(含云台、变倍镜头、自动光圈、解码器等)；在隧道内每隔 150m 设置 1 台具有背光补偿及强光抑制的固定彩色摄像机，配有自动光圈以适应光线的变化；隧道内车行横洞前增设 1 台全方位彩色摄像机(含云台、变倍镜头、自动光圈、解码器等)。

②传输设备。隧道内摄像机传输方案：外场视频图像传输至隧道管理站采用节点式传输方式。具体方式为：隧道外场每 3 台摄像机通过同轴电缆接入 1 台三路视频数字非压缩节点机，3 台三路视频数字非压缩节点机通过占用一芯光纤可将隧道内 8～10 路图像传输至隧道管理站内的 10 路视频数字非压缩节点机。视频图像在隧道管理站进行集中监视。

(4)紧急电话系统。

当隧道内行驶的车辆发生故障或隧道内出现交通事故及火灾等情况时，驾驶员或有关人员可通过隧道沿线设置的紧急电话分机及时地向中控室发出报警，以便通知有关部门迅速采取措施，确保隧道内的行车及人身安全。紧急电话系统由紧急电话控制台、紧急电话分机和传输线路构成。紧急电话分机的一般布设形式：在隧道内沿行车方向右侧每隔约 200m 布设一部紧急电话分机，隧道外距隧道洞口约 5m 布设一部紧急电话分机。隧道入口是驾驶员适应光线变化的路段，在此路段停车容易造成交通事故的发生，为此，在隧道入口 200m 范围内不布设紧急电话分机。在隧道内每部紧急电话分机上方距电缆沟顶面 3.3m 处设置一个双面显示紧急电话电光标志，用于指示紧急电话的位置。隧道紧急电话采用现场交流 220V 供电，电源取自隧道内的监控配电箱。

(5) 有线广播系统。

隧道设置有线广播系统，以便隧道出现紧急情况时，隧道管理站能利用隧道有线广播系统进行广播，及时疏导交通。在隧道管理所内控制台为主控制台，隧道变电所隧道管理站内控制台为副控制台，主、副控制台之间采用光传输。

隧道变电所内有线广播设备：主要由有线广播系统分控器、信源设备(含调音台、专用麦克风、卡座等)、信号放大器、光端机、防雷配线箱等组成。

外场有线广播设备：由隧道入口布设 1 台 25W 扬声器、隧道内每 50m 布设 1 台 15W 扬声器及传输线缆等组成。外场有线广播音区由软件分区。

(6) 环境检测系统。

包括一氧化碳/能见度检测器、风速风向检测器、气象监测站等。一氧化碳/能见度检测器一般设于隧道洞内距入出口约 250m 处及隧道中间。风速风向检测器一般设于隧道洞内距入出口约 250m 处。监控设备供电电源均为 220VAC，线缆压降按一般设备≤5%考虑。特殊情况压降不超过 10%。隧道综合接地网要求其接地电阻≤1Ω。隧道洞外设备安装电源避雷器及数据、信号防雷器。

4.5.2 隧道监控系统运营方法研究

国外对于高速公路隧道监控系统的研究及应用比较早，美国、加拿大及德国等的技术水平已经成熟和完善，并达到世界先进水平。这些国家在高速公路隧道内设置车辆检测器、光电池式检测器等，借助这些手段，实现了隧道内更精确的交通、环境信息监测与管理。例如，美国在 20 世纪 90 年代推出的 LONWORKS 分布式公路隧道监控系统技术，就极具代表性，其应用自动控制领域的网络技术监控隧道交通安全，效果理想；德国 Phoenix Contact 公司推出的 INTERBUS 现场总线技术，以及日本 OMRON 推出的 Controller-Link 环网控制技术，也都在隧道监控方面获得良好的应用。法国勃朗峰隧道属于特长隧道，为了更好地进行监控控制，在洞外特定范围内，设置了预监控与检测，避免超载或其他容易导致安全事故的危险车辆进入隧道。同时，在隧道内还设置了雷达式车辆检测系统，以监测车辆数和区间密度，随时进行有针对性的通行策略调整。国外关于高速公路隧道监控系统的研究与实践，为我国高速公路隧道监控系统发展，提供了良好的经验借鉴和实践参考[107]。

我国关于高速公路隧道监控系统的理论研究与实践应用不仅起步晚，而且发展水平也相对滞后。20 世纪 80 年代，上海延安东路隧道与深圳梧桐山隧道开始应用隧道监控系统，其后，成渝高速的中梁山隧道、缙云山隧道等，也相继通过引进国外设备，结合实际交通状况进行自主创新，实现了隧道监控。如今，随着我国高等级公路隧道的不断建成，高速公路长大隧道数量日益增多，隧道监控系统的应用也越来越普遍。

结合现有高速公路行业相关政策，基于工程管理运营的实际需要，对高速公路云监控平台进行探索，以实现监控图像视频流的转发、存储、设备养护管理、用户管理等功能，实现云计算、云存储、操作、虚拟化、集群管理能力的云化管理，解决“信息孤岛”问题，避免单点故障现象。

根据计算机系统(服务器、磁盘存储、防火墙、网络等)首先搭建基础设施层，再根据不同需求，分配不同大小的虚拟资源(如 CPU、存储、内存、防火墙等)，后期使用时可在各部署资源上安装操作系统，根据需求的变化，灵活分配资源。云计算中心具备软件扩展功能，可兼容硬件变更(硬件升级、更新、机房地址迁移)产生的影响，以云计算为基础的监控平台架构如图 4-13 所示。图中，IaaS 为基础设施即服务(infrastructure as a service)，SaaS 为软件即服务(software as a service)，PaaS 为平台即服务(platform as a service)。在基础设施层面，与 PaaS 服务模式融合，将大部分标准化的应用堆栈的功能抽象出来，以便上一层应用将自己创建或获取的应用部署到云基础设施上。上一层应用不会对底层云基础设施进行管理或控制(如网络、服务器、操作系统、存储等)[108]。

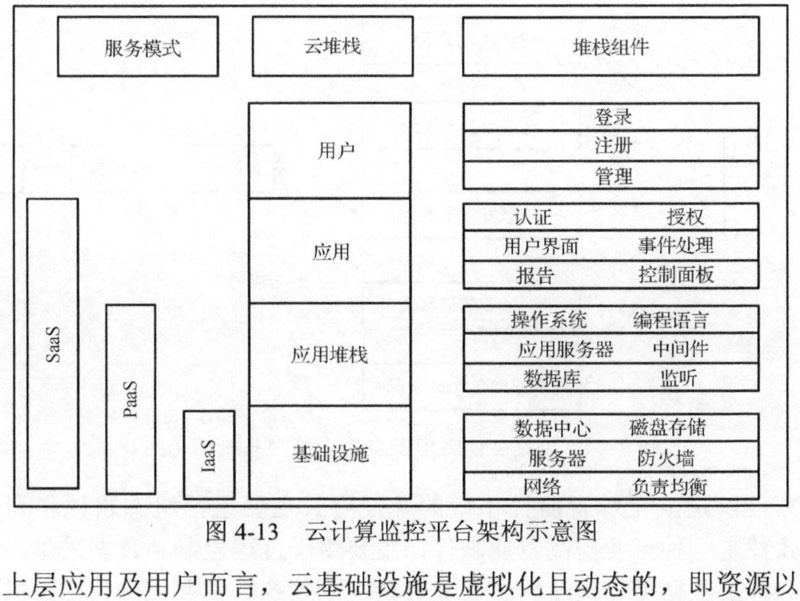

图 4-13　云计算监控平台架构示意图

针对上层应用及用户而言，云基础设施是虚拟化且动态的，即资源以一种弹性的方式增减，每一块云基础设施都有可能出现问题。因此，监控平台软件是以容错的方式设计的，有任何节点失效时，系统能够以一种降级的模式或者保持没有任何性能减退且有备用节点替换失效节点的状态，继续相关业务的运行。软件应用的状态存放在客户端，不存放在服务器端。

针对云安全的设计，即使各应用数据存储在各自的虚拟存储资源中，从物理存储的层面来看，依旧是存储在同一个存储设备中(服务器或网络录像机(network video recorder，NVR))。因此，在云构架的设计过程中，不管数据放在哪个物理存储设备中，对云服务中安全构架的设计也是必不可少的。安全架构的设计是根据“软件功能、客户期望、所存储数据的敏感性、风险承受能力”等因素综合确定安全构架的程度，进而明确云安全等级。

4.5.3 隧道监控系统智能感知技术应用

公路智能隧道安全综合监控系统是一款集数据采集、设备控制、信息管理为一体的规范化交通指挥控制系统。系统集成了数据采集服务、视频监控子系统、隧道监控子系统、信息发布子系统、综合业务子系统、报表查询及打印子系统等六大功能，并具备联网控制。它可以根据决策实现对公路隧道交通运行的宏观管理，充分发挥交通监控的路径诱导、多路径交通流量调控的功能，提升和优化公路网络的车辆通行能力。公路智能隧道安全综合监控系统结构如图 4-14 所示[109]。

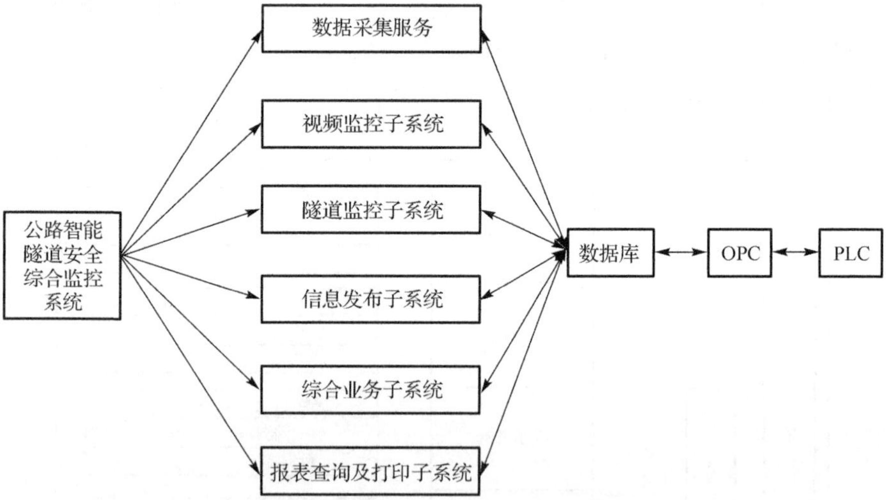

图 4-14 公路智能隧道安全综合监控系统结构图

公路智能隧道安全综合监控系统的开发方式主要包括组态软件和高级语言编写。组态软件是一种工业控制专业软件，主要用于过程控制和数据采集，用户通过拖拽图形和绑定数据可以快速构建工业自动控制系统。主要优点包括人机交互界面友好、系统性能稳定、开发简单。缺点在于组态软件不具备灵活的二次开发功能，另外，利用组态软件开发综合监控系统所需的后台管理和报表查询及打印功能难度大，且难以重复使用脚本语言，代码重复使用率比较低。综合监控系统主要是通过 C#、VB 等编程实现，通过面向对象的模块化开发方式，使得功能代码拥有了继承性，开发效率显著提高。但是高级语言的编写开发难度也比较大，需要高水平技术人员。在高级语言开发模式下，上位机监控程序通过中间件 OPC(OLE for process control)来实现与 PLC(programmable logic controller)的数据交互，OPC 是基于 OLE(object linking and embedding)和 DCOM(distributed COM)的通信程序，其架构为 C/S(客户/服务器结构 client/server)。尽管通过 OPC 进行数据交互速度略微慢，但是目前市场上的主流 PLC 均提供有标准的通用 OPC 接口，增加了开发的便利性。根据公路智能隧道安全综合监控系统的使用场景和周围环境情况，全面考虑公路智能隧道安全综合监控软件的运行稳定性、易开发性、使用便利性、代码复用性及流畅性等因素，选择高级语言开发模式，即利用 C#编写综合监控系统用户操作界面和 OPC 与数据库的通信工具，利用梯形图编写 PLC 终端控制程序。

4.6　隧道交通管控系统运营感知

4.6.1　隧道交通管控系统概述

随着经济的快速发展，大型桥梁、隧道逐渐成为城市道路建设的重要内容。相对于城市地面道路而言，隧道交通是完全封闭的。不同的交通环境导致了不同的车辆行驶特性。隧道内车流大、车速过快易引发交通事故，如未能及时发现事故的发生，并迅速采取措施控制车流，大量车辆会进入隧道或聚集在事故地点，对车辆撤离和事故救援不利，会导致事故进一步扩散。隧道交通管控系统通过采集交通流数据和现场环境数据，把信息按照特定协议传送至中心，经中心对数据进行分类、挖掘及融合等处理。在将信息保存的同时，结合交通控制与诱导需求下发送对应的控制命令或将诱导信息通过诱导设备发布，完成实时隧道交通管控[110]。隧道交通管控系统通过隧道环境感知、设备管控，加强对交通流的交通监视诱导，改善交通管理，提高道路服务水平；平滑主线交通流，控制行车速度，减少偶发事件引起的交通拥挤和阻塞，保证道路的通行能力，减少车辆延误；及时发现交通事故等异常，准确联动预案，避免二次事故的发生，保证道路安全畅通；实现隧道管理的安全、高速、高效、舒适和可持续发展。

4.6.2　隧道交通管控系统运营方法研究

隧道交通管控就是从某种安全的角度，根据隧道现场的交通运行状况对交通路段的车辆和人员通行进行的管控措施，实时优化交通设备数据，保障行车安全并提升出行效率。国外对隧道的交通管控使用外部管控，内部车道控制的方式。隧道交通管控手段具体分为入口控制、可变限速控制、车道使用控制[111]。

(1)入口控制，通过对车流高峰时段驶入桥隧车辆做管控，包含入口的调节和关闭。

①入口调节：在桥梁隧道入口处对车流行驶速率进行控制。

②入口关闭：当交通量较大时，入口容纳车辆接近极限，或当事件发生时，可采用摆放栅栏或更改车道灯状态等方式暂时关闭车道。

(2)可变限速控制：由设定可变限速标志对速度进行限制的方式实现。

(3)车道使用控制是一种在特殊情况下采用的控制方式，同时也是车辆分流、提高桥梁隧道通行能力的重要措施，主要包括车道关闭控制及可逆车道变向控制。

①车道关闭控制：当桥梁隧道车道有交通事件或有维修任务时，可视情况需要临时关闭车道。若桥梁隧道有多于一条同向车道，可根据实际情况封闭邻近车道使救援车辆沿该车道行驶。车道关闭控制由车道灯对交通流的管控实现。

②可逆车道变向控制：当产生交通事件时，由于事件对交通流的影响，会造成交通量方向不平衡现象的发生，为保证道路通行能力，可把某车道临时用作逆向行车道，结合车道灯等方式做出车道变向提示，以在最短时间内疏导被困车辆。

主要的交通控制方式有车速限制、车道管理、车辆超限控制等，在隧道外部，可通过单向交通控制方式对交通做组织管理。

4.6.3 隧道交通管控系统智能感知技术应用

隧道运营管理是一个复杂的系统工程，涉及许多部门、各种型号的设备、先进的技术等多方面的因素。有效的隧道运营管理手段对于减少隧道事故发生、防止隧道事故扩大、减少事故损失具有非常重要的作用。

山西省晋阳高速在牛王山隧道首次将基于全向广域毫米波逆向合成雷达精准感知技术应用于高速公路隧道的运行安全动态监测，并取得了较好的应用效果[112]。

1. 系统组成

雷达交通事件全自动检测系统由雷达传感器装置、光纤收发器、以太网交换机、雷达专用处理服务器、管理工作站及相关软件模块构成。

系统的硬件包括：雷达传感器、电源装置、雷达专用处理服务器、解密钥匙等。雷达传感器安装在隧道内侧壁，雷达传感器通过以太网交换机汇聚后通过光纤与安装在隧道管理站的雷达专用处理服务器构成小型局域网，实现底层设备与雷达专用处理服务器的通信，雷达专用处理服务器对原始数据进行专业数据分析和事件分析。

隧道管理站设置一台工作站，通过应用软件实现监测结果的显示并与现有云台摄像机、可变信息标志联动控制；晋城片区中心设置一台工作站通过通信系统与雷达专用处理服务器通信，接收从服务器输出的事件警报，实现对牛王山隧道的报警事件两级管理。

2. 系统功能

(1) 隧道运行动态监测。通过雷达对隧道交通运行环境的扫描监测，系统能够全天候、全照度持续监测隧道交通流的运行状态，实现对隧道内交通事故及车辆超速、慢速、停车、倒车、逆行、行人，动物、抛洒物等异常交通事件的精准监测，以及对车速、交通流量等交通数据信息的实时采集，实现隧道运行动态全事件监测功能。

(2) 视频监控系统集成联动。系统检测功能与摄像机联动，在雷达检测到异常事件时，能够根据事件发生位置，调用距事件发生位置最近的监控摄像机或云台摄像机指向事件发生位置，方便隧道值守人员及时地对现场情况进行查看和确认，对异常事件进行跟踪验证，提高事件发现、上报效率，方便管理人员在最短时间内做出及时应急处置。

(3) 隧道运行监测及智能预警(综合交通控制)。系统在监测到异常事件，管理人员第一时间收到报警信息的同时，系统会根据监测到的交通流变化及事件紧急程度进行智能分析研判，结合预先设置的相应预案与控制策略，形成预警信息及限制速度信息自动发布到道路可变信息标志上，对上游路段驾驶员进行智能预警及限速控制。

来自山西省高速交通事件数据统计分析报告数据表明，自使用毫米波雷达作为牛王山隧道主要交通检测传感器后，该隧道于 2017 年底退出了交通事件热点路段。实践表明，毫米波雷达事件检测系统的应用，实现了对隧道基础交通路况的自动化、智能化、数据化监控及隧道运行安全风险智能化的自动识别、自动预警、自动管控，有效地降低了交通事故，提高了管理效率和道路通行能力；在满足隧道交通运行实时状态监测需求的同时，大大节省了人员、设备设施的投入成本，减少了人工失误、系统疏漏导致的管理压力和经济损失，极大地减轻了管理人员的管理压力。

大型桥梁隧道交通综合管控系统以桥梁隧道交通作为管控对象，将成熟、稳定的工业组态技术引入交通信号控制领域。在此基础上设计集视频监控、事件发现与快速反应、交通数据采集与交通信息服务、交通事件发现与响应及车道信号控制等功能于一身的一体化集成联动的桥梁隧道交通综合管控系统(图 4-15)提高各系统间的协同和数据共享[113]。

系统按照基础支撑层、现场接收层、中心服务支撑层、中心服务层及用户展现层的划分方式组织。基础支撑层由微波、卡口、事件检测器、摄像头、可变限速标志、诱导屏、信号控制器、车道灯等交通设备构成，用于监测、控制桥隧中的交通流；现场接收层分布着各类设备对应的接收预处理服务，通过对设备的专有协议做协议转换，接收现场设备数据或向设备下发控制命令；中心服务支撑层是各个子系统实现数据交互和共享的关键层，提供事件检测、区间速度和旅行时间计算及桥梁隧道通行服务水平评价等服务，支撑管控客户端的各类服务；中心服务层面向用户提供具体的桥梁隧道管控功能，提供直观的现场交通运行监控数据；用户展现层主要由监控终端构成，支持一机多屏展示和大屏展示。

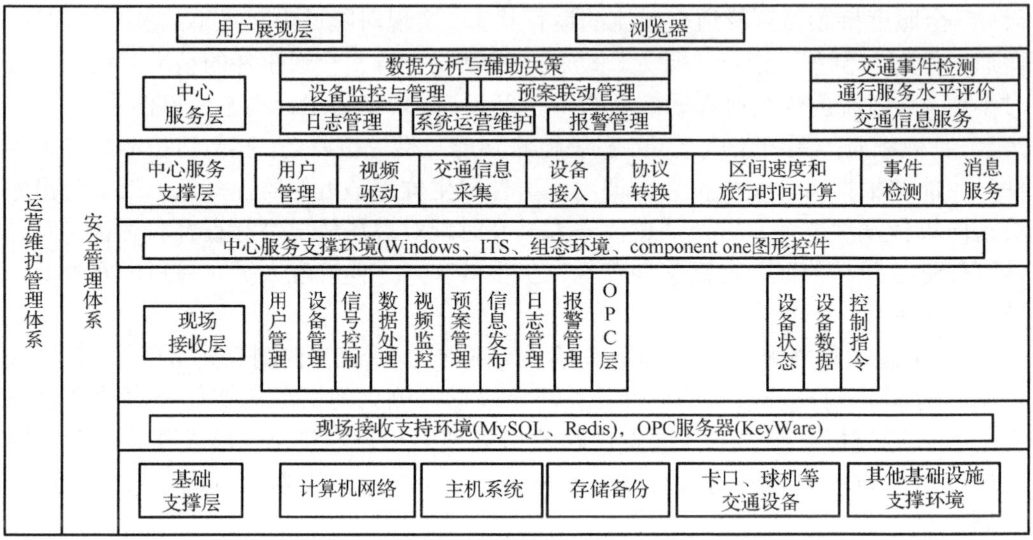

图 4-15　系统结构图

第 5 章　隧道交通云智能感知技术与方法

5.1　隧道内交通事故感知技术

5.1.1　隧道交通事故概述

交通事故的时间分布是指交通事故随时间变化的统计特征，交通事故的时间分布与交通活动和交通环境都有着密切的关系。交通活动，如交通流量大小、速度特性等在一年内的不同月份上、一周内的每一天及一天的不同时段上一般具有其固定的规律性。交通事故的自然环境，如季节、天气情况等，其时间变化规律更加明显。显然，交通事故具有随时间变化的特征，分析交通事故的时间分布特征，可以揭示交通事故的发展趋势，为进一步研究交通事故的形成原因提供依据。

交通事故的空间分布是指交通事故在城市、农村、各种类型的道路上，以及在具体路段、交叉口上的分布情况。由于交通环境不同、交通组成不同、交通分布不同等原因，交通事故在空间上有不同的分布特征。分析高速公路隧道交通事故的空间分布特征，掌握交通事故在不同位置的分布情况，不仅可以有的放矢地预防交通事故，也可以改善交通安全状况。在人、车、路和环境系统中，驾驶人通过视觉、听觉、触觉器官从交通环境中获得信息，经过大脑处理做出反应和判断，再支配手、脚运动器官操纵汽车，使之按驾驶人的意志在道路上行驶。白天当驾驶人从隧道外驶进隧道内时，由于隧道的“黑洞效应”，驾驶人会不由自主地适当降低车速；进入隧道后，由于人眼视觉上的滞后性作用，驾驶人会产生视觉上的盲区，一般需要经过 4～9s 后才会逐渐适应；当驾驶人接近隧道出口附近时，由于隧道的“白洞效应”，驾驶人无法准确地判别与前车的间距，为此会先降低车速，待逐渐适应后再加速。在夜间行驶，其效果正好与白天相反，驾驶人一般先减速，待适应后再加速，在即将驶出隧道时再减速，最后驶出隧道的一段距离后再加速。

高速公路隧道的交通事故分布呈现如下特点：在洞口附近交通事故发生的概率高，车辆进入隧道时，由于路面工况的瞬间改变造成车辆侧滑，以及受暗适应的影响，驾驶人处于弱视阶段；随着隧道长度的增加，隧道交通事故频数逐渐减少，但当隧道长度增加到某一长度后，交通事故频数急剧增加；隧道内部设置明洞对驾驶人的视觉影响较大，当司机由南往北进入隧道，光线变暗，但行驶到明洞时，光线变亮，然后再次变暗，短距离内光线强度变化频繁，使司机的视觉极难以适应。

研究交通事故形态的目的在于根据各种交通事故形态的分布情况，找到导致各种事故形态发生的原因，抓住其中具有共性的问题，鉴别事故多发地并对其重点监控及管理。目前，国内外对交通事故多发点已有一些研究，存在多种判别方法和理论，但其适用范围因国情、地区间的差异及研究目的的不同而有所区别。现将常用方法归纳如下[114]。

1)事故频率法

该方法选取临界的事故次数作为鉴别标准，如果某路段的事故次数大于临界值，则被认为是事故多发点。该方法的优点是计算与选择方便、一目了然；缺点是当若干地点事故次数相差不多时，难以做出客观的判断，即该方法没有考虑不同地点的道路环境条件及交通条件差异，可能导致将非事故多发点当作事故多发点进行改善。因而该方法只适用于鉴别小型的交叉口或道路系统。

2)事故率法

对路段而言，该方法以每年百万车公里的事故次数作为评价标准；交叉口则以百万车的事故次数作为评价标准。当路段或交叉口的事故率超过某一可接受的临界值时，即被认为是事故多发点。由于考虑了交通量与路段长度的影响，该方法要优于事故频率法。但是，这种方法容易导致两种情况：具有低交通量、低事故数的路段拥有高事故率；而具有高交通量、高事故数的路段拥有低事故率。因此，当以它作为唯一标准进行事故多发点鉴别时，同样也可能导致将非危险路段当作危险路段进行改善，或过滤掉了更为危险的路段。

3)矩阵法

该方法把事故频数和事故率结合起来作为鉴别事故多发点的标准，水平轴代表事故频数，垂直轴代表事故率(图 5-1)。

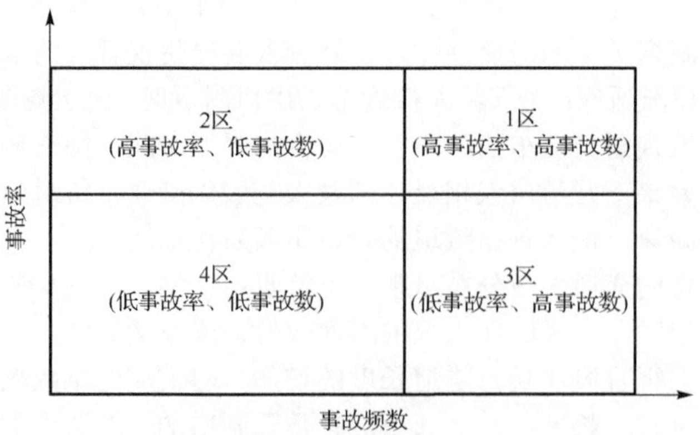

图 5-1　矩阵法

在鉴别事故多发点(段)时，将处于 1 区(高事故率、高事故数)的点(段)重点考虑，对于 2 区(高事故率、低事故数)和 3 区(低事故率、高事故数)的点(段)则应当加以具体的分析，在保证对危险点(段)采取改善措施的最优效益分析研究的基础上有所取舍。

该方法的优点在于矩阵的大小可以根据使用者的需要来确定，同时兼顾了事故频率法和事故率法；缺点是只表示了路段的危险程度，而不能对低事故次数、高事故率的路段或高事故次数、低事故率的路段做出本质的区别，只是简单地将其看成非事故多发点，同时也没有考虑临界值与严重程度的决定性作用。

4) 当量总事故次数法

该方法通过一些计算方法赋予受伤及死亡人数一定的权值来计算事故的严重程度，其基本公式为

$$\mathrm{ETAN} = k_1 F + k_2 J + \mathrm{TAN} \tag{5-1}$$

式中，ETAN 为当量总事故次数；F 为事故中死亡人数；J 为事故中受伤人数；TAN 为总事故次数；k_1、k_2 为死亡、受伤人数的权重。

由于该方法没有考虑交通量和路段长度，也存在与事故频率法同样的缺点，同时权值的确定对结果的影响也非常大。

5) 质量控制法

该方法首先假设任何情况下，交通事故发生的概率服从事故频率的泊松分布，即某交叉口或路段在时间 t 内发生 n 起交通事故的概率为

$$P(n|u,t) = \frac{\mathrm{e}^{-\mu t}}{n!}(\mu t)^n, \quad n \geqslant 0 \tag{5-2}$$

式中，μ为该交叉口或路段的事故频率；n 的均值与方差分别为 $E(n) = \mu t$，$\mathrm{Var}(n) = \mu t$。若这一分布的置信水平取 95%，则上限值 R_c^+ 和下限值 R_c^- 为

$$\begin{cases} R_c^+ = A + k\sqrt{\dfrac{A}{M}} + \dfrac{1}{2M} \\ R_c^- = A - k\sqrt{\dfrac{A}{M}} - \dfrac{1}{2M} \end{cases} \tag{5-3}$$

式中，R_c 为临界比率，R_c^+ 为上限值，R_c^- 为下限值；A 为相似类型交叉口或路段的平均事故率；k 为统计常数，如取 95%置信度，k=1.96；M 为特定地点在调查期间的平均车辆出现数。

如果所考察路段的事故率大于上限值，则被认为是事故多发点，应采取措施；如果事故率在上下限之间，则应酌情处理；如果事故率小于下限，则被认为是事故较少地点。从本质上讲，质量控制法是一种基于假设的理论性方法。实际应用表明，

该方法要比传统的统计方法好，但它没有确定事故多发点改善的优先次序，也没有考虑事故的严重性程度。

6) 临界率法

该方法首先选取道路使用者能够忍受的最高事故率作为临界率，对于不同的临界率，根据显著性水平，对任一给定路段给出相应事故多发点最低的事故率。当某一路段的事故率超过临界的事故率时，即被认为是事故多发点。由于统一考虑了事故多发点的重要特征(包括事故的严重程度、交通量和路段长度)，该方法要优于以上各种方法。同时，通过选取不同的危险率，该方法能够确定事故多发点改善的优先次序。但是，随着经济的发展和人民生活水平的提高，临界率也是变化的。为此，有关部门应该及时更新数据库，以便根据交通事故及道路改善资金的情况选取合适的临界率。

7) 利用交通冲突技术(traffic conflicts technique，TCT)鉴别事故多发点

两个或多个道路使用者在一定的时间和空间上彼此接近到一定程度，此时若不改变其运动状态，就有发生碰撞的危险，这种现象称为交通冲突。冲突点并不意味着事故点，但在这些点上发生交通事故的可能性较大，冲突点的数量与事故起数是成正比的，因此进行交通冲突分析，建立路段的交通事故模型，可以对事故多发点进行识别和筛选。

8) 累计频率曲线法

累计频率曲线法是计算各事故起数的频率和累计频率，以单位区间事故起数为横坐标，累计频率为纵坐标，生成累计频率曲线图。该方法在确定事故的“正常值”和“突出值”时采用了一个相对的概念，这样就避免了一个统一的“正常值”不能适应各条道路不同的事故状况的矛盾。因此，该方法能够适应中国目前事故差别大、道路安全基础研究缺乏的实际情况。

从以上分析可以看出，各种鉴别方法虽然都能从不同的角度出发来鉴别事故多发点(段)，但它们都有一定的适用条件限制。因此，在研究事故多发点(段)中，不仅要考虑鉴别方法的适用范围，还要考虑鉴别方法的应用特点，以提高鉴别结果的准确性。

5.1.2　隧道交通事故影响因素分析

高速公路隧道交通事故是在“人-车-隧道环境”组成的系统中，由于它们自身或相互作用失调而造成的，人、车和隧道环境是影响高速公路隧道交通安全的基本要素。从安全系统工程学的观点而言，只有详细地分析交通事故的成因，找出交通事故发生的规律，才有可能采取有效措施对交通事故的发生进行控制。因此，分析交通事故的成因必须从系统的角度出发，综合考虑交通事故产生的人、车和隧道环境的影响，为消除交通事故隐患指明方向。

1. 人的因素分析

交通事故中的人，一般包括驾驶人、乘车人、骑车人和行人，由于高速公路采取了全线封闭、全立交等一系列安全措施，排除了行人、非机动车辆对交通过程的干扰，这为高速公路隧道路段的行车安全提供了有效保证。因此，人的因素分析，主要就是分析驾驶人交通行为和隧道管理者行为。

1) 驾驶人交通行为

国内外的事故统计资料表明，人的失误是导致交通事故的主要原因。驾驶人在高速公路隧道环境中发生行为失误的基本原因，是驾驶人对外界条件有限的适应能力与现代交通工具的高速度之间的矛盾。这种矛盾使驾驶人在高速公路隧道环境中容易出现各种失误，主要表现为驾驶人在行车过程中的观察、判断和操作三个环节上出现的失误。此外，在高速公路隧道路段上，驾驶人会产生恐惧、烦躁情绪，以及压抑的感觉，这些不良的心理反应也很容易导致驾驶人操作失误，进而诱发交通事故。下面就驾驶人在高速公路隧道路段上行车时的心理和生理变化特征进行探讨，以便了解驾驶人造成交通事故的真正原因，从而有针对性地加以治理。

(1) 视觉特性。阻断感对于驾驶人来说，容易在心理上产生紧张感、恐惧感。在白天，进入隧道时会产生“黑洞效应”，驶出隧道时会产生“白洞效应”，这种现象对行车来说是极其危险的。

(2) 灯光照明。隧道作为一种近乎封闭的结构物，仅靠灯光照明，远没有洞外日光明亮、舒适、均匀，并且周围所看到的只是有限的空间和视线范围，明暗分明的环境状况远不如外面开阔、悦目，难免产生压抑、不舒适感。

(3) 边墙效应。即隧道边墙给驾驶人带来的唯恐与之冲撞的心理影响，这种影响会使驾驶人产生紧张心理，从而使其反应迟钝，甚至很难沉着、准确地操纵车辆。而且，在车速较高的情况下还会产生一种恶性循环，即越想早驶出隧道，越害怕操作不慎撞上边墙，也就越紧张。

(4) 噪声污染。隧道内的噪声主要由射流风机产生的噪声和车辆运行过程中产生的噪声两部分组成，这两种噪声相互交织在一起，并通过墙体反射，形成一种混响噪声，再加上车辆在隧道内的振动，容易引起驾驶人的烦躁与不安。

(5) 空气污染。车辆在隧道内行驶排放出多种有害气体，如 CO 在通风不良的情况下在某些地段的积蓄会使人感到不适，当超过一定浓度时会使人中毒、窒息；排放的烟雾则造成隧道雾状环境，使能见度降低，使驾驶人的视线受阻，对行车安全不利。

(6) 对隧道设施使用不当。由于驾驶人可能对隧道内有关标志、标线、交通信号灯、火灾报警、消防与避难等设施缺乏相应的认识，在发生紧急情况时对出现的某些灯光提示信号、报警声响缺乏理解，以致延误时间、失去救援良机。

2) 隧道管理者行为

隧道管理者行为指隧道管理部门在隧道运营管理过程中，因管理不善或操作失误而造成的交通事故。归纳起来，大致可以分为以下 3 个方面。

(1) 隧道内某附属设施损坏，但隧道管理部门忽视其对隧道运营的影响，未及时进行维修。由此而引发的交通事故，隧道管理部门有不可推卸的责任。

(2) 在隧道养护作业过程中，养护人员安全意识淡薄，未摆放施工标志、标志不全或未按规定要求摆放安全施工标志，甚至长时间占用车行道，进而导致隧道内运行车辆驶入作业区而引发的交通事故；此外，由于养护人员长时间在单一的环境下作业，常常产生麻痹、懒惰思想、侥幸心理，不按要求作业，也容易引发交通事故。

(3) 当隧道路段发生交通事故后，路政、交警部门未能迅速赶到事故现场，交通事故得不到及时处理，导致隧道内发生交通拥挤，甚至可能引发二次事故。

2. 车辆因素分析

车辆因素主要是指机动车的因素，车辆是现代道路交通中的主要元素，车况好坏是影响道路交通安全的直接因素。由于隧道是一个近乎封闭的结构物，进出口只有一个，只要车辆进入隧道内，就失去了自主能力，不得不“随波逐流”。因此，对车辆因素的分析，主要从车辆的使用性能和车辆运行的交通条件两个方面考虑。

(1) 车辆的使用性能。车辆在一定条件下，正常行驶所具有的工作能力就是车辆的使用性能，主要包括动力性、制动性、操纵稳定性、可靠性、舒适性等。根据高速公路隧道行车特点，主要从操纵稳定性、制动性和轮胎 3 个方面进行分析。

(2) 交通条件包括交通组成、交通量和车速。在相同的道路条件下，交通组成不同，会引起交通事故的不同；交通量的大小会引起事故类型、事故率的变化；车速的快慢对交通事故发生的可能性及严重性有着直接的影响。

3. 隧道环境因素分析

人、车辆对交通安全的影响可以说是局部影响，而隧道环境则影响高速公路隧道交通安全的整体。本节主要从隧道线形、隧道路面条件、隧道通风照明条件、标志标线和天气情况来考虑隧道环境对交通安全的影响。

(1) 隧道线形。公路隧道线形主要指隧道的平面线形和纵断面线形，这两方面是相辅相成而非完全独立的。

(2) 隧道路面条件。一般地说，国内外对隧道铺面的材料和功能研究比较少，在进行隧道路面设计时，通常套用公路或城市道路设计规范，而没有考虑到隧道路面对交通安全的特殊要求。由于隧道处在相对封闭的环境中，湿度较大，有害气体浓度较高，这些因素对路面抗滑的耐久性都有一定的影响。一旦路面的抗滑性能下降，必将对交通安全产生一定的影响。隧道路面抗滑性能下降的主要影响因素有路面材料本身的性能缺陷、水的作用、隧道内部环境的综合作用和施工工艺的缺陷。

(3)隧道通风照明条件。在隧道运营期间，为了有效地排放隧道内的有害气体及烟尘，保证司乘人员及洞内工作人员的身体健康，提高行车的安全性和舒适性，通常需要按一定的方式不断地向隧道内送入新鲜空气，即隧道运营通风。如果单从交通安全及舒适角度考虑，全横向式通风最为理想，这样沿纵向几乎没有风流动，有利于行车安全和防火。但考虑到经济性，现在的高速公路多采用纵向通风，因此应使其风速小于规范值，否则应当改变通风方式或进行分段式通风。

公路隧道的照明是为了把必要的视觉信息传递给驾驶人，防止因视觉信息不足而出现交通事故，从而提高驾驶上的安全性和增加舒适感。洞内路段照明和洞外路段照明对隧道交通安全都具有重要意义。在满足规范要求下，应当尽量使洞口外路段保持低亮度，以与洞口的低亮度相协调。这样不仅可以节约照明费用，而且还能使驾驶人尽快地适应明暗过渡。

(4)标志标线。标志标线的作用是加强驾驶人在公路隧道内安全行车的意识，因此，标志标线的设计应满足简洁明了、可视性好的要求。一般来说，标志由隧道标志、限高标志、紧急电话指示标志、消防设备指示标志、行人横洞指示标志、行车横洞指示标志、紧急停车带标志和疏散指示标志等组成。一般来说，标线由道路标线、突起路标、轮廓标和诱导标线组成。

标志、标线是合理利用道路有效面积、改善车流行驶条件、增加道路通行能力、减少交通事故的重要手段。但目前我国高速公路隧道交通工程设施的科研和投资较少，设施标准不完善，致使设施的设置显得严重不足，并且缺乏科学性，不能满足高速公路隧道安全行车的需要，这对高速公路隧道的交通安全极为不利。

(5)天气情况。虽然隧道内路面不直接经受雨水的作用，但当雨天汽车车轮将水带入隧道，可引起隧道内数十米长的路面湿滑；或当有一定的纵坡且未设置路面横向截水沟时，路面表面水可流入隧道内。隧道内的通风不如高速公路基本路段，加上没有日照，使得隧道内潮湿的路面不容易消干，即路面摩擦系数小的时间比高速公路基本路段多得多，再加上汽车尾气的污染，使得路面抗滑能力进一步降低，很容易发生交通事故。

4. 综合作用分析

国外在进行事故成因分析时，多采用“起作用的因素”这一名词。摩洛哥道路理事会的研究表明，92%的道路交通事故中道路使用者和道路环境影响是起作用的因素。同样，英国运输和道路研究所也提示了同样的事实，65%的事故原因中，道路使用者的失误是唯一起作用的因素；96%的事故原因中，道路使用者的失误和道路环境的影响是起作用的因素。

尽管因隧道环境不良直接造成的交通事故相对人和车辆来说是较少的，但人和隧道环境共同作用而引发的交通事故却明显多于人和车辆之间作用、车辆和隧道环境之间作用而引发的交通事故。可见，在交通事故的发生中隧道环境起到了重要的诱导作用，即高速公路隧道环境因素不容忽视。

5.1.3 交通事故感知技术

1. 视频事件检测方法

视频事件检测方法属于“直接检测方法”，是使用图像处理技术来发现停驶车辆的一类方法。这类方法实际上是“看到”发生了交通事件而不是通过交通事件的影响来检测到它的存在。从潜在的意义上看，在检测速度方面远远胜于“非直接检测方法”。影响视频检测精度的因素主要包括光学噪声、照明条件、能见度和图像遮挡。光学噪声是指在检测区域内，车辆前灯反射和相邻车道的车辆阴影导致图像对比度的变化，干扰视频的分析处理，从而引起检测误差。视频处理器能够通过算法调整来消除光学噪声，提高灵敏度。可见光视频车辆检测器通过检测周围环境照明和图像对比度自动选择检测算法，通过算法在一定程度上消除照明的影响。但如果将视频车辆检测器布设在互通附近，利用互通的路灯照明，则可在相当程度上抵消照明条件的影响。对于能见度的改变，可见光视频检测仍是通过算法调整来消除影响，但对于极低能见度，可见光视频检测很难满足检测要求。

图像遮挡分为前后遮挡和侧向遮挡。前后遮挡是指在检测域内，一辆大车后面紧跟一辆小车，小车被遮挡而漏检。产生前后遮挡主要是因为摄像机高度和检测域距摄像机的距离设置不当。当摄像机高度高于 10m，并且检测域距摄像机的距离小于摄像机高度的 10 倍时，基本上不会发生前后遮挡。侧向遮挡是车辆挡住了相邻检测域内的车辆，使该检测域发生漏检。产生侧向遮挡主要是因为摄像机高度和摄像区域设置不当。当摄像机高度高于 10m，摄像区域与路面宽度相配时，基本上不会发生侧向遮挡。而且高速公路上车辆行驶速度通常都在 60km/h 以上，车辆紧跟的现象基本不会发生，如果摄像机的位置适当，图像遮挡的问题将基本不会出现。

视频车辆检测器的优点主要体现在安装维护简便，提供图像监视，检测静止车辆并提供多种交通数据信息等方面。视频车辆检测器的安装简便，无须破坏路面就可以设置虚拟检测域；不干扰正常交通，维护工作简单，只需偶尔清洗摄像镜头，调整方便；可随时调整检测域的设置，以满足不同的交通应用和道路覆盖范围；最大的好处是无须因道路维修而中断交通检测。视频车辆检测器综合利用了摄像机的交通监视功能和车辆检测器的交通参数检测功能。在事故易发地段设置视频车辆检测器，除可检测到交通事故外，还可为交通管理提供可视图像做参考。由于视频车辆检测器利用视频图像进行检测，因此可检测静止的车辆。而感应线圈只有在车辆行驶产生感应电流时才具有检测作用，因此不能检测静止车辆。视频车辆检测器可提供大量交通数据信息。单台摄像机可检测一个车道，可同时进行交通参数检测、停车车辆检测、车辆排队检测、自动事故检测，相当于复用了多种检测器的功能。

2. 雷达事件检测技术

有效的隧道运营管理手段对于减少隧道事故发生、防止隧道事故扩大、减少事故损失具有非常重要的作用。目前，国内外常用的几种交通信息检测技术有线圈、微波、红外视频、数字视频、机器视觉、超声波检测等。视频检测技术是应用较为普遍的一种交通信息、交通事件检测技术，但检测效果和精准度容易受到雨雪雾、光照、沙尘、雾霾、隧道环境污染等外界环境的影响，经过十余年的应用，其有效性和准确性已受到较为广泛的质疑。在交通事件检测和信息采集领域迫切需要一种全天候工作、受环境影响小、检测准确、可智能运行的检测技术。新型雷达事件检测技术的出现，满足了以上各种需求和技术要求，为隧道交通运行状态检测及交通事件检测提供了一种可靠的、全新的技术手段。在各种文献和实际应用中，基于视频、微波和线圈的检测技术应用较为普遍，技术比较也已经很多，全向广域毫米波逆向合成雷达事件检测和视频事件检测比较如表 5-1 所示。

表 5-1　全向广域毫米波逆向合成雷达事件检测和视频事件检测比较

关键指标	全向广域毫米波逆向合成雷达事件检测	视频事件检测
误报率	全天候低误报，24 小时≤1 次	误报率较高
工作条件	全天候、全照度、全事件检测	环境依赖性强，受眩光、低照度、雨、雪、雾、烟、尘等影响，无法实现准确检测
运行维护	不受气候、油污、烟尘影响，五年免维护	需要定期保洁，清洗摄像头；维护过程中需要交通管制，维护成本高，存在安全风险
监测距离	可实现远距离监测，可实现直径 1km 范围内的监测	覆盖距离有限，一般单摄像头可覆盖单向 20m
监测目标	可以检测到行人和抛洒物（25cm）	可以检测行人和抛洒物（50×50cm）

5.2　隧道火灾感知技术

5.2.1　隧道火灾概述

隧道由于结构非常复杂、空间较小，一旦发生火灾，人员疏散及救援非常困难，容易造成火龙式的蔓延。在火灾发生过程中，会产生大量浓烟，且不易排除，导致公路隧道火灾及易造成极大的危险和人员伤亡。对国内外一些隧道火灾发生的特点进行总结分析，主要有以下几点[115]。

(1)烟气蔓延快、危害大。公路隧道由于在建造过程中存在非常大的难度和高造价，所以通常建造空间较小。对于那些较长的隧道，就如同一个密闭空间，一旦有火灾的发生，内部的排烟难度非常大。隧道中一旦发生火灾，其本身的燃烧速度非常迅猛，其内部热量及烟气等不容易发生扩散，加之隧道这种狭长烟囱的特点，其内部的烟气在整个隧道内蔓延得非常快。除此之外，火灾发生还会破坏隧道内的各种照明等，由于烟雾弥漫，其内部的能见度很低，还有不充分燃烧产生的一氧化碳及其他有害气体，给火灾扑救带来很大的难度。

(2)温度传播快。公路隧道设计得狭长封闭，使其本身在发生火灾时，其内部的温度迅速升高。根据实际火灾的案例来看，热气流及辐射很容易使汽车油箱发生爆炸。而且热气流的存在，一旦碰到易燃、易爆物品，可使隧道内的火势更加迅猛。

(3)人员疏散难度大。由于公路隧道横断面较小的特点，一旦发生火灾，很难有效地进行人员及物资的疏散。而且在火灾发生过程中，其本身燃烧的一些烟气及温度的扩散，使得在整个过程中疏散非常缓慢，并且烟气以及温度也很容易对人们产生危害，并降低一些消防设备的使用效果，导致人员疏散困难。

(4)扑灭困难。公路隧道一旦发生火灾，其隧道内很快就会充满一些高温烟气，使得整个灭火条件非常恶劣，消防人员也很难接近火源进行根本性扑救。尤其是当火灾发生在隧道的中部时，消防人员很难到达火源点，一些消防设施及水源的补给工作相对困难，再加上隧道内的照明保障困难，就使得整个灭火过程非常困难。

(5)救援及应急响应难度大。由于公路的隧道修建地址比较偏僻，而且大多在荒郊野岭，消防车很难快速到达进行扑救工作。隧道火灾一旦发生，其火势非常迅猛，当消防部门到达火灾地点时，火势往往已经初具规模，给灭火救援带来困难。并且，随着汽车保有量的增加，火灾一旦发生，其造成堵车的现象严重，严重阻碍了消防车辆的到达。

5.2.2　隧道火灾影响因素分析

在隧道火灾中，常常存在一些重要的环境条件，如隧道侧壁、纵向风、低压环境等，这些环境条件会对隧道火灾产生较大的影响。

1. 隧道侧壁

隧道是一种狭长结构的建筑物，其内部环境条件具有一定的复杂性。隧道宽度方向尺寸相比于长度方向要小很多，在宽度方向受到限制，而在长度方向又有较大延伸。由于有限的宽度方向尺寸，隧道内车辆发生火灾时，火源与隧道侧壁发生作用的火灾情形十分普遍。火灾事故一旦发生，容易形成侧壁受限火灾。火灾沿侧壁发展时，侧壁使得隧道火灾的火焰长度比开放空间的非受限火焰更长，这也增加了火灾的危险性。

侧壁限制在实际火灾场景中是一个非常重要的环境条件，会对火焰的几何形态产生重要影响。最早关于壁面限制火灾的研究始于开放空间的壁面火。最早提出的镜面模型，用于预测壁面火的火焰高度。随后有学者考虑壁面的摩擦阻力和热量损失，提出采用虚点源的概念来研究壁面火与墙角火的火焰高度和火焰竖直温度分布。通过小尺寸实验研究了不同受限条件下(开放空间壁面火和隧道内火源距离侧壁不同距离)火焰的空气卷吸、火焰形状和高度。结果表明火焰高度随着火源与侧壁距离的减小而增加，火源紧贴隧道侧壁时的空气卷吸量仅为火源位于隧道中心时的 46%。

2. 纵向风

由于隧道内部车辆过往形成的活塞风及机械通风等因素的影响，隧道内部往往会形成沿隧道轴向流动的纵向风。纵向风是影响隧道火灾燃烧和烟气运动特性的另一个重要环境条件。一般情况下，较小的纵向风会增加氧气的供应，对火灾发展起到促进作用；但是，当纵向风较大时，冷却作用也较为明显，这又在一定程度上抑制了火灾的发展。除了对空气供应和对流换热的影响，纵向风还可以显著地改变火灾的火焰形态，火焰形态变化对火源本身的燃烧特性及火源对环境的热量传递特性都会产生较大的影响。

纵向风是影响隧道火灾燃烧特性的重要环境条件。一般情况下，纵向风形成的强迫对流能够影响火焰与周围空气的卷吸，促进燃料蒸气与空气的混合，造成更为严重的火灾危害。另外，风速较大时，新鲜空气对火灾环境具有一定的冷却作用，这可能在一定程度抑制火灾的发展。

3. 低压环境

近年来，随着经济发展的需要，高海拔地区(低压环境)的隧道数量日益增加，如位于西藏自治区的米拉山隧道和位于青海省的长拉山隧道，它们的平均海拔分别约为 4800m 和 4500m，对应的环境压强分别约为 56kPa 和 58kPa，环境压强几乎为常压的 1/2。随着海拔的增加，空气密度逐渐降低，环境压强也相应降低。环境压强的变化会直接影响隧道内火灾烟气的质量输运与热量传递过程，进而导致烟气运动规律的变化和烟气控制效果的改变。

实际隧道火灾发生时，往往不止一种环境条件作用于火灾。侧壁限制和纵向风很有可能同时作用于火灾，这会对火灾的火焰形态特性、燃烧特性及热量传递特性产生一定的影响。同时，对于低压环境下隧道火灾，采用纵向机械通风方式对烟气进行控制时，则会出现低压环境和纵向风对火灾烟气的共同作用，二者的共同作用也会对烟气的控制效果产生一定的影响。

5.2.3　火灾感知技术

(1)依据火灾发生的必要条件以温湿度感知相结合的方式构建了温湿度感知模块，对隧道火灾进行预测。采用 ZigBee 物联网技术构建了空气质量监测模块，监测多项隧道内污染物含量。最后搭建了调控模块，依据温湿度感知模块和空气质量监测模块的数据远程调控隧道内机电设备。系统以信息感知层、数据分析层、数据传输层、数据处理层、执行层为构架，实现了火灾预测和隧道空气质量调控，提高了监测系统的运行和处理能力[116]。

①隧道温湿度检测系统。现有理论将火灾预测和空气质量监测结合起来，提出了一种更完善的隧道火灾监测系统。本监测系统从执行层次上分为信息感知层、数据分析层、数据传输层、数据处理层、执行层，功能模块由温湿度感知模块、空气质量监测模块、调控模块组成，其整体架构如图 5-2 所示。

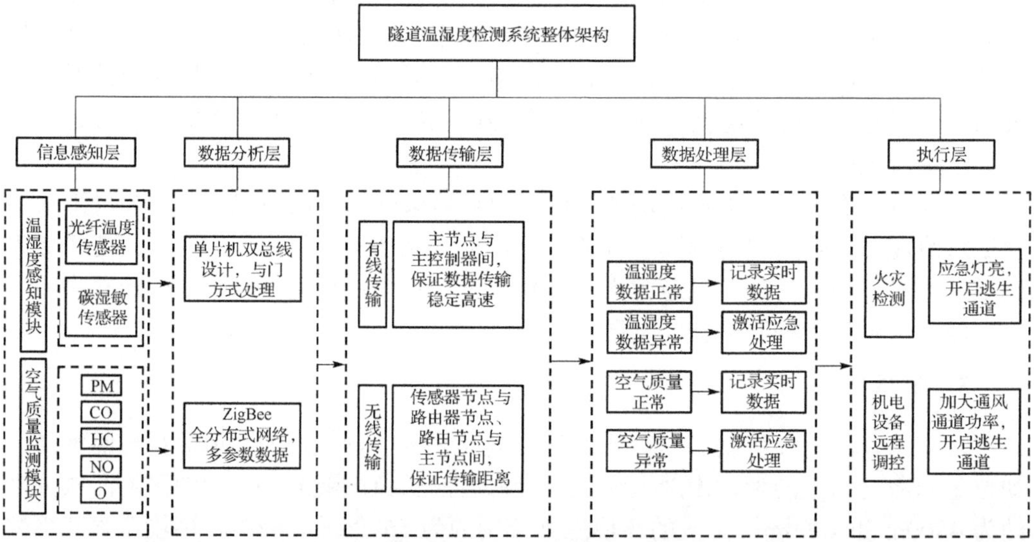

图 5-2　隧道温湿度检测系统整体架构

其中，信息感知层由温湿度感知模块和空气质量监测模块构成，温湿度感知模块能够通过温湿度传感器实时反馈隧道内监测点温度、湿度的数据，空气质量检测模块能够监测隧道内各项空气参数；数据分析层负责对信息感知层数据进行分析；数据传输层传输处理好的数据以进行下一步的储存或调控等操作；数据处理层表现为主节点对传输的数据进行处理，下达记录实时数据或激活应急处理的指令；执行层由调控模块控制，调控逃生通道和应急灯等机电设备的运行，预测火灾的发生，根据空气参数调节隧道内通风设备的运行，保证隧道内空气质量。

②温湿度感知模块。虽然引发隧道火灾的原因很复杂，但其本质仍是火焰的产生，发生火灾仍需满足燃烧三要素。燃烧三要素中，可燃物和火源对于监测属于不可控因素，但引发火灾所需的高温及低空气湿度是可测量的。隧道火灾发生前，隧道内温湿度监测点的数值变化一定会达到一个临界点，若能实时并且快速地得到监测点温湿度的数据，就能在数据达到临界点时实现火灾的预测，因此可以通过对隧道内温度及湿度的感知实现隧道火灾的预测。

在长大隧道中传输距离长，测温方式不直接接触火源，需要监测并传输空间温度的实时数据，且要满足温度的急剧变化，因此需选择一种测量范围广、分辨率高、能实现稳定远程传输的温湿度传感器。光纤温度传感器采取非接触式测温方法，依靠受温度影响折射率发生变化的方式感温，无须接触火源，分辨率为 0.1℃，空间分辨率可达 3m，传感距离为 20～40km，灵敏度高，传输距离长，测量范围广，且是无源器件，对被测对象不产生影响，不会产生设备引发火灾的情况，光纤耐高压、耐腐蚀，在易燃、易爆环境下工作可靠，其特性可满足隧道内温度感知的需求，因此本系统采用光纤温度传感器来实现温度感知。当隧道内空气相对湿度较低时，极易发生火灾，因此需选择一种能够测量空气相对湿度且灵敏度高的湿度传感器。碳湿敏元件具有响应速度快、重复性好、灵敏度高、无冲蚀效应和滞后环窄等优点，测量不确定度不超过±5%RH(相对湿度)，时间常数在正温时为 2～3s，滞差在 7%左右，适用于隧道内湿度的感知。由光纤温度传感器和碳湿敏传感器组成的温湿度感知模块能够准确高效地监测隧道内温湿度的实时数据，满足本系统提出的实时、快速的要求。

③消防调控模块。为实现火灾的预测和机电设备的远程调控，当各传感器节点采集的数据经由数据感知层到数据处理层处理之后，需要构建调控模块对信息进行响应，远程调控隧道内机电设备，如通风设施、逃生通道、应急灯等运行。

④调控模块的执行方式。远程调控模块中火灾预警的机电设备在监测到节点温湿度超标后，启动火灾预警，隧道内应急灯亮，提醒驾驶者可能有火灾情况出现，警示驾驶者小心驾驶。当监测点温度达到明火的温度时，说明已有火灾发生，立即打开逃生通道方便驾驶员疏散。根据相关部门的规定，隧道内运营温度不得超过30℃，但由于车辆行驶或拥堵产生的高温和低燃点的易燃物品存在，且出于人体舒适温度的综合考虑，将温度临界点定为40℃。根据资料，当空气相对湿度小于50%RH时易发生火灾，因此将湿度临界点定为 50%RH。当监测点温度实时数据高于临界点和湿度实时数据低于临界点两个条件同时发生时，即认为隧道可能发生火灾，立即进行预警。

(2)基于红外成像感知的两种方法：其一是根据红外热像图三色火焰颜色模型，经过颜色匹配、色域分割，定位火灾源的质心像素坐标；其二是对二值化后的热成像图进行火焰尖角特性、火焰可疑区域相关性和稳定性提取，来定位火灾源可疑区域的质心像素坐标。在融合上述两种方法所获得的火灾源像素坐标的基础上，针对火灾源在世界坐标系中的定位问题，一方面利用红外热成像图中三组消失点信息反推像素平面坐标系与世界坐标系水平地面之间的关系矩阵；另一方面通过大量实验数据进行多项式拟合来得到像素坐标与世界坐标的转换函数。红外热像仪正广泛地用于各种应用之中。红外热像仪具有非接触式测温功能，因此也可轻松应用于消防领域。且在消防完成后，遗留有大量的易燃点，热像仪可以快速地发现这些易燃点，进行处理消除复燃隐患[117]。

①红外光学成像基础。目标物体辐射至周围区域的红外线被一定距离的红外光学探测器所捕获，通过红外探测器的光敏元件产生电信号，电信号经过模拟信号/数字信号的转换后传入红外探测器的电子处理部分，进而得到与目标物体表面热分布场相对应的红外热像图，并使用不同的颜色来表示物体表面的不同温度分布。红外热成像系统与可见光成像系统在结构上是类似的，不同之处在于红外热成像系统是将红外热辐射能量分布信息转换成了数字图像信息。但需要注意的是高辐射率物体的表面红外热像图温度接近它的真实温度，而低辐射率的物体表面红外热像图温度更接近环境温度。

②基于红外热成像的火灾特征识别。通过对热成像图的处理，结合火灾红外热像图的相关特点进一步识别火灾，并希望得到火源的像素坐标。涉及的实验环境假定隧道火灾发生在隧道地表，即空间上来看火源与热成像仪的高度是固定不变的。同时，热成像仪布设在沿隧道方向的长直轨道悬架上，长直轨道悬架能够保证热成像仪在进一步确定火灾的过程中平稳滑行一定的距离，直至临近热源确认火灾。

5.3　隧道内交通量感知技术

5.3.1　隧道交通量概述

公路隧道交通量与城市交通量一样，具有高度的复杂性、模糊性和随机性，受许多因素的影响，如时间、地点、气候变化、经济发展状况、能源危机、人口等。隧道交通量是隧道智慧通风照明的重要参数，通过对隧道交通量的预测可实现对隧道通风照明系统的超前控制，从而达到节省电能的目的。由于我国地域辽阔，部分高速公路的交通量随季节性、时段性变化较大，也有部分高速公路开通不久或未全线贯通存在交通量较低的现象，极端情况可能出现几小时或半天才有几辆车的情况。根据《公路隧道照明设计细则》（JTG/T D70/2-01—2014）如按交通量低于350veh/(h.ln)的常规要求设计，仍存在能耗过高的现象。随着传感技术和控制技术的不断进步，采用实时动态流量监测实现精确控制在技术上已成为可能，将交通量预测用于隧道照明动态控制可大大降低照明运营费用。

由于驶入隧道的车辆是隧道内污染物的主要来源，因此车辆交通流量的大小直接决定了隧道通风系统如何动作。但是交通量的检测总是滞后其产生的污染作用，加上污染物在隧道内运移也需要一段时间(即通风设备投入运行产生的排风作用也是滞后的)，若按实时检测到的交通量来操作通风系统，显然难以及时将污染物排除，不能保证公路隧道的污染物浓度小于标准规定。通过预测交通量，实现通风系统的前馈控制，解决由这些滞后而引起的不利因素，使通风系统能及时将污染物排出隧道，以保证人们健康和交通安全；同时通过预测交通量，为应用好的控制方法打下基础，可有效地降低通风系统的电能消耗，降低隧道的运营成本。

5.3.2　隧道内交通运行影响因素

隧道作为高速公路特殊路段，其内外环境有差异，通行能力本身低于高速公路基本路段，在交通流量大的情况下，隧道入口处容易受到交通流运行状态影响发生交通拥堵现象，会进一步降低隧道通行能力，并且容易导致交通事故的发生。隧道与正常行驶道路不同，由于其密闭性与环境的特殊性，对交通驾驶行为产生较大的影响。在隧道内行车，交通行为受到驾驶员自身生理心理、隧道环境、道路条件、隧道内事故等影响，这些因素会单独或者综合起来导致隧道内发生交通拥堵现象。

1. 驾驶员影响因素

(1) 视力适应。在进出隧道过程中，驾驶员会经历一小段时间的视力适应过程，即暗适应与明适应。暗适应是指驾驶员从隧道外进入隧道内，光线由明到暗，产生的视觉短时间障碍现象；明适应是指驾驶员从隧道内驶出隧道外，光线由暗到明，产生的视觉短时间障碍现象。

(2) 眩光。隧道内产生眩光现象主要是由隧道内部光源布置不当引起的，当然，在驶出隧道时，由于外部光照强度较大，也会造成驾驶员产生眩光。发生眩光会导致驾驶员视觉疲劳，并有可能引起身体不适、恶心或者失明。眩光的主要影响因素为光源强度、光与视线所成夹角、光源周边环境亮度等。根据相关研究表明，发生眩光后的视力恢复时间与驾驶员本身身体素质、年龄大小、健康因素、光源持续时间及光源强度大小等因素有关。

(3) 驾驶员心理影响。由于受到暗适应影响，驾驶员在进入隧道时都会下意识踩刹车减速进入隧道，因此在隧道入口段很容易由车辆减速导致追尾和刮擦事故的发生。

2. 隧道内路面条件

目前公路隧道的铺装材料可分为水泥混凝土路面、沥青路面和连续配筋混凝土路面三种类型，三类路面材料优缺点介绍分别如下。

水泥混凝土路面，强度较高，耐久性优良，且能承受较大的交通荷载作用力而可以适应较大的车辆荷载；这种材料颜色较为浅亮，可对隧道内光照产生反射作用，有利于隧道内部照明。但这种材料的缺点是，路面行车噪声大，车辆在行驶过程中舒适度降低，并且一旦路面发生损坏，维修成本较高，维修难度大。路面颜色较浅，与路面施画标线对比度较低，在隧道内光照条件较差时，不易看清路面标线，容易导致事故发生。

沥青路面，此类路面抗滑性能较好，与水泥混凝土路面对比，沥青路面行车较为舒适平稳，且噪声较小，路面破坏后维修方式简单方便；其路面颜色为纯黑色，可与白色的标线产生鲜明的对比，有利于驾驶员清楚观察车道轨迹。但是此类路面也容易受到温度的影响，耐久性不强；沥青路面由于黑色的路面颜色，对隧道内光照反射强度差。

连续配筋混凝土路面，此类路面是一种在面层设置纵向连续钢筋和横向钢筋的、横向不设缩缝的水泥混凝土路面。相比于以上两种路面材料，连续配筋混凝土路面优势极为明显，钢筋的增强作用，使得该路面能承受更大的交通荷载作用，不易损坏。但其造价极高，施工工艺比较繁杂，因此在现实中应用相对较少。

目前，我国已建成隧道路面铺设主要方式为隧道外部采用沥青路面，隧道内部采用水泥混凝土路面铺设。隧道内部环境封闭，长时间缺乏冲洗与阳光照射，车辆运行所产生的尾气及灰尘导致隧道内部路面积累大量污染物，导致路面附着系数降低。当车辆以较高速度从隧道外沥青路面驶入隧道内部水泥混凝土路面时，假设车辆速度发生变化，由于路面摩擦力下降，车辆容易发生打滑现象，容易造成事故发生。

3. 道路线形条件

(1) 平面线形。公路隧道的平面线形宜采用直线，直线型隧道在排水、衬砌结构及隧道的路面设计与施工上比较容易，且直线型隧道在通风上效果更好。但当隧道长度过长时，不宜采用直线型设计，不利于车辆行车安全：隧道内部本身环境较为单调，若隧道长度过长，线形采用直线型的情况下，会导致驾驶员视觉疲劳，如遇紧急情况，驾驶员反应过慢会导致事故的发生。在直线行驶过程中，驾驶员会不自觉地提高车速以尽快通过，这样容易发生超速现象。

(2) 纵断面线形。公路隧道纵断面线形的设计应当考虑隧道行车安全性、通风规模、施工作业效率和排水等要求。纵坡要求应当不小于 0.3%，也不应大于 3%；当遇到特殊情况下，如受到地形条件的影响，坡度可适当加大，但不宜大于 4%；对于长度小于 100m 的短隧道，其纵坡要求与该公路在其他路段处的指标值相同。对于长大隧道而言，隧道通风量与隧道纵坡的平方级数成正比，而长度小于 1km 的山区公路隧道一般不需要设置额外的机械通风，这是因为山区自然风及车辆在行驶过程中引起的活塞风可以排出隧道内的尾气与烟雾，但对于纵坡较大的长隧道也应当设置机械设备来进行辅助通风。

5.3.3 交通量感知技术

超声波车辆检测器检测车辆的原理有两种，其一是时间差法，普通环境中，超声波的传输速度是一定的，由超声波发射器发出的超声波在遇到障碍物后反射，通过检测反射波接收与发送的时间差，便可判断是否有车存在、传感器与车辆间的距离，一般无车时的时间差最小；其二是多普勒法，超声波发射器向空间发射超声波，当有运动的物体靠近或远离检测区域时，接收到的超声波会呈现多普勒效应，此方法可检测运动的车辆及其车速等信息。综上，超声波车辆检测器可检测车辆尺寸、车速和车流量等交通参数。超声波车辆检测器灵活性较大，可安装于路侧，不受光线明暗、颜色的影响，体积小，使用寿命较长，可实现多车道测量。但其会受到温度、雨雪的影响，检测准确度较低，普适性较差，未得到广泛利用。

红外车辆检测技术采用的是反射式或阻断式检测方法，检测器主要部件包括红外发光管和红外接收管，当有车辆进入检测区域时，反射式检测探头接收车辆反射的红外线，该信号经过调制器解调、放大、整流、滤波后输入驱动电路，得出最终结果。红外检测的准确率较高，静止的和运动的车辆二者都可被检测到，但红外检测器容易受到环境影响，大雾、雨雪甚至检测环境中的灰尘都会影响检测精度。

微波车辆检测技术相对于超声波车辆检测应用面较广，超声波在遇到复合材料时衰减较大，导致接收到的反射波较弱，影响检测精度。微波发射器发射 330MHz～3300GHz 中某段频率的电磁波信号，该电磁波遇到车辆等障碍物时反射回微波接收器，通过分析发射回的电磁波的振幅和相位变化情况来检测交通参数。

由于微波车辆检测器对于交通量较大且不时夹杂车辆并行排队的城市道路检测精度低，所以一般用于检测自由交通流，如车辆无大量并行的城市间干线公路及高速公路，其安装位置需在道路行车安全空间外的区域，如与道路两侧的路灯公用灯柱。该检测器可在能见度较低的环境工作，检测周期较短，反应灵敏，且微波对人体无辐射危害，但是微波车辆检测精度易受到温度、气压的影响，不适合检测城市道路[118]。

视频技术已经广泛地应用于道路监测系统，作为交通信息采集的工具，视频图像检测系统结合摄像机与视频检测器于一体，实时捕获道路车流录像，由视频处理上位机判别录像中每个预设区域的灰度、色彩度等，再由相应的算法处理视频特征序列，得出车辆信息，为交通系统提供实时交通数据，视频检测技术可检测车辆的存在、车流量、车型、车速、车道占有率等交通参数。视频图像检测技术具有较大的灵活性，采集的视频较为直观可靠，在十字路口可以发挥较大的作用，当前交通状况一览无余，还可检测交通违规、交通事故等交通信息。但视频检测严重受制于环境能见度，不良天气对其影响较大[119]。

感应线圈检测器是出现最早、准确度较高的车辆检测系统。感应线圈车辆检测器包含一个长方形或者圆形的闭合线圈，将感应线圈埋于路面下，线圈内有持续电流，基于电磁感应原理，当车辆从线圈检测器上通过时，感应线圈与车辆之间的互感使得线圈内的磁通量产生变化，通过检测感应线圈内磁通量的变化来检测交通流信息。感应线圈车辆检测器准确度较高、环境适应能力较强，感应线圈车辆检测器埋于地下的特点决定了其稳定性高、检测准确度较高的特性，然而该特点也带来了其安装维修成本较高、施工不便的缺点；此外，其不易受恶劣天气、光照等环境因素的影响，但长时间受碾压容易损坏。

气压管车辆检测技术通过气压管检测器检测车辆通过时的脉冲信号来检测车辆。在道路上垂直于车道方向布设两根平行的气压管传感器，当车辆从上方通过气压管时，车辆的每组轮胎碾压气压管产生压强脉冲信号，气压管检测器记录脉冲产生的时间，这些时间数据详细记录了车辆轴数以及各个车轴经过气压管的时间点，通过一组气压管的时间差可检测车速，由车速结合车轴时间及车轴数量可识别车型，综上，气压管检测的这些车轴数据可获取车流量、车速、车型等交通流参数。气压管可较为准确地检测车流量、车型、车速，适合埋设在车道关键节点，其缺陷来源于其地下铺设的特点，安装与维修不便，需要中断交通，受到大型车辆长期碾压易损坏。

地磁车辆检测技术是通过磁阻传感器检测地磁场变化来检测车辆的技术，当车辆经过磁阻传感器时，其铁质材料会引起磁阻传感器周围地磁场的变化，该变化在磁阻传感器内部转化为电压信号，从而检测到车辆引起的地磁场变化量，分析这种磁场变化序列可得出车流量、车型、车速等交通信息。由地磁传感器检测特性可知，非铁磁性物体不会对其造成影响，检测稳定性高、环境适应性好，因此可以有效地减少误检，提高检测准确度，具有安装维护方便、体积小、成本低、信息传输方便、检测精度高等优点，地磁车辆检测器因其独特优势成为研究热点。

现有的交通流感知设备与技术都有各自的优势与不足，随着计算机技术的蓬勃发展，各类融合算法的不断创新，可以更好地利用各类传感器的优势互补来达到检测要求。利用检测车、检测机器人等载体来搭载需要的传感设备，应用相应的融合算法来达到相应的检测要求是今后的发展趋势。

5.4　隧道异常驾驶行为感知技术

5.4.1　隧道异常交通行为概述

隧道因其特殊的交通环境，对于车辆的驾驶行为要求较高。进入隧道前，驾驶员无法预判隧道内状况，应及时调整车速，与前车保持安全车距，有序地进入隧道。有些隧道受地势影响，进出口会有坡路，要格外注意安全。此外，在隧道内长时间行驶，驾驶员容易疲劳，对路况的观察和判断能力会有所下降。隧道内异常驾驶行为一般包括随意违规停车、变道行为、超车行为、超速行为等[120]。

(1)根据《中华人民共和国道路交通安全法实施条例》规定，隧道内不可停车，隧道内停车会对整个隧道交通运行造成很大的影响，车辆违停后，后方来车因反应不及时很容易造成车辆追尾事故，从而引起交通堵塞。

(2)车辆变道行为是车辆在道路上运行时高频出现的行为之一，弯道行为是驾驶人可能为了避免继续跟随而选择换道，或是为了完成后续驾驶行为如转向等而选择换道。由于隧道内光线较差、车道狭窄，通常全程都施划着白实线，禁止车辆随意变道。违法变道会影响相应车道内车辆的正常行驶，对方通常会猝不及防，被迫突然减速或制动，极易发生交通事故。

(3)超速行驶是指机动车在道路上行驶速度超过限速标志、标线标明的最高限度，或在无标志、标线的道路上超过规定安全车速的驾驶行为。超速行驶的危害有以下几方面。

①超速行驶影响驾驶员的视觉，车辆在行驶中，驾驶员的视野、动视力、周边视力，都随车速的变化而变化。超速行驶会使得驾驶员视野变窄，视力减弱，对前方突然出现的险情难以及时、准确、妥善地处理，进而容易引发交通事故。

②超速行驶制动非安全期延长，车辆的制动距离主要受车速制约，由于惯性作用，车速越快，制动距离越大，制动非安全期越长。超速行驶制动非安全期延长，从而也就增大了事故发生的可能性。

③超速行驶影响车辆的操作稳定性，特别是在弯道处行驶，由于离心力的作用，易使车辆向回转中心外侧发生侧滑或倾斜。

④超车行为是指驾驶员违反道路交通法规超车的驾驶行为。超车危害：长时间占用逆行车道、横向间距小、车速快、操控稳定性下降；右侧超车时占用非机动车道，与同向行驶的非机动车形成冲突。

隧道空间相对密闭，环境幽暗，车辆驶过隧道排放的大量烟尘不易排出，影响驾驶人员视线。除以上常见的异常驾驶行为，针对隧道这一特殊交通环境，在进入隧道前需要对车辆提前感知，如车辆超高感知、危险品车辆感知等。

5.4.2 隧道异常交通行为影响因素分析

(1)驾驶员风险意识。驾驶员风险意识主要强调个体在长期的生活过程中日积月累所形成的一种比较固定持久的心理状态。驾驶员风险意识对驾驶行为产生作用的主要方式是通过主观选择储存在大脑中的与危险驾驶行为相关的事件来影响驾驶员的感知，进而影响驾驶行为。行为倾向的态度、行为控制等对危险驾驶行为具有显著影响，驾驶员对风险的态度对危险驾驶行为乃至交通事故的发生具有重要影响。对风险的意识能够有效地预测行为，纠正驾驶员的违规态度和超速态度对减少危险驾驶行为具有重要作用。不同的危险驾驶行为，驾驶员态度各异。如大多驾驶员都认为醉驾、跟车距离近十分危险，但是对超车等违规行为的危险程度认识不够。

(2)驾驶员驾驶经验与技能。通过大量研究发现驾驶员的驾驶经验越充足，则对自身的驾驶技术越自信。驾驶员的安全意识越高，则发生危险驾驶行为频率越小。许多研究指出，驾驶员驾驶经验同危险驾驶行为紧密相连。通常来说，相对经验较少的驾驶员表现出的不良驾车行为更多。有研究分析指出驾驶员在取得驾照后的最初几个月内发生事故的概率较高，主要原因在于这些新驾驶员缺乏驾车经验，对驾驶过程中的危险察觉的能力也较差，经验不足的驾驶员对驾驶的风险察觉能力要弱于经验丰富的驾驶者。但是即便是驾驶经验丰富的年轻驾驶员，也并不能保证他们就能驾驶更加安全，相反，他们反而更加倾向于表现出违规行为，因为他们往往对自身的驾驶技术和能力过分自信。

(3)驾驶员危险感知。危险感知主要强调大脑对所接收到的外界信息的一种反应和感受。感知的过程主要是指人们通过察觉、接收外界信息，并加以消化处理进而形成对事物的一种看法，并储存在记忆中，由此产生进一步的反应行为。驾驶员的危险感知能力主要指驾驶员在驾驶过程中对影响自身驾驶安全的各种外显和隐藏的危险信息的辨识能力，影响驾驶员面对危险时的因素包括驾驶技能和驾驶员风险承受能力等。驾驶员的驾驶行为实施的前提条件是对周围驾驶环境的感知，进而形成行为决策，支配驾驶行为。因此驾驶员在驾驶过程中对外界所接收到的各类信息做出行为决策时，驾驶者感知能力占据十分重要的作用。

(4)驾驶员人格特性。人格特性主要指个体在不同的环境和场所中所表现出的相对稳定和持久的一种心理倾向，如害羞、懒惰、消极、进取、主动等，大量研究显示出驾驶员的人格特质与其所表现出的驾驶行为相关。有较多违章记录的驾驶员更多地表现出紧张性、想象性和怀疑性等人格特质，而驾驶比较安全的驾驶员则更多体现出勤于思考、敏锐和沉着等特质，驾驶员发生不良驾驶行为与其自身的人格特性具有一定关联。同时也有大量的研究表明喜欢寻求外界的新奇和复杂变化的事物的并愿意承担各方面可能存在的不利后果的驾驶员会有较高的概率发生危险驾驶行为。例如，越是在感知寻求量表中表现出较高分值的驾驶员，通常更加倾向于出现如醉驾、超速驾驶、违规抢行等违规驾驶行为。容易兴奋、渴望刺激及具有激进人格特质的驾驶员更容易产生风险驾驶行为。

5.4.3　异常驾驶行为感知技术

1. 隧道违规停车感知

深圳市哈工大交通电子技术有限公司(简称哈工大交通)开发的隧道停车监测系统(video PEccancy system for parking，VIPES-P)可对隧道内的车辆运行情况进行实时监测，一旦发现停车事件，就启动报警机制，管理者可在最短的时间内获知这一信息，从而为采取应急处理措施提供宝贵的缓冲时间[121]。

VIPES-P 采用分布式、模块化设计，将图像处理功能与数据管理功能分离，依靠高速同步串行数据链路将各个模块连接起来，提高了整个系统的运行效率，提高了系统的可维护性和可扩展性，降低了系统成本和用户使用成本。系统采用动态目标的视频跟踪处理技术，比虚拟线圈(指定区域)方式更适合于移动目标的监测。

VIPES-P 系统以前端视频采集设备为基础，通过前端设备获取实时数据，经过通信网络将前段数据传输到管理中心，在中心端实现视频跟踪监测。系统主要由电子摄像机、视频检测器、计算机及相应的处理软件组成。其他设备如报警系统、显示屏等根据需要灵活配置。系统工作流程：首先，对设备和系统进行初始化设置，程序开始进入视频图像捕获状态。在取得背景图像后，与当前图像求差，记录帧差分信息，再通过连续采集的视频图像，求出车辆轨迹。获知车辆运动轨迹后，基本实现对车辆的跟踪检测。然后通过跟踪轨迹，从其开始到结束的整个过程，计算出车流量信息，如果连续监测到多幅轨迹偏离原来的记录，同时其位置均停滞在某地点附近，则认为可能有停车，其中偏离帧数与停滞帧数均可通过实际情况任意设定。最后，在设定的时间内，对上述区域进行监测，如果该区域都有停车，则确认发生停车事故，发出警报。同时重复前面的流程，继续侦测图像中别的车辆的轨迹。

2. 隧道口车辆超高感知

在国内外现有的研究中，超高目标的检测方法并不多。已有的超高目标检测装置主要分为两类：

(1) 以点激光作为主动光源，其中一部分通过在固定位置和高度上，安装点状激光装置，通过激光开光的方式来判断目标超高与否，另外的形式则是通过多个点状激光直接朝向目标照射，进行组合判断；

(2) 以视频监控的方式来检测超高目标。

3. 危险化学品车辆感知

因隧道交通环境特殊，载有危险化学品的车辆是不被允许进入隧道的。为保证隧道的交通安全，可通过在隧道口前设置危险品车辆检测预警系统，警告载有危险品的车辆及时停车采取其他处理。目前地铁、铁路、机场等安检入口场景的危险品检测技术已经较为成熟，但在隧道这类环境封闭的地方应用较少，现有的文献中有利用常应用于冷链运输的无线射频信号结合无线传感技术和定位系统形成危险化学品车辆检测系统。自动识别不同状态存在的物体并采集数据暂时存储，实现危险化学品运输事故防范，主要对危险化学品车辆的运行速度及位置、危险化学品的温度、压力及是否泄漏等状态参数进行实时监控并预警。

第6章　基于云智能感知的隧道巡检系统

6.1　智能巡检系统简介

6.1.1　智能巡检系统研究现状

传统的巡检模式以人为基础，依靠人工轮流值班、人工巡回等手段维护设备，效率低下，不利于人才资源的充分利用。而且缺乏科学性，以前的重大事故有许多是人为因素造成的，人工维护管理缺乏完整的管理系统，不利于运营企业科学管理的形成。早在2002年，国外已出现通过手动操控，能够工作于直径小于1m、埋置深度超过200m的地下隧道的巡检机器人。通过使用这种机器人，可大大简化隧道内的检修工作。在隧道内机器人应用方面，还出现了结合多种传感手段实现隧道环境监测、维护的机器人，如采用多个超声波传感器与摄像头协同工作，对隧道内墙壁进行探伤的机器人，以及通过轮式平台移动，实现人工控制下隧道内墙损伤远程修复的机器人。以融合多种传感器为基础的智能巡检系统主要分为基于隧道检测车的智能巡检系统、基于隧道巡检无人机的智能巡检系统、基于隧道巡检机器人的智能巡检系统这三类。

1. 基于隧道检测车的智能巡检系统

目前的隧道巡检方式多是采取人工表面查看以及钻孔取样的检测方法。人工检测的方法一般需要把隧道交通关闭，然后用升降机把检测人员升到距地面6～7m的隧道顶部，检测人员用锤慢慢敲击隧道顶部听声音以及对隧道进行打孔等方式来判断隧道的空洞、裂损等病害。平均每1km长的隧道，大约需要20人总耗时4h才能完成。除了效率低、准确性差，钻孔还容易破坏隧道防排水系统，影响隧道寿命[122,123]。巡检车是当今使用最多的移动检测装备，其主要是用来装载各种检测设备，如高清相机、激光传感器、探地雷达等，同时车上还可装载与设备相应的软件系统对设备收集到的信息进行分析处理，如图6-1所示。

巡检车的优点是可以装载多个设备，并可以自身形成一个检测系统，及时地得到结果，并且能够组合多种设备来检测病害[124]。由于巡检车体积太大，所以应用的场景有限制。巡检车主要有轨道轮式和地面轮式，轨道轮式巡检车可以运用于地铁及铁路隧道，地面轮式巡检车可以运用于公路隧道，如用巡检车装载机械臂对隧道衬砌进行冲击回波检测，取得了较好的检测效果。中国西南交通大学高速铁路运营安全空间信息技术国家地方联合工程实验室已经开发出一种车载探地雷达对隧道进行检测的新方法，该方法不但解除了探地雷达需接触衬砌表面的限制，而且能够运用车辆对衬砌进行定期检查，在宝鸡—中卫线和襄樊—重庆线上进行了运行测试，并取得了较好的效果。还有如装载了相机及激光系统的隧道巡检车系统，其速度可以达到30km/h。该车辆不但有着病害检测系统，还装载一些可以在隧道内行驶的辅助系统，如电力、信号系统等。现有的集检测和数据分析一体化的移动车检测系统能够进行多种参数的检测，多传感器补偿技术可以缓解车辆移动时振动等环境干扰因素，实时检测定位精度达到2mm，对检测数据可以进行高速存储和计算分析，该系统已在长沙地铁 2 号线展开了实验应用。上海同岩土木工程科技股份有限公司和同济大学自主研发的公路隧道检测车 TDV-H2000 搭载了线阵相机、激光扫描仪、GPS 等设备，可对隧道的内部变形和裂缝等进行检测，并能够自动进行图像的处理、三维建模、病害识别等。

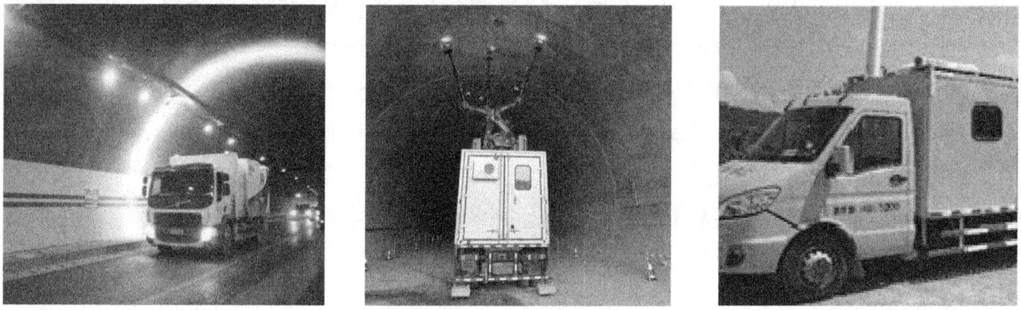

(a) ZOYON-TFS 隧道快速检测车（武汉卓越）　(b) 隧道衬砌质量检测车（中国铁道科学研究院）　(c) TDV-H2000 隧道检测车（上海同岩）

图 6-1　隧道检测车技术应用案例

2. 基于隧道巡检无人机的智能巡检系统

无人驾驶飞机简称无人机，是利用无线电遥控设备和自备的程序控制装置操纵的不载人飞机。无人机的飞行一般是通过高频无线电波实现远程控制，利用无线电波传送操作者对无人机动作的指令，无人机根据指令做出各种飞行姿态。无人机是比较理想的移动检测载体装备，不论国内还是国外都在努力地研究拓展其应用。无人机有着体积小、可遥感操控并且能在其上搭载多种传感器的优点，能到达人工不方便进行检测的地方，因此，无人机在进行数据收集方面可以发挥较大的作用。无人机携带各类传感器，在隧道中飞行巡检，能收集各类数据并将数据实时传输到数据处理平台，处理平台对异常数据做出预警。例如，在无人机上搭载摄像设备进行拍摄，可获取结构表面的裂缝图像，并用图像方法来识别隧道病害。在无人机上搭载红外热成像相机和高清摄像机及必要的补光设备，还有多种气体传感器和温湿度传感器，可以运用到综合管廊中去检测漏气、漏电、漏液等问题。如图 6-2 所示，在隧道应用场景中，常规多使用四旋翼或者多旋翼无人机，但现有无人机采用的无线数据传输方式在弯曲的隧道内部信号衰减严重，不能有效地将信号覆盖在整个隧道中。在其他的无人机通信方式中，通常只针对点对点的通信，并不能在弯曲的隧道内进行信号的有效覆盖，也不能有限传输视频流，不能满足隧道内无人机将视频传输回上位机进行监控的需求。随着 5G 网络技术的发展，提供一种在隧道内利用 5G 进行无线通信的隧道无人机通信系统，是目前该领域亟待解决的问题。

(a) 澳大利亚电信用无人机航拍 Eastlink 隧道　(b) 新加坡陆路交通管理局用无人机检查隧道

图 6-2　无人机隧道巡检技术应用案例

目前运用无人机来进行隧道检测的实践还较少，在电缆隧道日常巡检中有研究应用了一套基于微型无人机的巡检系统，用于监测隧道的环境及电缆的安全，这种无人机隧道电缆巡检系统，具有移动速度快、行动灵活、监测死角少等固定式监测设备没有的优点。新加坡陆路交通管理局在汤申—东海岸线成功试用了无人机进行隧道的检测；东京地铁试用了一种遥控无人机来协助东京地铁系统维修人员开展地铁隧道巡检。

3. 基于隧道巡检机器人的智能巡检系统

巡检机器人可按照隧道运营方的巡检要求搭载相应的传感器设备来完成隧道日常巡检要求[125]，根据机器人的作业位置，可将其分为地面式巡检机器人和离地式巡检机器人。地面式巡检机器人与巡检车类似，主要是按照隧道检修栈道的轨迹进行巡检工作，但是运动速度较慢，且受隧道内设施结构影响较大，对于长大隧道的日常巡检并不适用。离地式巡检机器人有基于无人机的巡检机器人和导轨式巡检机器人，基于无人机的巡检机器人受通信信号影响严重、不易控制，在长大隧道中也不适用；而导轨式巡检机器人通过预先架设的导轨，可以较高的时速行进且不受隧道结构的影响，同时也不影响隧道内正常的交通运行，能够满足长大隧道的日常巡检需求，导轨式巡检机器人在各地的研究应用情况如图 6-3 所示。随着人工智能的发展，隧道智能巡检机器人也受到越来越多的关注，已有研究的地铁隧道智能巡检机器人，能够实现与列车同步运行，可以实时、无间断地巡检，将突发、随机事故防患于未然，并且可以进行温度异常报警、侵限与异物检测等。未来，隧道智能巡检机器人将实现限界入侵检测、异物入侵检测、电缆温度检测、隧道内实时视频监控、隧道三维建模、隧道壁面裂纹检测、隧道壁面湿渍检测、隧道几何变形检测、铁轨几何形位检测等多种综合功能。

(a)河北隧道巡检　　(b)六盘山隧道巡检　　(c)上海四平路隧道

图 6-3　滑轨机器人隧道巡检应用案例

巡检机器人体积一般较小，可检测的项目也较少，目前多用于视觉检测。由于其灵活的特性，在未来对隧道的检测可发挥重要的作用。但是，遇到灾后恶劣的隧道环境，其智能化程度和行走越障、耐高温、耐火、防水等性能需要进一步提升。

综上所述，针对特长公路隧道的日常巡检需求，离地式的导轨隧道安全智能巡检机器人是最适用的，通过在隧道内部侧壁上预先铺设的轨道上自由移动，能够实现对隧道内主要设施和场景的智能巡检，在突发事件发生时，不受现场交通混乱的阻碍，第一时间移动到突发事件现场，进行现场数据实时精确采集和现场控制。

6.1.2　智能巡检系统应用现状

智能巡检机器人以智能化技术为基础，具有可编程性，随着技术发展，智能巡检机器人的功能逐步完善，使得其在应用过程中模拟人工操作，可替代传统人工巡检。这种巡检方式较为灵活，受到外界气候、环境等因素影响较小，适用于各种巡检工作。智能巡检机器人本身携带红外热像仪等相关设备，可以在巡检过程中进行自动与手动巡检环境因素的识别与把控、火警预警与消防等。总之，其功能逐步趋于完善，比传统人工巡检具有更大优势，应用前景广阔。

(1) 智能巡检机器人产品涉及数学、力学、自动化控制、计算机、人工智能等多学科知识，技术较为复杂。目前主要的厂商有北京交跃通达检测科技有限公司、诠航科技有限公司、发源地智能科技有限公司等。

①北京交跃通达检测科技有限公司。其研制的隧道(群)智慧监管及巡检系统——隧道巡检精灵 SJ-A01 以隧道监管与养护为核心，在隧道安全监测方面，做好事前预防、监测，在出现事故时能够提高应急处置与救援能力，最大限度地减少人员和财产损失；在巡检养护方面，可以发现隐患、排除隐患；在洞体病害排查方面，定期对隧道检查，能够掌握洞体病害和形变的发展变化情况，确保洞体主体结构安全、稳定。

系统主要功能：隧道巡检精灵 SJ-A01 可以对隧道洞体健康、环境健康、路面健康进行 24h 不间断巡检，有效地检测洞内渗水、裂缝、有害气体浓度变化、交通安全设施完整性、路面异物遗撒、车辆行车安全；还可以协助进行隧道内交通事故处理、火灾预警及消防救援；同时，依托于安全中心大数据专家系统，结合隧道预警模型，为隧道环境安全进行分析，对可能出现的环境险情进行预警。

②诠航科技有限公司。诠航科技有限公司研制的隧道巡检机器人是一款结合物联网、机器人和人工智能技术的现代化智能装备。系统借助图像处理、无线数据传输、网络数据通信、自动控制等多学科交叉综合应用技术，能够以 1～20km/h 的可控速度在低摩擦固定轨道上长时间运行，为智慧隧道管养提供检测、监控、预警三位一体化的解决方案，实现人工智能专家系统故障诊断和大数据隧道病害趋势预测。

系统主要功能：识别和抓拍车辆违法变道、违章停车，自动识别和抓拍车辆超速行驶，多视角、多方位视频监控，对隧道内事故进行实时查看、处理并通知救援，支持历史视频回溯；对路面异物进行识别，并拍照标记位置信息后回传数据后台；对有毒气体与有害物质分布情况、隧道内及隧道地面温湿度等进行精准检测和异常提醒；精准检测隧道墙壁装饰板、隧道顶防火板脱落，电气柜门、消防栓门等设备误开，隧道内墙壁顶部渗漏水等异常情况，并提醒和报警。

③发源地智能科技有限公司。致力于利用微控制单元(microcontroller unit，MCU)及通信网络技术，结合机械自动化及计算机控制技术，专业从事智能巡检机器人系统产品的研发和系统集成设计，按功能需求将各类可移动云台、传感器、图像与视频智能化应用处理系统集成为一个系统。其产品主要应用于变电站智能巡检机器人及石油石化智能巡检机器人，相比于上述两家专业从事交通巡检的公司，该公司在公路隧道智能巡检机器人方面的应用较少。

(2) 随着智能巡检机器人技术的逐步发展，自主巡检机器人技术、线路故障探测方式等逐步趋于成熟。智能巡检机器人在未来应用中将逐步集成多种传感器，以运行多种传感器融合的方式跨越障碍物，进行导航与定位等，使得机器人可以快速地实现故障判断与定位，保证线路可以在短时间内恢复正常运行状态。

以智能巡检机器人为感知基础的隧道智能巡检系统将是目前的主要发展方向，以重庆交通大学设计研发的桥隧安全智能巡检机器人系统为例阐述智能巡检系统的结构及主要功能。

重庆交通大学项目团队在国家重点研发计划(2018YFB1600200)的支撑下，立足于山区桥梁及隧道工程国家重点实验室、山区道路复杂环境“人-车-路”协同与安全重庆市重点实验室，设计研发了桥隧安全智能巡检机器人产品。

桥隧安全智能巡检机器人装载了包括摄像机、红外热像仪、危害气体浓度传感器、照度传感器、声音传感器、温湿度传感器等多种传感器，可在桥隧内部侧壁上预先铺设的轨道上进行自由移动。桥隧安全智能巡检机器人可实现交通桥隧内对主要设施和场景的智能巡检，也可在突发事件发生时，第一时间移动到突发事件现场，进行现场数据实时精确采集和现场控制。桥隧安全智能巡检机器人将先进的机器人技术和无损传感的物联网技术相结合，可以在长期内实时地获得桥隧内任意位置的交通状态信息，分析桥隧结构状态、设备工作状态、车辆行驶状态、路面状态、桥隧顶部灯光状态、桥隧消防设施状态、气象状态在内的各种状态特征，并利用诊断方法判断桥隧或设备损伤的发生位置、程度，对交通的正常运行状况做出评估，在桥隧设施结构安全性能的临界点到来之前提早发现异常，为避免发生交通事故发出预警信号，并为桥隧与交通设备的维护、养护与管理决策提供依据及指导。作为感知综合体，桥隧安全智能巡检机器人可以实现对交通桥隧上的设备、环境的综合检测，而且利用其自身的移动功能，通过后台设定机器人巡检方案，每次巡检完成后，能够自动生成巡检报表，及时反馈道路设备运行及环境情况。桥隧安全智能巡检机器人分为机器人运行部分、物联传感部分、应用部分(图 6-4)。

机器人运行部分主要包括控制子系统、轨道子系统、感知处理系统、通信子系统、电力系统五大基础子系统，这五大子系统是保证交通机器人运行的基础，使其能沿预定的轨道自由运动，便于收集交通运行过程中产生的各种数据。

物联传感部分包括图像传感器、声音传感器、温湿度传感器、气体传感器等传感器，同时包括传感器数据采集方式、数据传输方式、数据分析等内容，是交通机器人进行感知的重要途径。

应用部分，在物联传感部分所获取大量数据基础上，具体展开了多种应用，包括事故侦测、事故预警、现场指挥、紧急救援、远程管理等多种具体应用功能，满足用户需求。

系统的产品功能主要包括：隧道结构健康检查、机电系统运行状态感知、隧道事故侦测、安全防护、远程救援、重要设施防盗和智能巡检机器人自身安全防盗七个方面。

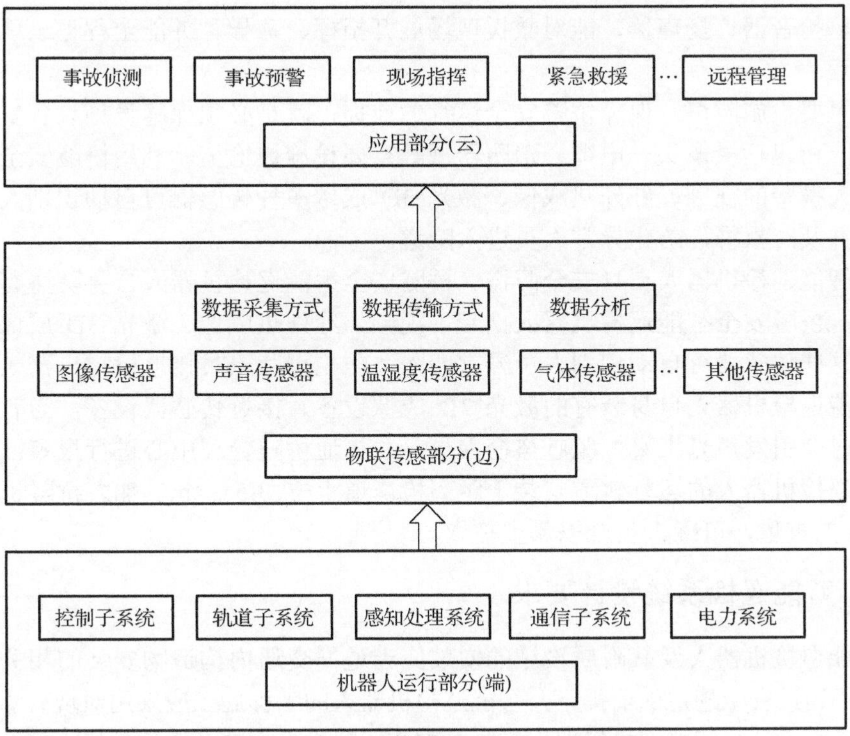

图 6-4 桥隧智能巡检机器人云-边-端架构

①隧道结构健康检查。隧道内部结构异常检测包括：洞口检查、洞门检查、衬砌检查、路面检查、检修道检查、排水设施、内装、其他显而易见的损坏或病害。

②机电系统运行状态感知。桥隧安全智能巡检机器人按照《公路隧道养护技术规范》(JTG H12—2015)的要求，进行桥隧设备的巡检，包括：照明设施自动检查、消防设施自动检查、监控设施自动检查、通风设施与逃生设施自动检查、供配电设施自动检查。

③隧道事故侦测。通过系统安装的声音检测传感器和红外热成像传感器对桥隧内的声音与温度场进行实时监控，发现有与事故相关的制动声、撞击声及异常温度出现时，进行事故预警。

④安全防护。桥隧安全智能巡检机器人可通过系统安装的激光三维成像传感器，实时地对桥隧内部三维空间进行精确扫描，发现在路面有异常遗留物及有行人出现、有车辆异常停车时，自动识别，并发出警报，及时地进行安全预警，提前消除突发事件的潜在诱因。

⑤远程救援。桥隧安全智能巡检机器人安装有紧急救援包，紧急救援包内装有医疗急救器材、事故救援器材、消防器材中的一种或者几种，并安装有视觉传感器、

警报器、拾音器、扬声器，能对救援现场展开指挥、疏导，并能全程记录现场救援的全过程。

⑥重要设施防盗。保障桥隧安全运行的前提，就是必须保障设施设备安全正常工作，防止包括摄像头、电缆、消防器械等重要设施被偷盗。利用桥隧安全智能巡检机器人携带的视频、红外热成像、激光 3D 成像多种传感器可自动识别人员异常闯入，并及时报警，防止异常人员进入隧道。

⑦智能巡检机器人自身安全防盗。桥隧安全智能巡检机器人自身防盗有以下几个方式：桥隧安全智能巡检机器人携带了视频、红外热成像、激光 3D 成像多种传感器，这些传感器可自动识别人员异常闯入，防止可疑人员接近桥隧机器人；桥隧安全智能巡检机器人自身装有的激光 3D 成像设备、接近传感器设备，当有异常人员接近时会引发声光报警，驱赶盗窃人员，并接通桥隧管理中心进行报警；桥隧安全智能巡检机器人的运行轨道安装于距离检修道上方 3.5～4m，加之桥隧机器人自身 30kg 的重量，可疑人员难以攀登盗取。

6.1.3 智能巡检系统设计要求

智能巡检机器人及其附属设施的安装应当遵循交通内构造物安装的相关安全规定。在不违反安全规定的前提下，智能巡检机器人的工程施工应采用对现有影响最小的方案进行设计；智能巡检机器人应具备在交通隧道内全自动运行的能力，并随时可以经过控制站命令切换至遥控模式；机器人应具备在隧道内完成充电的能力。充电站的间隔距离以确保智能巡检机器人在电力耗尽前能顺利抵达下一充电站为准；智能巡检机器人运动系统应具备爬坡能力，以应对隧道内出现高低落差时所需进行的爬坡动作；智能巡检机器人的检测能力应覆盖交通主要部分，并可根据需要进行扩展。

1）智能巡检机器人运动方式选择要求

智能巡检机器人常见的运动方式有轮式、履带式、轨道式、多足式等。其中除了多足式机器人主要用于狭窄沟道内的攀爬行进，其他几种机器人都可以在理想的环境下正常工作。它们之间的区别主要表现在各自有不同的适用环境。

轮式机器人相对其他机器人而言，具有结构简单、运动快速的特点。在环境空旷、地面平整清洁的情况下，在运动性能方面轮式机器人与其他类型的机器人相比有着巨大的优势。另外，轮式机器人的运动范围处于一个二维平面上，因此当本身对碰撞等敏感，对机器人有较高的控制精度要求或者距离过长时，轮式机器人的应用会因为定位困难的问题而受到一定限制，这一问题也同样存在于履带式机器人上。此外，当隧道内路面存在不可预测或不可回避的障碍物、壕沟等时，轮式机器人也将难以胜任巡检工作。

履带式机器人，其最大的特点是相较于其他机器人有着更为强大的路面适应能力。履带式机器人可以轻易地跨越壕沟、阶梯等障碍，而这通常是轮式机器人和地面导轨式机器人所不具备的。因此履带式机器人更适合应用于地面环境复杂的场景。但是需要注意的是，尽管履带式机器人具有强大的越障能力，但是当障碍物本身是需要保护的对象，如当下障碍物靠近地面敷设的交通设施时，这种越障能力就会失去效用。此外，履带式机器人同样面对定位困难的问题。

轨道式机器人相较于轮式机器人和履带式机器人，最大的优点就是其运动是一维的。由于智能巡检机器人被限制仅在导轨上运动，因此对智能巡检机器人运动方向的控制和精确定位的要求相对来说都大为简化。同时，借助导轨的路线规划，智能巡检机器人也同样具有优秀的避障能力。而导轨式机器人的缺点也同样明显，即其移动路线相对固定，作业巡检时检测范围受到导轨制约，因此并不适用于直径较大或检测对象分散分布的环境。

考虑到交通的巡检环境。隧道内交通空间相比于普通的交通隧道来说尺寸较小，通常内宽度在 11m 左右，限制了轮式机器人和履带式机器人的避障行为，同时交通设施敷设密集，检测对象相对集中。另外，隧道内虽然构造物多，但普遍位置固定不变，环境相对稳定，因此智能巡检机器人移动路径上所面对的障碍物可以预知。所以公路隧道最适合使用轨道式安全智能巡检机器人来作为智能巡检系统的综合感知体。

2) 智能巡检机器人动力设计要求

运动模块从结构上是由动力源和传动装置组成的，它的主要功能是为智能巡检机器人巡检提供动力，与此同时也作为对智能巡检机器人控制的执行机构。因此运动模块中的动力源需要基于机器人的需求来选择。智能巡检机器人的运动需求是根据实际运行环境而改变的，综合对实际交通的考察，机器人的运动特征可总结归纳为以下四条：智能巡检机器人必须具备前进、后退和停止的能力，并且能实现调速；智能巡检机器人在停止时，应当具备制动能力；智能巡检机器人运行速度较慢，动力源需在低速段依然工作良好；智能巡检机器人在面对斜坡时应具备爬坡能力。

比较了常见的数种微电机——步进电机、直流电机、伺服电机等。由于步进电机在低速运行段容易因结构问题发生振动甚至失步，而且步进电机属于开环系统，其自身无法检测失步情况，不利于精确的位置控制，所以步进电机无法满足智能巡检机器人的动力源需求。

直流电机虽然通过驱动控制，能够满足智能巡检机器人的上述需求，但是直流电机也有一个难以解决的难题。直流电机最大的特点就是其转速同时受到负荷和驱动电压的影响，考虑到现实环境里智能巡检机器人行进时必然会遭遇不同的状况，导致负荷的临时波动，而这些临时波动无法预测，最终将导致智能巡检机器人主体晃动，也会对机器人速度的精确控制产生一定的影响。相对以上两者而言，伺服电机同时具备步进电机输出力矩大，又便于对转速进行精确控制的特点，充分地满足了上述运动特征。

3) 智能巡检机器人电力控制设计要求

智能巡检机器人采用伺服电机驱动，在隧道内运行，通过各模块来完成运营维护及救援任务。考虑到安全因素，通过电刷或电弓向智能巡检机器人供电的方式会产生火花，因此也不适宜在隧道内使用。因此采用电池供电方式，同时辅以充电站充电的形式作为智能巡检机器人的电源。

充电站+电池为智能巡检机器人供电，机器人有必要随时注意电池的电量，并在电池电量消耗完之前主动寻找充电站。因此需要智能巡检机器人的电源管理模块，其核心功能就是完成电池电量监控及充电控制。电源管理模块的核心是额定电压为 24V 的锂电池，其电压直接对伺服电机供电，并经过稳压器，分别为控制模块和摄像机供电。在电源管理模块中，将电池两端的电压、电流经过模数转换模块传输至主控模块，主控模块判定电池当前剩余电量。考虑到隧道内环境复杂，区别于开放场所，隧道内通常装设有大量的构造物，这些构造物除了进一步限制了机器人的运动空间，还给智能巡检机器人的检测提出了更高的要求。因此需要特别设计触点充电模块及一套安全充电流程，以确保在充电过程中触点处不会产生火花，减少安全隐患。

4) 智能巡检机器人定位设计要求

安全智能巡检机器人定位系统用于在智能巡检机器人执行巡检救援任务过程中，获得机器人当前位置。对于安全智能巡检机器人，一套快速、精确的定位系统是极为重要的。因为当机器人在巡检过程中发现隧道内出现异常状况时，通过定位系统，控制站可以迅速地确定异常状况所在位置，并派遣工作人员前往予以排除。

由于隧道的环境特殊，卫星信号无法覆盖内部，因此隧道内的定位不能采用工程上广泛使用的卫星定位法。机器人定位方法可采用激光/红外遮拦定位及陀螺仪惯性定位。激光/红外遮拦定位实际就是通过在隧道内按一定间隔距离设置激光/红外光耦组。当机器人经过发射头时，遮挡了光信号，从而在光纤接收端获得机器人通过的信号。这种定位方案的优势在于其定位精度取决于单位距离内设置的光耦数。但是一方面，当距离较长时，遮拦定位的成本会随之增大；另一方面，安装大量的光耦也会在隧道内引入过多的电源和接地，造成安全隐患。由于任何测量方式都存在误差，因此仅仅使用某一种定位方法时，总是不可避免地会产生定位误差。因此在安全智能巡检机器人的定位系统设计中，可采用 RFID 定位方式，组成机器人的定位系统，达到对机器人进行精确定位的目的。

5) 智能巡检机器人信息传输设计要求

智能巡检机器人的检测模块遵从需求的原则，根据实际需要搭载各类检测工具。

在初始条件下，机器人的检测模块由四部图像传感器、一套温湿度传感器、一套路况传感器、一套气象传感器、一套救援装置等组成，除了能够完成机器人周围环境温度、机器人运行姿态及方向的检测，还能完成机器人前后左右四个方向的拍摄工作。四部图像传感器能拍摄热成像、激光、普通高清图像，所拍摄的数据通过通信模块中的视频信息发送系统，上传至控制站。

在设计中，机器人的通信系统将使用两个频段、两套设备。其中一套用于收发机器人的控制信息，选取 415MHz 作为其载波频段。另一套设备仅用于发送机器人的视频信息，其特点是随着机器人的启动而全程开启，并选取 2.4GHz 作为其载波频段。

6) 安全智能巡检机器人防盗设计要求

隧道内重要设备经常会发生被盗的情况，导致设备没法正常工作，给运营造成潜在安全隐患，而且一旦发生偷盗情况，恢复起来工作量很大，有可能要封路维修，给正常交通运行带来影响。防止摄像头、电缆、消防器械等重要设施被偷盗是安全智能巡检机器人一项重要工作。另外安全智能巡检机器人本身作为内部一种重要的基础设备，其装载了大量的物联网传感器，价值较高，其自身也存在防盗，需要纳入设计要求。

6.2　基于云智能感知的巡检系统组成

6.2.1　巡检机器人

由于公路隧道环境的特殊性，目前应用于公路隧道的巡检机器人主要有两种：地面轮式巡检机器人和离地导轨式巡检机器人。离地导轨式巡检机器人能够按照隧道运营方的巡检要求搭载激光雷达、相机、毫米波雷达等设备，来完成相应的隧道裂缝检测、渗漏水检测、形变检测等日常巡检需求，同时离地导轨式巡检机器人还具有速度快、对隧道内交通运行无干扰等优点，可以进一步地满足长大隧道日常巡检的需要，更加贴合长大隧道实际应用环境，其外形如图 6-5 所示。导轨式巡检机器人包括机器人本体、设置在隧道拱腰位置处的导轨、多个无线通信单元、远程实时控制终端和隧道分布定位系统；远程实时控制终端用于实时接收并处理巡检机器人本体收集的数据信息，以及向巡检机器人本体发出控制指令。

智能巡检机器人本体包括壳体，在壳体的上部设置滑轨系统，滑轨系统与导轨配合，使得巡检机器人沿滑轨滑动，在壳体的两侧还设置有红外线发射装置，红外线传感器用于感应所述红外线发射装置发出的红外线。在壳体内还设置有供能装置、无线通信模块、中央处理器(单片机)、结构环境监测系统、紧急救援系统和实时管控系统；隧道分布定位系统包括连接在导轨两侧的消防管道，沿消防管道长度方向等距地设置有若干阀口，在每一阀口上安装有电磁阀和红外线传感器，每一个电磁阀连接一个用于接收巡检机器人本体指令的控制器(单片机)，控制器与电磁阀电性连接，每一个控制器沿机器人本体运行方向依次编码，智能巡检机器人装配如图 6-6 所示。

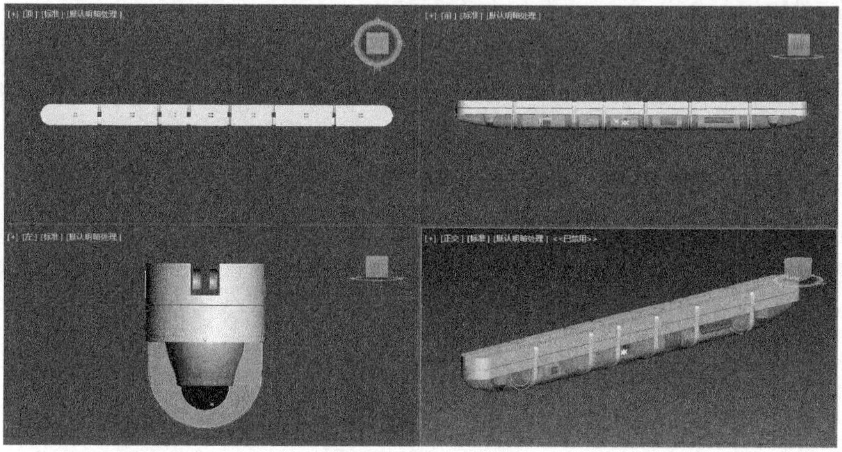

图 6-5　巡检机器人本体与导轨装配设计概念图

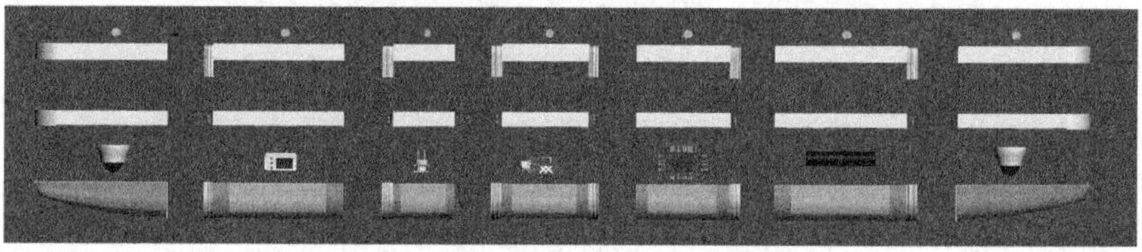

图 6-6　智能巡检机器人装配示意图

供能装置为机器人的运行提供电能，供能装置为蓄电池，使得机器人本体有单独的电能供应；无线通信模块用于与无线通信单元通信连通；中央处理器用于接收数据并控制所述结构环境监测系统、紧急救援系统和实时管控系统的运行，结构环境监测系统用于实时监测隧道内的环境，紧急救援系统用于在发生紧急情况时投放紧急救援物资，实时管控系统用于在出现紧急状况时进行远程实时管控。

整个隧道分布定位系统的电能由外部的电能(如连接电线)提供，其中的红外线传感器装置集成到了控制器电路板上，通过红外线感应器感应到机器人上的红外线后，控制器便将相应的编码通过控制器发送到机器人的处理器中，然后通过将编码发送至远程实时控制终端表现出来；在发生火灾时机器人通过导轨快速移动至火灾位置并确定相应位置的编码，然后机器人通过该编码向相应位置处的控制器发出指令，该指令使得电磁阀打开，从而实现了精确位置的主动灭火。远程实时控制终端通过无线通信单元与机器人本体之间相互通信，远程实时控制终端记录所述智能巡检机器人本体采集的数据并控制机器人本体的运行，其中的机器人本体的通信，是通过连接在智能巡检机器人本体内的通信模块实现的。

结构环境监测系统包括在壳体的前端设置的气体检测探头、温湿度检测探头、光照度检测探头和烟雾传感器，在壳体的底部一侧还设置红外热像仪、照明灯和广角监控摄像机，其中的照明灯提供应急照明，当光照度检测探头检测到需要光照时，便开启照明灯进行应急照明，尤其是在发生火灾后，由于隧道内的电路系统损坏而产生短暂的“致盲”时提供紧急照明。

各个部件在机器人日常运行过程中采集数据并反馈至所述中央处理器，通过中央处理器将数据处理，并将数据传输至远程实时控制终端中，而机器人本体的运行结构及其中各部件的连接电路结构均可通过现有技术实现，如机器人本体的滑轨系统，包括滚轮及驱动滚轮转动的驱动机构，其中的驱动机构包括齿轮驱动，而各个数据采集部件的具体连接方式为现有技术中常见的电性连接。

6.2.2　通信系统

机器人要代替人类实现隧道巡检，首先要解决的问题是机器人的通信问题。通信功能是隧道巡检机器人所必需的几项基本功能之一。机器人在隧道内巡检时，需要与控制站建立通信，将巡检的过程与结果上传至控制站。同时，控制站也需要经过通信系统对机器人下达指令。

机器人在巡检过程中的通信内容分为两部分，一部分是控制信息，机器人需要接收控制站的工作指令并给出相应的反馈信息；另一部分则是视频信息和状态检测信息，机器人需要持续地将通过传感器收集到的桥隧内实况传送回控制站。这两部分的最大区别在于，控制信息的发送、接收，只在有控制指令时才会发生，并且是双向通信；而图像信息则自机器人启动运行后就一直持续，且只有机器人上传至控制站一个方向，为单向通信。

在机器人的通信模块设计中，除了使用两套无线通信设备完成机器人与控制站间数据通信，还有一套系统用于和机器人的运行轨道进行“互动”。这就是机器人的射频识别定位模块。对于在交通隧道内执行运行维护救援任务的机器人，要能够实现自主充电续航，除了需要具备充电模块，还必须知道充电节点的具体位置，以及自己与充电节点的距离等信息。

基于 5G 技术的隧道内智能云控制系统(图 6-7)能够通过隧道内布置的 5G 网络环境来实现对隧道内的采集终端进行远程指令控制，且采集终端可实时执行采集命令并反馈至本控制系统的监控终端，并通过采集数据的实时反馈以及云平台管理系统的数据综合分析，使得对单点隧道管理提升为隧道群的管理，智能控制系统包括数据采集系统、云平台管理系统和监控终端。

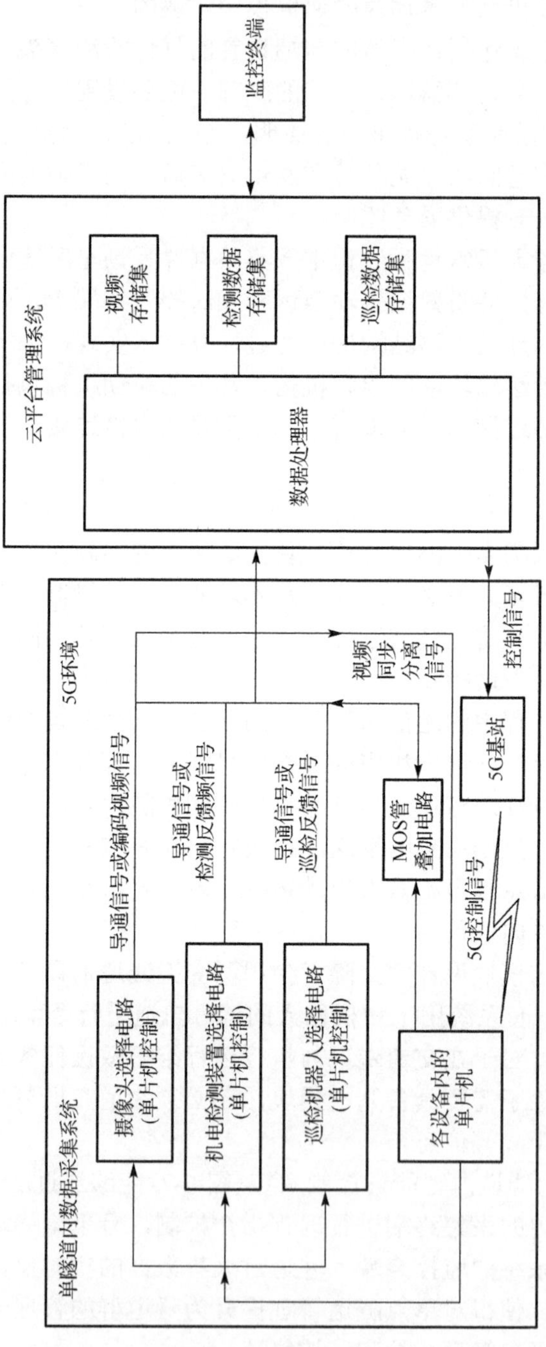

图 6-7　基于 5G 技术的隧道内智能云控制系统

数据采集系统分布在一条或多条公路上的隧道内，在隧道内布置有 5G 基站，通过 5G 基站使得隧道内为 5G 网络环境，一条隧道的两端必须各有一个 5G 基站，根据隧道的长度以及检测隧道内的 5G 信号的强弱来逐步添加 5G 基站，且同一区域的若干数据采集系统组成区域数据采集群。数据采集系统包括隧道内巡检机器人、交通摄像头以及机电检测装置，巡检机器人用于采集隧道内主拱结构上的结构病害情况，交通摄像头用于监测隧道内各个车道的交通车流状况，机电检测装置用于检测当前范围内的电力设备的运行状况。

6.2.3　监控后台

后台监控系统具有控制、监测、显示等功能，在完成人机交互作用的同时，接收机器人传来的数据，操作人员根据任务需要下达相关指令，并完成对机器人采集的设备数据的分析、存储、统计等处理。站点后台监控系统负责机器人状态的实时监测，对机器人的巡线任务进行规划，对机器人采集回来的数据进行报表和图形分析，根据不同站点的特点更新电子地图，以及完成与上级网络信息的指令传输。

(1) 实时监视功能。后台监控系统实时显示站内巡逻的采集现场设备信息、隧道内外气象值，在监控屏幕上通过曲线，实时报表，实时警报信息，红、黄、绿提示灯等展示方式来展示隧道内表计读数、设备位置状态、设备外观是否完整等。完成机器人输送回来的视频抓取、录制；记录机器人在不同控制模式下的位置、轨迹、机械本体的温度、云台角度、电磁电量信息、隧道内环境状况等。

(2) 机器人实时状态控制功能。系统后台可下发指令实现对机器人的实时控制，包括工作模式切换(全自主和人工遥控)、云台转动(上、下、左、右)、机器人行进(前进、后退、转向)等，通过云台控制可实现相机调焦、聚焦、补光等控制，也能通过一个按键实现返航功能。

(3) 机器人巡视任务管理功能。其主要任务一是负责安排机器人的工作方式，一般以日期来作为任务制定，也可根据工作特征来安排，以日期安排巡视方式具有周期性，机器人以时间为准则去完成工作情况；二是管理员在任务配置界面上编辑巡检任务、制定计划和下发任务等。任务配置的分类有两种方式，根据巡检对象类型分类，可分为设备区域类、设备名称类、设备类型等；根据巡检对象配置设备特征进行分类，可以分为安全仪表类、温度类、环境指标类。

(4) 数据查询统计功能。数据查询统计功能是为了方便客户查询的功能，主要涉及巡检点位查询、报警消息查询、已巡检点统计和巡检点异常分析等，所采集的数据经处理生成实时报表和历史报表，在报表功能上设置查询、打印和保存等，并支持 Excel 和 txt 格式导出。对设备和环境的温度、压力及设备的统计数据用曲线展示，提供了良好的可视化人机界面。

6.3 智能巡检系统功能

为实现对隧道结构、机电系统及交通运营的智能化检测和管控，以动态交通与安全智能巡检机器人为基础，结合先进的机器人技术和无损传感的物联网技术，定制适用于道路交通智能化监测和管理、依赖于导轨的倒挂式或平滑式行走机器人，从而实现长期实时地监测隧道交通状态、隧道结构安全状态、隧道机电运行状态，并按时对隧道进行安全评估，为隧道结构和设备的养护、维护提供数据支撑。通过部署智能隧道巡检机器人、智慧声光警示器和电子信息牌等物联网智能交通设备，在重点地区、交通枢纽和隧道等高速重点路段进行全天候监控，一键精确报警，借助 4G/5G 通信网络将视频及图片等感知数据回传监控平台，实现存储、显示及报警等相关智能应用，对违法行为进行识别处理并取证。如图 6-8 所示，机器人正在六盘山特长隧道内进行监测工作。

图 6-8　机器人运行示意图

6.3.1 结构安全巡检

由于隧道结构特征与成因的多样性和不确定性，隧道结构检测需要利用不同的方法和技术分析结构病害特征与病害成因。为了准确地把握各种病害的特征信息，隧道研究者已逐渐开展了隧道病害检测技术、病害成因分析、病害分类与分级方法、隧道病害安全性分析、隧道病害维修与加固试验以及施工技术、隧道病害诊断专家系统等多项相关研究，并取得了许多有益的成果，为隧道病害检测、病害健康诊断、病害维修对策提供了经验。

针对隧道结构可能出现的裂缝、渗漏水问题，在智能巡检机器人上配置激光雷达、温湿度传感器、空气检测感应器等系列环境感应器，实现对隧道内结构的实时监测、报告(图 6-9)。

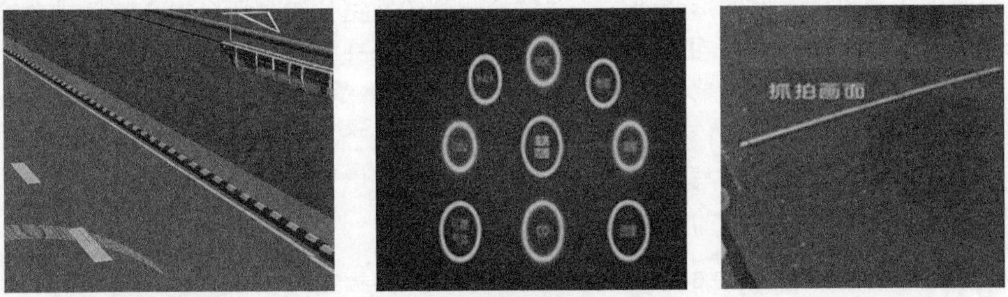

(a) 异物检测　　(b) 环境检测　　(c) 重要结构检测

图 6-9　结构安全巡检

桥隧内部结构异常检测：洞口检查、洞门检查、衬砌检查、路面检查、检修道检查、排水设施、内装、其他显而易见的损坏或病害，如图 6-10 所示。

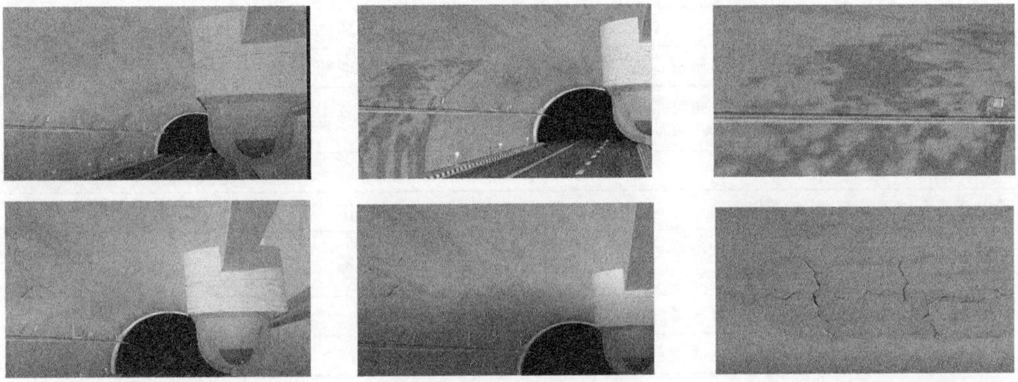

(a) 检测到异常　　(b) 定位到异常部位　　(c) 检测识别为裂缝

图 6-10　隧道结构安全检测

检查衬砌的变形和裂缝状况、洞内渗漏水状况，及时地进行针对性处理；检查路面、人行道并修理损坏部分；检查各种标志、标线及用白色反光材料涂刷部位，如有污染、缺损，及时地清扫、修理、涂料、刷新；检查桥隧附属设施，维护并确保通风、照明、通信、监控、消防、消声等设施经常处于完好状态；检查桥隧内外排水系统，修理损坏部分，定期疏通，保持畅通；及时地清除桥隧内外的塌(散)落物、桥隧口边仰坡上的危石、积雪、积水和挂冰。

6.3.2　机电系统巡检

传统人工巡检隧道内机电系统运行状态的手段单一，并且不能够全面实时地检测设备运行状况。而智能巡检机器人可通过搭配的传感器及通信设施对隧道内机电系统的状态进行实时的检测、报告及控制。隧道机电运行监测与管控系统能够精确地检测隧道内机电系统的运营状态，并将检测到的数据传输到后台中心整理成巡检数据日志，生成统计分析和预警报告，为后续人工处理提供决策参考。

桥隧安全智能巡检机器人按照《公路隧道养护技术规范》(JTG H12—2015)的要求，进行桥隧设备的巡检，包括：照明设施自动检查、消防设施自动检查、监控设施自动检查、通风设施与逃生设施自动检查、供配电设施自动检查等。

巡检机器人针对设备的巡检内容如表 6-1 所示。

表 6-1　巡检机器人针对设备的巡检内容

设施或设备	巡检内容
交通安全设施	安全设施的完好性
所有消防栓门	消防栓门的完整性
隧道内所有灭火装置包括灭火器(不含报警装置)	灭火器是否丢失，是否遭到偷盗和破坏
非设备性管道如排水管道	检查漏水情况
车行、人行横洞门	机电桥隧管理部负责检查。养护部负责维护和保洁
电缆沟、电缆沟盖板含与此相连的桥隧口通信井盖板	机电桥隧管理部负责检查。养护部负责维护和保洁
所有机电设备门包括紧急电话、车辆检测器、摄像机、光端机、本地控制器等设施门	是否齐备、是否在工作状态
人行横洞内设备门	是否打开
强电照明系统、通风设备(风机)	是否正常工作
桥隧监控设备、广播系统、本地控制器、环境监测设备(一氧化碳能见度仪器、光强检测装置等)、通信系统	功能是否齐备
所有设备线缆管道主要是光、电缆管道	是否被打开
隧道两头紧急电话设备及设施，包括紧急电话护栏和基础	是否正常工作
隧道口路侧主线通信井盖	是否被盗
信息板	是否工作正常

6.3.3　交通运营巡检

交通管控系统的功能是根据隧道交通实际变化情况通过自动(或手动)转换交通诱导程序，控制交通信号装置的状态，实现隧道内的安全、高效行车。通过对隧道内交通流检测器所检测到的交通流参数值的分析，进而通过对原始交通流数据采用特殊的交通流异常判别算法，判断隧道内瞬时的交通流状态，判别结果分为三类：正常、拥挤、阻塞。依据判断结果，实现交通流诱导程序的自动或手动跳变，控制相应的车道控制标志、入口的信号灯和入口可变限速标志等设备的显示。实时地刷新地图板的显示内容，借此判断交通异常诱导程序运行方案是否正确；判断所选择诱导策略是否能够及时、高效地处理现实隧道内的交通异常事件等实际问题；判断其是否能够满足车辆在高速公路行驶所提供的快速性及安全性要求。

针对隧道内突发事件，智能巡检机器人除搭载基本的视频检测器及红外热像仪外，还需配备简单的救援设备。对不同的突发事件有不同的应急方案，通过网络发送救援信号给有关交通部门，并及时地发布疏散声光警告，疏散隧道内车辆。通过物联网智能指挥系统(图 6-11)可以及时有效地联合交通管理部门应对隧道内突发事件，对隧道安全运营有重要作用。

(a)疏散人群、紧急撤离　(b)应急联动指挥　(c)事故快速处理

图 6-11　巡检机器人物联网智能指挥系统

通过系统安装的声音检测传感器和红外热成像传感器对桥隧内的声音与温度场进行实时监控，发现当事故相关的制动声、撞击声及异常温度出现时，进行事故预警(图 6-12)。

(a)检测到交通异常　(b)定位到异常位置　(c)检测识别为车辆碰撞起火

(d)检测到交通异常　(e)定位到异常位置　(f)检测识别为异常停车

图 6-12　巡检机器人交通事故检测

车辆发生碰撞事故时多会起火，此时巡检机器人会感知到异常的交通状况(图 6-12(a))，并立即定位到发生事故的位置；随后会进一步精确事故车辆位置(图 6-12(b))；最后会确定车事故的初步原因并将现场反馈给后台监控单位(图 6-12(c))。

同样地，当发现隧道内有异常的车辆停驶行为时，巡检机器人会定位到检测到异常的位置(图 6-12(e))，检测结果为车辆行驶异常并停靠在紧急停车带(图 6-12(f))。

行驶过程的车辆掉落物体时(图 6-13(a))，车主通常难以发现，物体就会遗留在车道上时，这会对后续车辆行驶产生一定的影响，因此检测物体掉落也是巡检机器人的工作之一。当巡检机器人检测到车道上有遗落的物体时(图 6-13(b))，将会迅速定位到物体所在位置(图 6-13(c))，随后记录并反馈给隧道监控单位，方便展开行动，以防对后续交通造成不便。

(a)事故车辆　(b)检测到掉落物体　(c)定位到物体位置并记录

图 6-13　物体掉落检测

由于受桥隧通风、取水、照明、通信、安全等条件的限制，桥隧内特别容易引发安全和各种突发事件，事件发生后进行处理的难度非常大，涉及大量被堵塞人员的生命安全、车辆、财产等安全问题，处理的压力很大，稍有不慎，后果将不堪设想。

第 7 章　六盘山特长隧道云智能感知工程案例分析

7.1　项 目 概 况

7.1.1　项目背景

青兰高速公路六盘山特长隧道(图 7-1)位于宁夏回族自治区固原市境内，隧道于 2012 年 10 月开工建设，历时 31 个月于 2015 年 5 月全线贯通，2016 年 7 月 1 日通车运营。隧道连接固原市泾源和隆德两县，隧道的贯通，不仅大大缩短了翻越六盘山所用时间，而且极大地缓解了国道 312 线的交通压力，更重要的是将使陕西省、甘肃省、宁夏回族自治区、青海省的 61 个贫困县、1400 万农村人口实现脱贫致富，为实施六盘山集中连片特困地区扶贫开发战略，建立甘肃省东中部、宁夏回族自治区南部便捷的公路运输网络，全面提升区域公路通行能力及国家“一带一路”建设提供重要的交通保障。

(a) 六盘山特长隧道卫星图

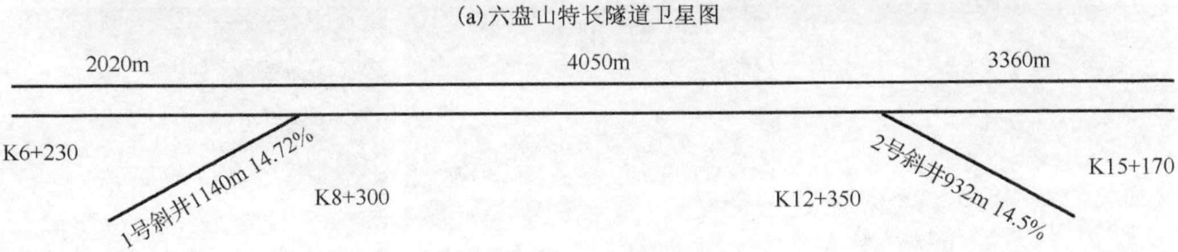

(b) 六盘山特长隧道示意图

图 7-1　六盘山特长隧道

左线隧道起止 R=3060m 的圆曲线上，隧道纵坡为 1.676%(9307m)、

–2.782%(183m)；右线隧道起止桩号为 K6+230、K15+710，右线进口位于直线上，出口位于半径为 R=3080m 的圆曲线上，右线纵坡为 1.68%(9270m)、–2.7%(210m)。隧道设计速度 80km/h，为双洞四车道分离式隧道，左右线间隔 31～48m，隧道建筑限界净宽 10.25m，净高 5m，下行线长 9490m，上行线长 9480m，隧道纵坡为人字坡，隧道青岛端为端墙式洞门，兰州端为削竹式洞门(图 7-2)。

(a)青岛端端墙式洞门

(b)兰州端削竹式洞门

图 7-2　六盘山隧道洞口

根据对六盘山特长隧道的结构调查显示，六盘山特长隧道共设置 14 个车行横洞，28 个紧急停车带，隧道左右洞各设置了一处长 200m 的特殊灯光照明带，通过不同变化的灯光图案，减轻司机、乘客的疲劳感。其内部重要结构：车行主线、车行横洞、紧急停车带如图 7-3 所示。

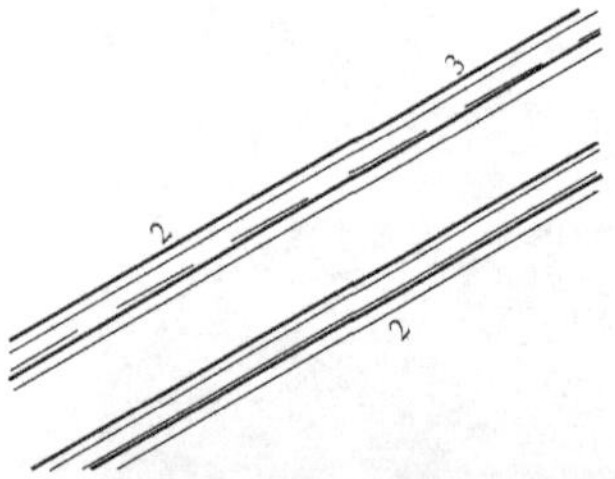

(a)隧道行车主线 CAD 设计图

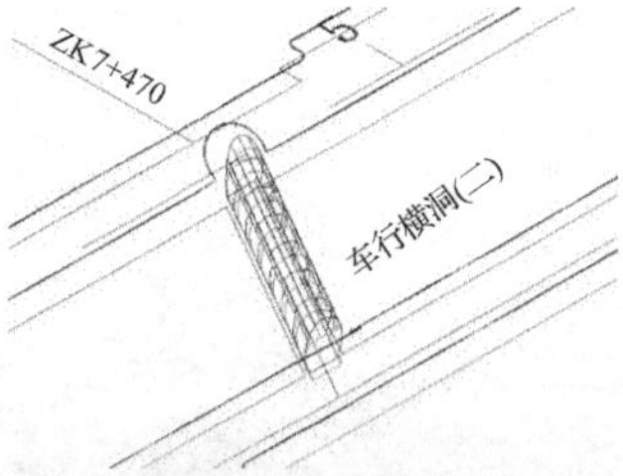

(b)车行横洞 CAD 设计图

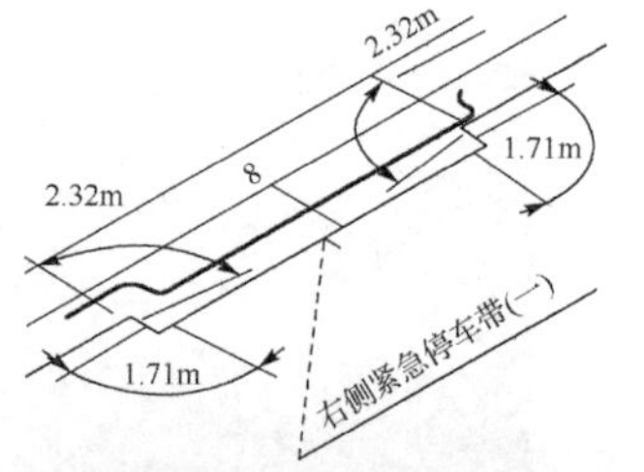

(c)紧急停车带 CAD 设计图

(d)隧道行车主线 3D 图

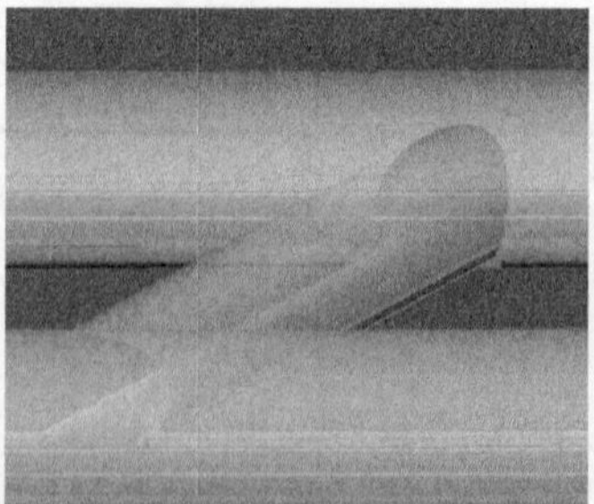
(e)车行横洞 3D 图

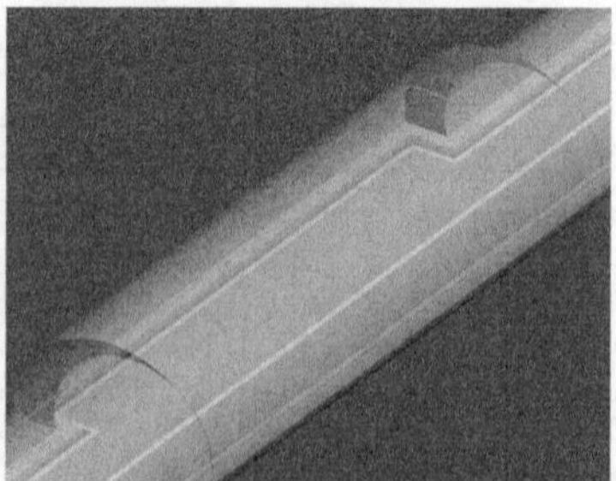
(f)紧急停车带 3D 图

(g) 隧道行车主线实景图　(h) 车行横洞实景图　(i) 紧急停车带实景图

图 7-3　六盘山特长隧道内部重要结构

(1) 六盘山特长隧道水文条件。

六盘山特长隧道其单洞进深 400～520m，水文地质条件属于简单类型，浅部地下水含水性弱，水量小，洞身绝大部分地段呈干燥状态，较多横洞很早已成为无水状态，向隧道深部进展的岩层较完整，风化程度变弱甚至是未风化，因此裂隙不再进一步发育，岩质坚硬，强度增大，深部岩层的含水性和富水量存在的可能性极小。六盘山特长隧道的深部地层经旁证没有较大地下水存在的可能性。其一，无地下水时，工程地质灾害少，也无法加速诱发工程地质现象和问题，对隧道工程施工有利；其二，基本无地下水存在时，地质围岩条件变好可能性极大，隧道施工质量及进度将大幅度受益[126]。

(2) 六盘山特长隧道气候条件。

六盘山隧道所经区域属内陆性季风气候，地处中温带半湿润气候向半干旱气候过渡地带，是跨越了气候分隔带的特长公路隧道。隧道各个洞口之间区域气候条件具有显著的差异。根据设计资料，隧址所在区域四季不分明，昼夜温差一般为 20～22.3℃，春季升温快而秋季降温迅速。一月份温度最低，历年最低温度可达−25.7℃；九月份温度最高，历年最高温度可达 31.4℃，项目区内主导风向为东南风。位于气候分隔带的特长公路隧道，洞口之间高差大、距离远，洞口附近区域气候具有显著差异，洞内易形成较为显著的自然风流，具有利用自然风进行通风节能的条件。隧道设计高程为 2074～2230m，属于高海拔特长公路隧道。

(3) 六盘山特长隧道地质条件。

六盘山特长隧道隧址区地质构造条件属于简单类型，而地质类型及地层岩性单一，整体岩层产状平缓，倾角小，进口段岩层较陡，且出口段岩层平缓，隧道中心轴线以顺层走向穿越为主，仅斜井的局部地段中心轴线以切层顺倾向线穿越为主，施工过程中不良工程地质现象不甚明显或构成的威胁微弱。

隧道地表地形较为平缓，其中埋深小于 100m 的长度约 1500m，主要分布在出口和几处沟谷地形处，埋深 100～200m 的长度约 2500，埋深 200～400m 的长度约 2400m，埋深大于 400m 的长度约 3080m，隧道的最大埋深为 600 多米。隧道进口主洞设计高程约为 2073m，出口主洞设计高程约为 2231m，1 号斜井口设计高程为 2185m，2 号斜井口设计高程 2295m。隧道进出口高差超过 150m，主洞进口与 1 号和 2 号斜井口高差分别为 112m 和 222m，1 号和 2 号斜井口高差达 110m，各洞口之间高差如图 7-4 所示。

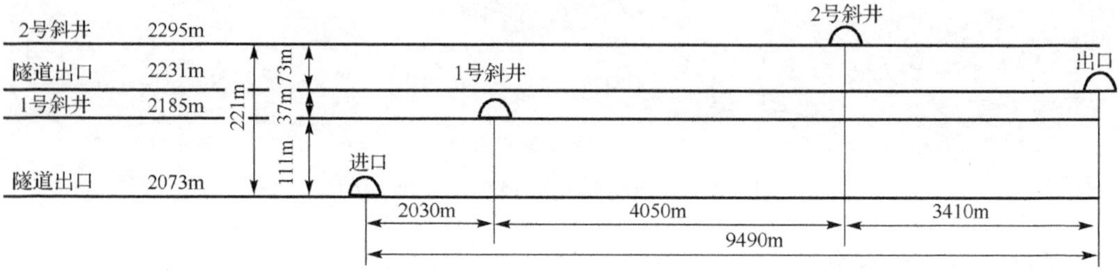

图 7-4　六盘山隧道左洞各洞口之间距离及高差

7.1.2　现有隧道检测存在的主要问题

隧道控制系统设置有中央控制系统、通风照明控制系统、交通诱导及控制系统、闭路电视系统、火灾检测报警系统、紧急电话系统、有线广播系统等。隧道机电设备包括照明灯具、射流风机、轴流风机、消防水泵、交通信号灯、车道指示器、可变信息标志、电光指示标志、摄像机、紧急电话与广播等。整座隧道设置有 14 座人行横洞，14 座车行横洞，28 处紧急停车带，通风斜井两座，消防蓄水池两座，消防栓箱 422 套，高清摄像机 177 台，报警电话 97 部，射流风机 78 台，轴流风机 17 台，各型照明灯具 11453 套，救援广播 389 套，35kV 变电所两个，10kV 变电所 6 个等。隧道供电方案采用 10kV 双市电源+EPS+UPS 电源供电，总装机容量为 11000kW。当前隧道运营主要存在问题如下。

1) 隧道巡查技术手段单一

当前隧道巡检手段主要依靠人工巡检，其检查范围包括短、中、长、特长隧道的土建、机电、其他附属设施的巡查，主要检查内容包括：①检查隧道有无破损，保持隧道外观整洁，做好检查记录；②机电、其他等设施运行状态，设施的完好程度检查、发现各类病害及可能诱发病害的因素，发现可能妨碍交通的路障等工程内容(图 7-5)。依据养护运营管理中心批准的训练计划开展特长隧道消防救援、日常演练、训练，隧道消防车辆的保养维护运行。需每日全程巡检，在雨季、冰季等极端天气还需增加巡查频率。

2) 隧道巡查成本居高不下

从历年工程量清单查阅可知(图 7-6)，年均人工巡查成本高达 100 多万元，以 2020 年为例，隧道日常巡查费用超过了 115 万元。

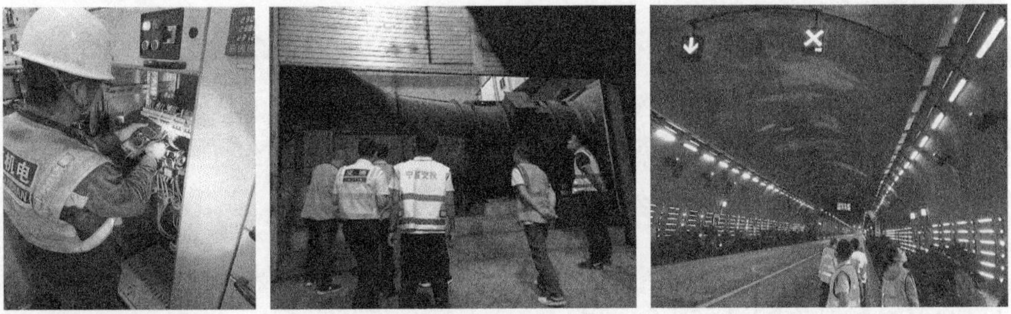

(a) 巡检配电设备　　(b) 巡检通风设备　　(c) 巡检照明情况

图 7-5　隧道养护人员巡检

750	工程量清单表					
751						
752	合同段：G22青兰高速——76.637					标表2
753	第1000章　一类日常保养					
754	子目号	子目名称	单位	数量	单价	合价
755	1001	巡查				
756	1001-1	路况巡查				
757	-a	路况日常巡查	年·公里	76.637	[illegible]	[illegible]
758	-b	路况定期巡查	年·公里	76.637	[illegible]	[illegible]
759	-c	路况夜间巡查	年·公里	76.637	[illegible]	[illegible]
760	-d	应急检查，在暴雨、暴雪、大雾、严重冰冻及其他可能危及沥青路面正常状态或妨碍高速公路正常交通的灾害性气候时进行的巡查，包括防汛巡查、雾天巡查、冰雪天巡查等	年·公里	76.637	[illegible]	[illegible]
761	1001-2	隧道巡查				
762	-a	日常巡查(含土建、机电、其他及特长隧道危化品检测、劝返、特长隧道消防救援、日常训练演练、训练等，一天不少于1次)	年·m	18970.000	61	1157170
763	1001-3	桥梁检查（经常检查通道、天桥、中小桥、大桥、特大桥）	年·总额	1.000	[illegible]	[illegible]
764	1001-4	交安设施巡查				
765	-a	日常巡查（一年不少于12次）	年·公里	76.637	[illegible]	[illegible]
766	-b	定期检查（一年不少于1次）	年·公里	76.637	[illegible]	[illegible]
767	-c	夜间巡查（一年不少于4次）	年·公里	76.637	[illegible]	[illegible]
768	1001-8	绿化检查	年·总额	1.000	[illegible]	[illegible]
769	1002	保养				
770	1002-1	路基	年·公里	76.637	[illegible]	[illegible]

图 7-6　2020 年度工程量清单

3) 隧道监测检测决策能力不强

坚持做到每年进行一次定期检查，外委专业化检查与自主定期检查相结合，2020 年投资 340.5483 万元，检查隧道单洞 20 座/36405 延米，投资 160 万元对隧道电气设备进行预防性耐压试验检测，投资 70 万元对 G22 青兰高速六盘山特长隧道 35kV 特高压电力运行进行专业维护。

7.1.3 项目目标

建立六盘山特长隧道运营智能监测系统、决策管理系统、安全规程规范，有助于及时地掌握隧道群系统的运营状态，确保公路隧道群监测系统处于良好运行水平，对保障隧道的运营安全、应急处置及服务水平具有重要意义。本书拟从以下三个方面来进行阐述。

(1)揭示隧道运营安全风险形成机理，明确隧道安全事故的特征与规律，建立隧道运营安全风险辨识与综合评估模型。

基于隧道运营大系统视角，围绕隧道结构安全和隧道交通事故安全，综合考虑“人-车-隧道-环境-管理”多因素耦合影响，从隧道安全事故的成因、过程、结果分析，系统梳理长大公路隧道运营安全的主要影响因素，明确其作用演化规律和致灾机理，建立主要风险源模型，构建安全风险关键阈值指标；明晰隧道运营安全事故的类型分类、形态分布、时间分布、空间分布、等级分布及危害度等，为整个项目研究和应用系统开发建立基础理论依据。结合隧道交通运营安全风险形成机理、关键指标、事故特征及危害度等成果，建立隧道结构安全和运营事故安全状态数据信息挖掘算法，分别建立不同事故类别的状态识别模型：事前辨识模型(风险源、安全度等)，事后辨识模型(事故位置、类型、等级等)，为“安全风险监测系统”研究奠定理论和方法基础。

(2)构建高效合理的隧道运营安全风险状态监测系统，建立合理可行的隧道运营安全风险决策与应急管理系统。

针对隧道结构安全和运营事故安全，综合考虑隧道运营安全事故的发生机理、规律特征、综合等级、辨识模型，面向单一隧道或隧道群构建风险状态信息采集、传输、处理软硬件网络体系和分析算法模型，为应用系统开发建立研究基础。针对隧道运营事故防控的重点与难点，提出合理可行隧道运营事故防控总体框架，构建不同事故风险的防控策略集，如建立分布式隧道火灾数据库，为分析和预防火灾事故提供了依据。在隧道机电系统运行环境感知方面，有视频监控系统和感温光纤火灾自动报警系统，一旦发现火情自动报警，启动应急预案。提出隧道安全保障体系和隧道安全管理体系。通过影响区域确定、交通组织方法、交通诱导控制、事故救援控制等技术手段，降低事故危害，并建立不同事故风险的应急预案。

(3)解决隧道机电系统设备实时、系统化控制及长期运行安全检测问题，建立基于长大隧道实时交通流的风险评估方法与主动预警技术。

从整体状态检测、预防性检测和故障响应机制三个方面，设计诊断评估机电设备能耗、设备使用时间等功能，并建立故障检测数据库，根据故障等级对响应设备进行维修，进而实现长大隧道机电系统设施检测技术的研发和应用。拟采用连续微观交通流模型，应用长大隧道车流轨迹数据对交通流模型进行标定，得到能够分析长大隧道车流运行状态的交通流模型，对长大隧道车流安全风险进行评估与主动预警。拟采用连续宏观交通流模型，根据异常驾驶行为在长大隧道内的发生位置，对异常行为位置上游的车流状态进行演化分析，给出交通安全影响与应急处置策略。拟采用视频图像处理技术对隧道前车流行驶进行形态学图像处理，提取大型车形状特征与行驶速度特性，从而对大型车行驶轨迹进行识别、跟踪及拦截，重点解决大型车违章行驶智能化识别问题。

7.2　项 目 内 容

为了构建高效可行的长大公路隧道运营安全风险防控监测与管理应用体系，结合六盘山特长隧道的具体情况来构建长大隧道结构、机电系统，以及运营安全、应急处置等系统性的融合监测平台，设计隧道云智能感知监测系统。

7.2.1　隧道结构安全辨识与评估

隧道结构安全辨识与评估对隧道运营有着重要意义，是决定隧道是否需要维修及维修地点的重要判别依据，相对传统的人工巡检技术所需的费用及时间来说都比较少。对隧道结构安全进行检测，并分析其病害机理，形成检测、分析、评估为一体的智能决策系统，主要分为以下三方面。

(1) 隧道结构病害机理及其安全风险规律。针对在役的六盘山隧道可能产生的裂缝、渗水及应力分布等具体参数，通过数据感知及时地分析隧道结构病害的特征及相互之间的关联关系，挖掘隧道结构病害的主要形成原因与发展机理，研究结构病害的风险评估与风险预警技术。

(2) 隧道结构安全风险辨识与风险评估。当隧道出现塌方、涌水等重大危害事故时往往会对交通产生重大影响，甚至可能导致重大安全事故，而且隧道内的结构病害一般不是单独存在的，而是互相影响、互相作用的。因此，研究隧道的渗漏水、冻害、衬砌裂损等病害的形成机理，并进一步探索隧道安全风险辨识方法与评估模型，为隧道运营管理提供决策支持。

(3) 隧道结构安全风险监测与状态评估。针对隧道结构病害的危害程度，先分别按不同病害类型进行安全风险监测与评估；然后通过参考隧道结构安全评估方法，对各病害类型进行加权计算；最后获得整体隧道的结构安全风险监测与状态评估情况。通过对隧道病害可能引起的安全风险进行评估与分析，对突发性重大病害及时预警，对持续发展的结构病害及时地形成运维管养建议报告，以支撑隧道运维管养。

7.2.2　隧道机电运行监测与管控

相对于传统的隧道机电运行监测与管控方法，本书以运行状态可视化、早发现、早检修为目标对隧道机电运行设备进行检测与管控，并根据其运行的历史数据形成报告以供隧道运营方制定隧道机电运行系统的检修周期及检修重点。对隧道机电运行进行检测，形成系统运行可视化、风险评估及应急管理为一体的监测管控系统，具体内容分为以下三方面。

(1)隧道机电设备故障可视化分析。隧道机电一般包括隧道供配电设施、隧道通风和照明设施、隧道消防及隧道监控设施。隧道机电设施故障常具备不确定性、隐蔽性和敏感性等问题，使部分故障很难被发现。为达到全覆盖、早发现、快响应的目的，拟从机电设施整体状况检测、机电设施预防性检测和机电设施故障响应机制形成机电设备一体化检测技术。

(2)隧道机电系统的运营状态监测与风险评估。为保障隧道运行环境的安全性，从机电系统五大模块入手，感知隧道内的有害气体、车辆通行视野光线等运行风险，借助实时评估的风险权重，完成运行风险的评估。

(3)长大隧道机电系统高风险应急管理。机电系统高风险因素一方面会使设备出现严重故障，另一方面会导致隧道内出现严重突发事件。针对前一种的高风险，通过应急替代设备进行相应控制；而后一种则是高风险预警技术研究的重点。针对隧道内已经发生的重大突发事件，提前制定应急响应预案，降低损伤率。

7.2.3　交通运营监测与管控

隧道内交通运营检测一般采用视频监控的手段，但目前的应用情况普遍缺少交通状态感知实时性。隧道因其特殊的交通环境，对车辆行驶要求非常严格，若车辆在隧道内违规临时停车或者随意变道都将对隧道内交通运行安全造成严重的影响。隧道内交通运营与管控的具体内容分为以下三方面。

(1)隧道交通运营管控技术与方法。研究以视频融合红外监测的实时交互技术对隧道交通情况进行监控分析，实时分析隧道交通流量、异常交通事件及运营环境等。

(2)隧道车流安全风险监测与主动预警。针对长大隧道较封闭性的交通运行环境，对长大隧道内的违章停车、强制换道引起车流阻塞等异常驾驶行为进行全息视频监控，确定异常驾驶行为发生的位置信息，考虑隧道整体时空特性，提出异常驾驶行为交通安全影响分析模型，提出长大隧道车流安全风险评估方法，确定长大隧道车流运行状态与安全风险间的耦合关系，并进行安全风险主动防控预警。

(3)隧道异常事件下交通安全影响与应急处置研究。针对隧道结构特征，分析隧道相对封闭性特征与交通事故、火灾事故、冰雪事故之间的内在关联，研究隧道车流运行特征、火灾事故发生与传播特性，以及隧道冰雪灾害机理。研究安全应急处置策略，减少相关交通事故的发生。

7.3　项 目 实 施

选取六盘山长大隧道进行数据采集及实践应用，设计全长 18km 双侧巡检方案。针对六盘山隧道可能产生的裂缝、渗水及应力分布等具体参数，通过智能巡检机器人感知到的数据及时地分析隧道结构病害的特征及相互之间的关联关系，挖掘隧道结构病害的主要形成原因与发展机理，研究结构病害的风险评估与风险预警技术。针对长大公路隧道结构安全和运营事故安全问题，建立隧道结构、交通流、交通污染、交通环境分析模型，结合安全事故统计分析，进行系统的运营安全风险形成机理与事故特征研究。采用“自上而下”的分解分析法，通过数据趋势预测分析，建立隧道运营安全事故的事前与事后风险状态辨识模型。建立主要风险源模型，构建安全风险状态关键阈值指标体系。

7.3.1　巡检机器人安装

通过部署智能隧道巡检机器人、智慧声光警示器和电子信息牌等物联网智能交通设备，在隧道进行全天候监控，一键精确报警，借助 5G 通信网络将视频及图片等感知数据回传监控平台，实现存储、显示以及报警等相关智能应用，对违章驾驶行为进行识别处理并取证。为适应隧道内特殊的交通环境，隧道机器人外形设计如图 7-7 所示。

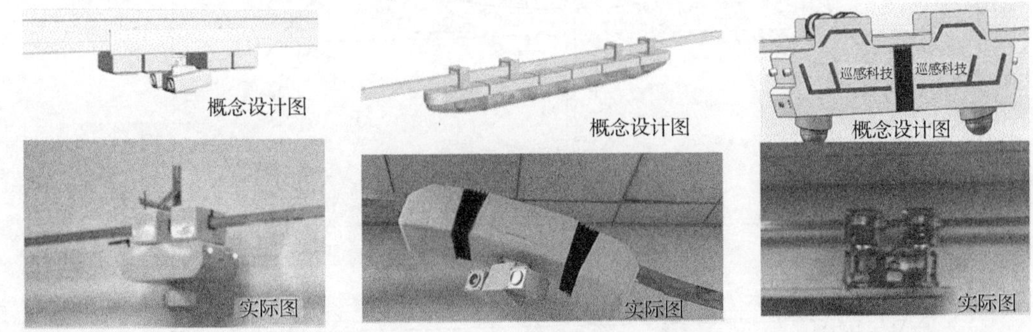

(a) 第一代机器人　(b) 第二代机器人　(c) 第三代机器人

图 7-7　隧道巡检机器人外形图

为实现交叉协同巡检，在隧道拱腰位置配备 4 台巡检机器人，由于机器人设备安装运行于隧道检修道上方，并且宽度不超出检修道，所以不影响隧道交通安全运行。如图 7-8 所示，机器人安装在隧道两侧壁上(黑实框)，市场上大部分机器人轨道分为两种，室外轨道多用热镀锌方管等钢材。为了提高机器人的工作效率，提高机器人运行速度，缩短到达事发地的时间，轨道设计采用两根方管左右并排拼接而成，中部为连接件，然后依次焊接，形成一条宽轨，加大行走轮的轮距，提高机器人的稳定性，从而使得机器人可以更加平稳高速地运行。

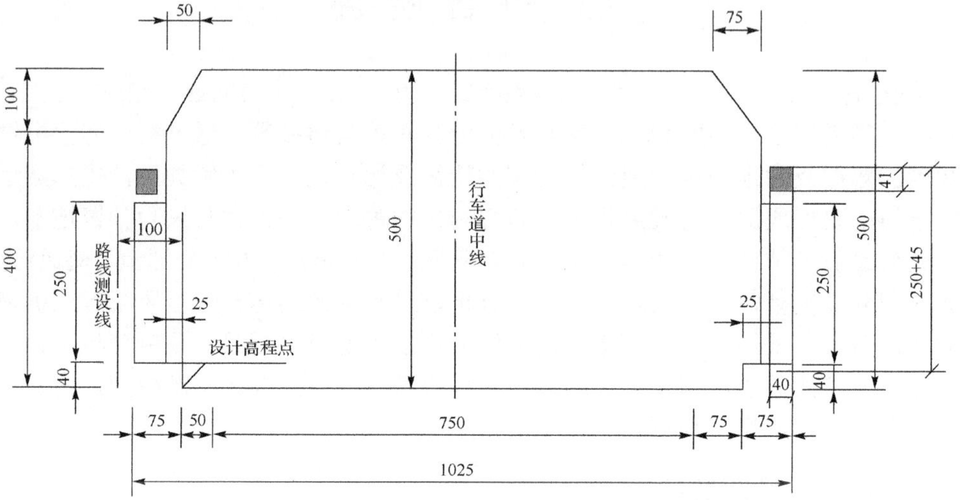

(a) 主洞建筑限界示意图

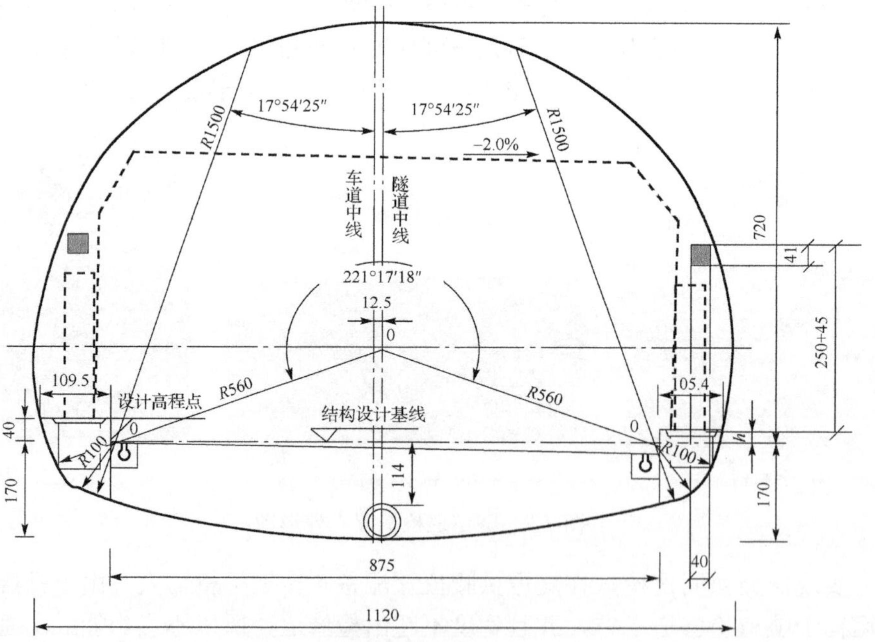

(b) 隧道内轮廓断面图

图 7-8　机器人安装位置图(单位：cm)

在隧道两侧检修道上方约 2.5m，以不侵限为原则安装，采用膨胀螺丝对机器人运行轨道进行加固，打入衬砌深度不超过 15cm，不影响隧道结构安全。施工地点为公路隧道，施工长度为双侧，总距离按 18km 计算，现场为标准公路隧道，隧道墙壁为混凝土结构，隧道内已安装照明灯、风机灯电力设备，并且隧道设有临时泊车点，墙壁会整体凹进泊车点，故需要寻找合适的位置进行安装，保证轨道的稳定性与一致性。

为最大化导轨的利用面积，采用吊装式安装。首先将三脚架固定在隧道内壁，然后利用丝杆将导轨进行吊装固定，如图 7-9 所示。

图 7-9　吊装式导轨安装

组成整个运行导轨的重要组装部件包括角铁支架、导轨、吊架三个部分，其具体的设计如下所示。

(1) 角铁支架(图 7-10)。

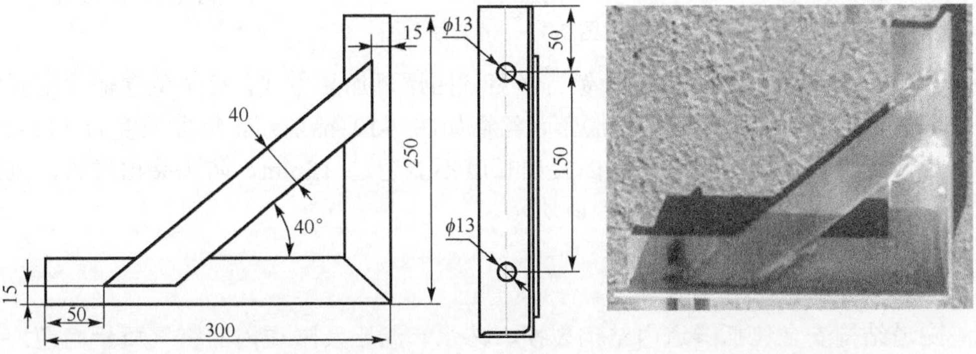

(a) 角铁支架CAD设计图　　(b) 角铁支架实物图

图 7-10　角铁支架

(2) 导轨采用 6m 长 40mm×40mm×2.5mm 热镀锌方管(图 7-11(a))。两端需齐头，以保证轨道接缝处缝隙≤0.5mm、平齐，两根管并排放置，中部有 5 个焊接夹紧件，

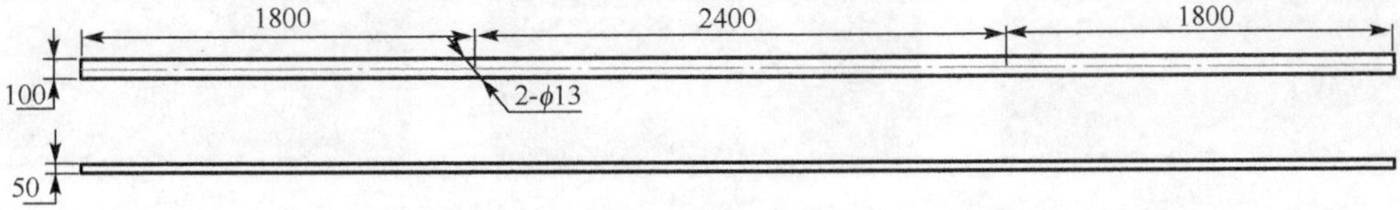

(a) 导轨 CAD 设计图

(b) 导轨焊接部位　　(c) 吊杆孔位置　　(d) 导轨连接件

图 7-11　导轨细节图

进行焊接，如图 7-11(b)所示；连接件中间位置只打一个吊杆孔即可，每个连接件中心位置相距 1500mm，如图 7-11(c)所示；连接件为 40mm×40mm×2.5mm 方管，长度为 200mm，正中打孔，开孔尺寸直径 13mm，如图 7-11(d)所示。

(3) 吊架采用 4#GB 镀锌角钢，焊接后需做防锈涂漆处理，如图 7-12(a)所示。

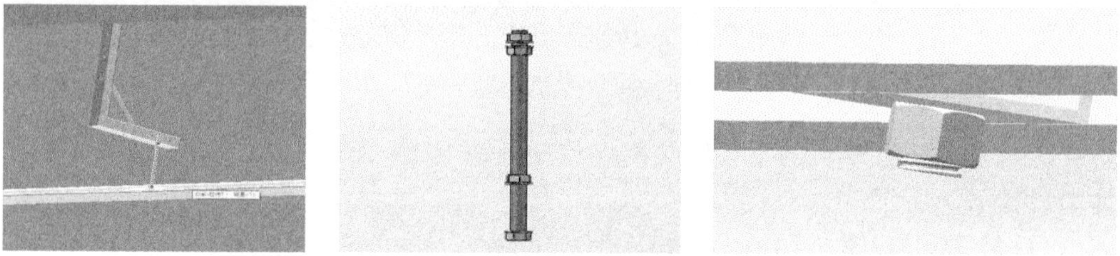

(a) 吊架　　(b) 丝杆　　(c) 剐蹭机器人动力组件

图 7-12　吊架细节图

(4) 吊装材料为 M13 或 M12 镀锌丝杆，四螺母加紧方式，每个位置需要配置弹簧垫圈，防止轨道震动使得螺母脱落，丝杆如图 7-12(b)所示，每根长度为 250mm，吊装后，丝杆下平面与轨道下平面突出长度不能超过 15mm，防止突出过长，剐蹭机器人动力组件，标准如图 7-12(c)所示。

7.3.2　结构安全感知检测

隧道结构安全包括隧道内结构裂损、渗水、漏水及隧道内的空气质量问题。智能巡检机器人可自身搭载各类传感器，对在役的六盘山隧道可能产生的结构裂损、渗漏水及环境质量等具体事项进行感知检测，如图 7-13 所示。

(a) 结构裂损　　(b) 渗漏水　　(c) 环境质量

图 7-13　隧道结构安全感知内容

根据不同的结构危害类型，其评价指标也不尽相同，以上三项感知内容的不同评价指标如表 7-3 所示。

表 7-3　评价指标

危害类型	结构裂损	渗漏水	环境质量
感应位置	围岩、衬砌和铺面	衬砌或铺面	隧道内
评价指标	动应变、动位移	渗水量、冻胀力	有害气体浓度、光亮度、温度、湿度

智能巡检机器人通过传感器检测隧道结构及隧道内环境质量问题，并生成检测数据上传至云智能分析平台，形成可视化的监测报告以供隧道运营方参考。智能巡检机器人会将每天的检测情况发送至云智能分析平台，云智能分析平台将这些检测数据形成可视化展示，如图 7-14 所示。

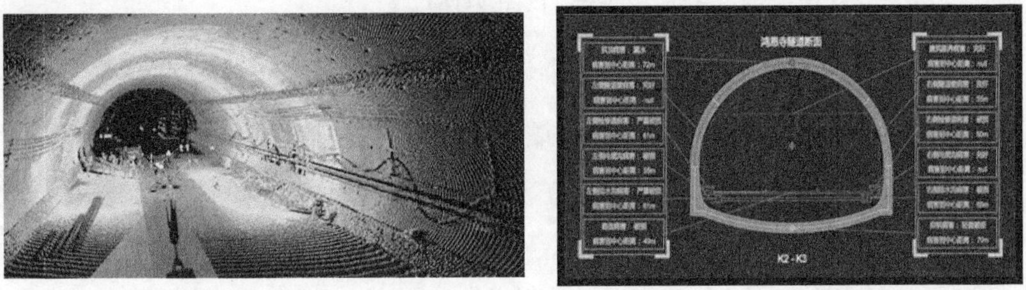

(a)激光扫描快速检测　　(b)巡检结果图

图 7-14　隧道结构病害检测(见彩图)

7.3.3　机电系统感知检测

隧道机电一般包括隧道供配电设施、隧道通风和照明设施、隧道消防及隧道监控设施。智能巡检机器人对隧道机电性能全时态运行进行感知(图 7-15)，并建立隧道机电系统整体化监测与 VR(virtual reality，虚拟现实)模型。

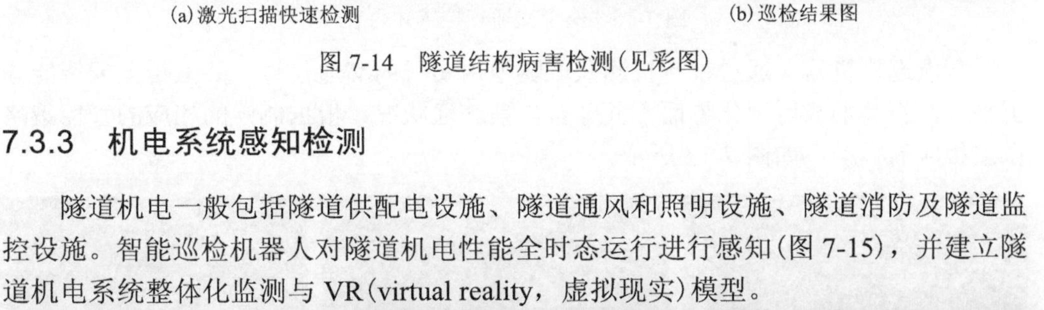

(a)隧道照明　　(b)隧道通风　　(c)隧道消防

图 7-15　隧道机电系统感知内容

隧道机电系统感知内容包括照明系统、通风系统及消防系统，根据不同的感应内容，其评价指标也不尽相同，以上三项感知内容的不同评价指标如表 7-4 所示。

表 7-4 感知指标

感知类型	照明系统	通风系统	消防系统
感应内容	亮度、亮度均匀度和闪烁	空气质量、有害气体浓度、温湿度	交通密度、交通事故
评价指标	照度、流明、光强	温度、灰尘含量、CO、CO_2浓度	交通量、车速、温度、车牌识别

7.3.4 交通管控感知检测

隧道内交通管控包括以视频融合红外监测的实时交互技术对隧道交通情况进行监控分析。针对突发事件，智能巡检机器人应当联动隧道内现有的应急资源并向云智能分析平台发送报告，警示相关部门(图 7-16)。

(a)视频监控　(b)应急通信　(c)交通组织

图 7-16 隧道交通管控感知内容

智能巡检机器人通过视频检测获取隧道内实时的交通信息，并上传至云智能分析平台，将其形成可视化界面，并分析当前交通状况，根据制定的相应的管控策略做出相应的行动，如图 7-17 所示。

(a)交通流信息　(b)诱导信息　(c)控制策略

图 7-17 智能巡检机器人交通管控

7.3.5 云智能分析平台

“隧道云智能感知监测系统”是在新一代信息技术环境下对传统公路隧道交通工程设施的全新演绎(图 7-18)，是未来公路隧道运营管理的发展趋势。随着公路隧道

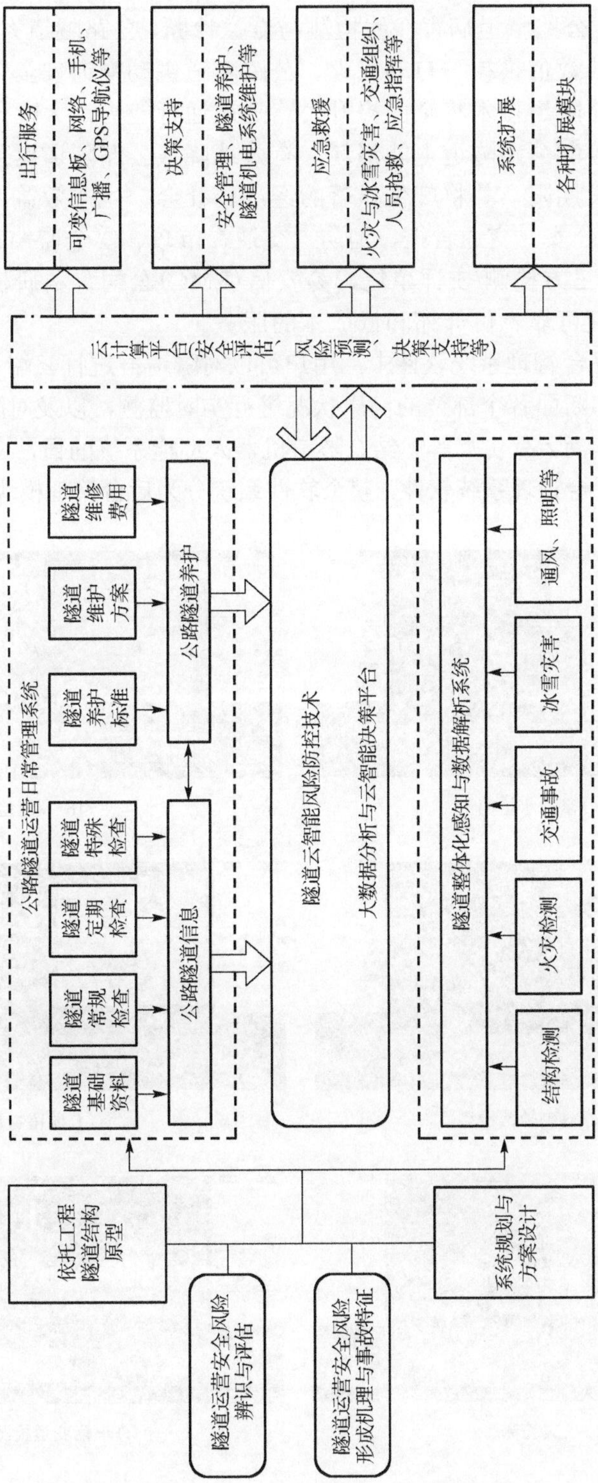

图 7-18　隧道云智能感知监测系统平台

三维数字化可视、公路隧道病害在线检测与专家诊断、公路隧道大数据分析与挖掘、公路隧道火灾在线数值模拟与自动灭火、公路隧道主动交通安全管控等关键技术的突破，智能型公路隧道技术将全面提升公路隧道通行能力，大幅提高公路隧道运营安全水平，切实控制公路隧道电能消耗，有效地降低公路隧道运营管理成本，全面延长公路隧道服役期限，并将产生显著的经济、社会、生态效益。该系统为隧道管理者、政府部门(公安、交通管控、消防、交通、市政、安全监控、环保、规划、国土、医院等)、第三方检测/安评单位、易安信(EMC)公司、科研机构、互联网企业终端客户等提供高可靠、可伸缩和低成本的服务。

隧道云监测平台管理系统软件中，用户可以对隧道群进行云端管理，对隧道个体的整体健康状况和断面各个部位的健康状况进行实时监测，以及对隧道内的通车状况进行视频监控和车辆运行仿真等。结合隧道机器人巡检系统的日常巡检报告(图 7-19)构建隧道云监测平台管理系统软件，整个软件系统分为后台管理模块与前台展示模块。

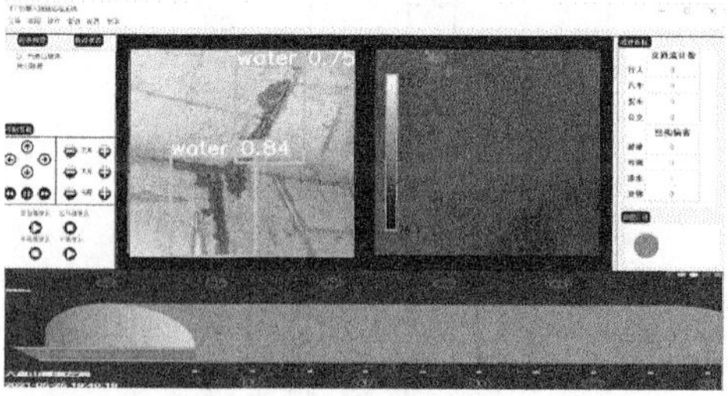

(a) 渗漏水检测

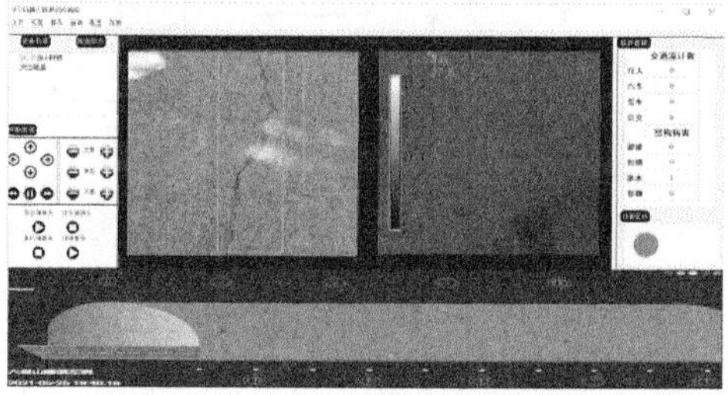
(b) 裂缝检测

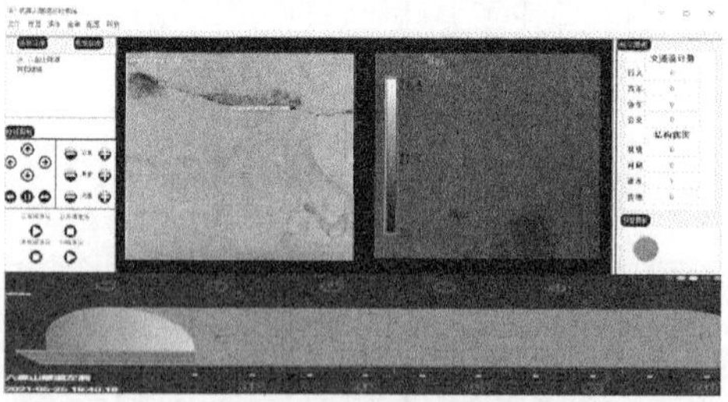
(c) 衬砌掉落检测

(d) 遗留物检测

(e) 火灾检测

(f) 车辆变道检测

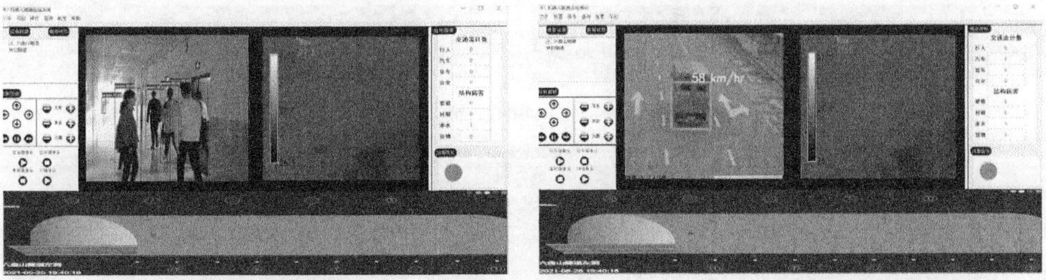

(g) 行人入侵检测　　(h) 车辆超速检测

图 7-19　隧道机器人巡检系统

(1) 后台管理模块分为云端管理、分段设置、病害监测、视频监控、用户管理和用户注册，后台管理工具栏界面如图 7-20 所示。

图 7-20　隧道云监测平台管理系统后台管理工具栏界面

云端管理模块通过百度在线地图精准定位某一区域内的隧道地理位置，实现对隧道集群的管理；分段设置模块可以根据隧道病害位置对隧道进行分段设置，从而为每个分段染色以突出相应的病害等级；病害监测模块可以查看各个已设置好分段的隧道整体的健康状况以及各个分段断面的健康状况，并进行管理；视频监控模块可以实时监控某一区域内的隧道壁和路面状况，以及隧道内的行车状况等；用户管理模块可以进行修改、查看、删除用户信息操作；用户注册模块可以对新用户进行注册。

①分段设置。通过隧道云监测平台管理系统软件主界面，单击界面上的“分段设置”按钮，即可进入隧道分段功能模块，可以根据隧道病害位置对隧道进行分段、渲染的相关操作，分段方式分为均分和微调两种方式，其中，微调是在均分的基础上进行的，根据这两种方式的组合，可以对隧道进行任意的分段设置。如图 7-21 所示，该界面主要分为 3 个功能区域，上面为 3D 隧道展示区域，左下角为隧道均等分段设置区域，右下角为隧道微调分段设置与颜色渲染设置区域。

按均分方式给隧道分段，在隧道名称中输入隧道名称的关键字便可以在下拉框中看见与该关键字相关的隧道(它们也在一个区域范围内)，选中某一隧道，则该隧道的车道数目和隧道全长信息均被加载显示出来，如图 7-22 所示，分段数目即把该隧道均分为多少段，用户可以自己定义，后面仍可以改。但一旦隧道名称确定好之后则不能更改隧道名称了，这样设计主要考虑计算性能的问题。绘制隧道按钮则可以将当前分段方式下的隧道 3D 模型图绘制到界面上，同时各个段的渲染颜色也被显示给用户。

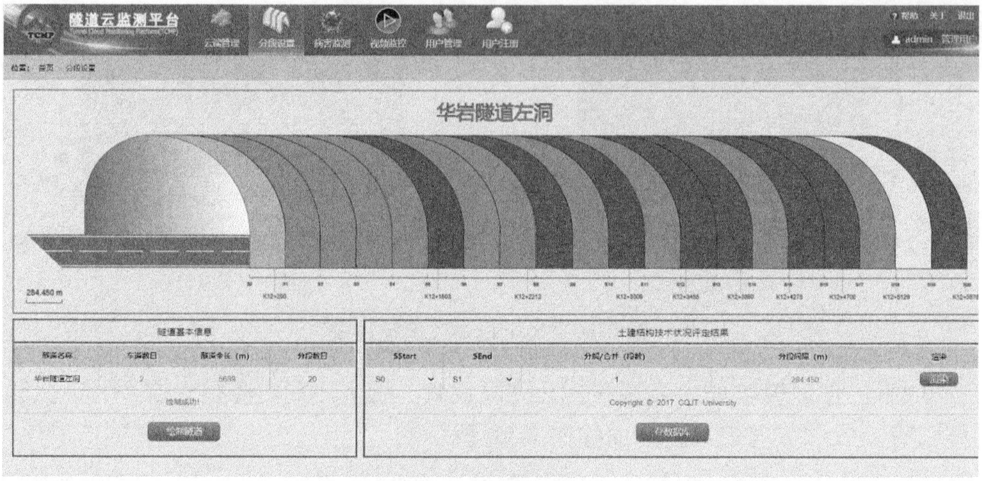

图 7-21　分段设置

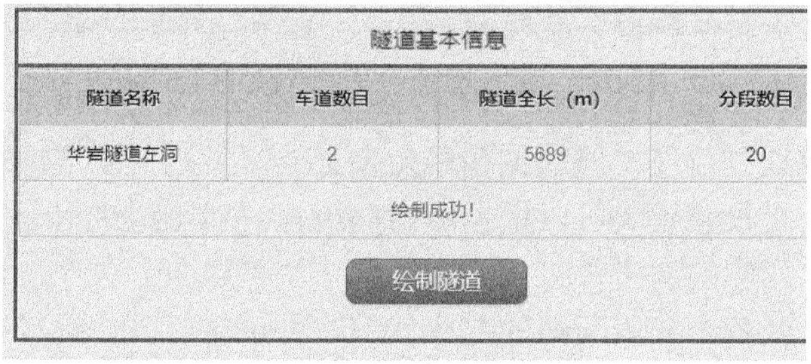

隧道基本信息			
隧道名称	车道数目	隧道全长（m）	分段数目
华岩隧道左洞	2	5689	20
绘制成功!			
绘制隧道			

图 7-22　隧道基本信息

按均分与微调相结合的方式来对隧道进行分段设置，如图 7-23 所示，SStart 表示分段的起始编号，SEnd 表示分段的终点编号，需要注意的是，它们不是桩号，分解/合并表示可以将 SStart 与 SEnd 之间的分段(可能有一个，也可能有多个)分解或者合并为一个或者多个，如果觉得还不合适，则可以重新以新的分段数目均分隧道，然后再来微调，以此循环往复，直到满足自己的需求。分段间隔展示的是当前编号区段中间距最小的值；渲染则是当前分段下该分段的颜色，不同病害等级对应不同的颜色。

土建结构技术状况评定结果				
SStart	SEnd	分解/合并（段数）	分段间隔（m）	渲染
S0	S1	1	284.450	渲染
Copyright © 2017 CQJT University				
存数据库				

图 7-23　结构技术状况评定结果展示

分段后的结果展示，如图 7-24 所示，在一些编号区段内，选择性地展示了一些桩号信息，方便用户大概掌握隧道的位置信息。经过分段和渲染后，便可以得到隧道各个分段的病害信息和相应的颜色展示。

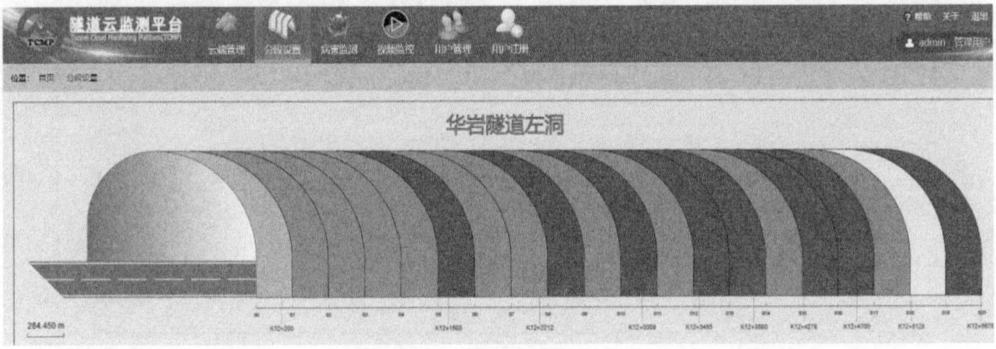

图 7-24　云端管理界面

②云端管理。完成“分段设置”后，转到“云端管理”界面。在右边的搜索框中输入隧道名称(输入过程会有提示)，之后单击“搜索”按钮，则地图上会显示出该隧道及其周边隧道的地理位置信息，单击隧道的位置标记，则会进入到该隧道的前台展示界面，若该隧道未进行“分段设置”操作则会有相应提示信息，提示信息如图 7-25 所示。

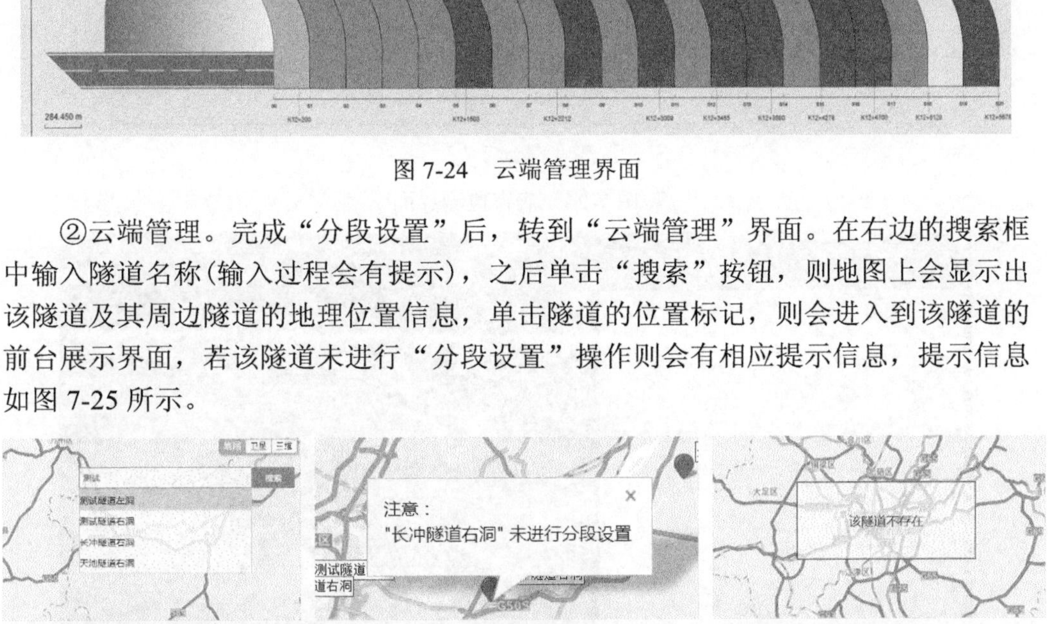

(a) 输入隧道名称　　(b) 提示信息　　(c) 远程数据库不存在时

图 7-25　隧道搜索界面

③病害监测。完成“分段设置”后，就可以转到“病害监测”界面。在“病害监测”界面中可以看到被设置分段后的隧道列表，用户可以对其进行“查看”“删除”操作，单击“保存修改”按钮可以保存当前的“删除”操作。单击“查看”按钮可以转到该隧道的前台展示界面，如图 7-26 所示。

④视频监控。“视频监控”功能区分为两个区域，左边为地图区域，右边为视频区域，如图 7-27 所示，在地图上单击某一隧道位置标记，则在视频区域会调用该隧道的实时监控视频，用户还可以使用暂停视频播放等功能。

⑤用户管理。管理员可以对用户进行查看、删除和修改操作，如图 7-28 所示。

⑥用户注册。游客取得权限后，可以在“用户注册”界面进行注册，注册共分

为 3 个步骤，第一步注册用户名和密码，第二步注册用户的任职信息，第三步注册用户的个人信息，如姓名、身份证号等。图 7-29 为用户注册界面。

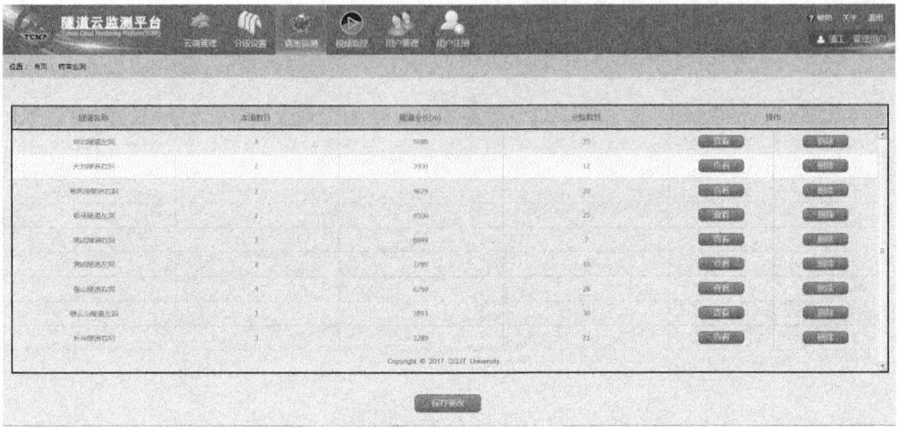

图 7-26　病害监测界面

图 7-27　视频监控页面(见彩图)

图 7-28　用户管理界面

(a)密码设置　(b)社会职务注册　(c)个人信息注册

图7-29　用户注册界面

(2)以六盘山隧道作为测试隧道，隧道云监测平台包括系统概述、用户登录、隧道状况评定、图片展示、视频监控、断面病害监测、隧道简介七个模块。其中隧道模型采取一定比例实际还原真实隧道结构基本情况；隧道状况评定模块通过巡检机器人的巡检数据及分析结果，对隧道的各个分段进行评定，并将评定结果通过分述评估模块展示出来；视频监控模块提供实时的监控画面；隧道简介是对隧道群内每一隧道的基本信息进行简单的陈述。

①系统概述。“隧道云监测平台”是为了实时掌握隧道内部环境及多处隧道数据实时共享而开发的一套立体形象的监测系统。将隧道实时监测数据和历史数据进行归一化处理，提供隧道安全状态的评估和预测，根据异常数据的分析结果进行分级预警，以便及时地调整维养方案。该系统不仅能有效地保证整个隧道的运营安全，而且保证了隧道群服务干线路网的运行效率。

②用户登录。通过用户登录界面，进入该系统。通过系统主界面(图7-30)上方所列的功能模块按钮，进入各功能模块的操作。用户登录，进入云监测平台后，可

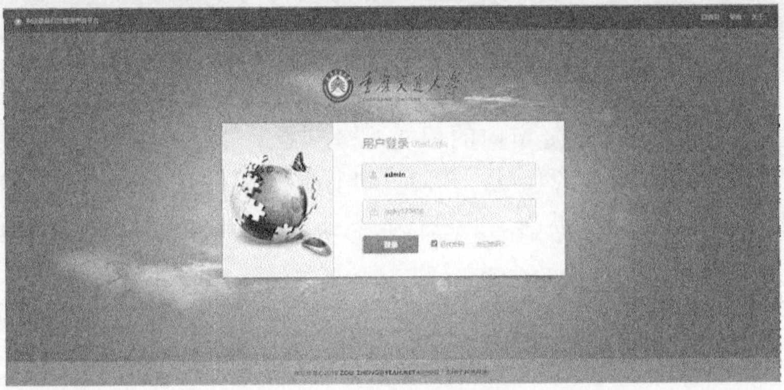

(a)登录界面

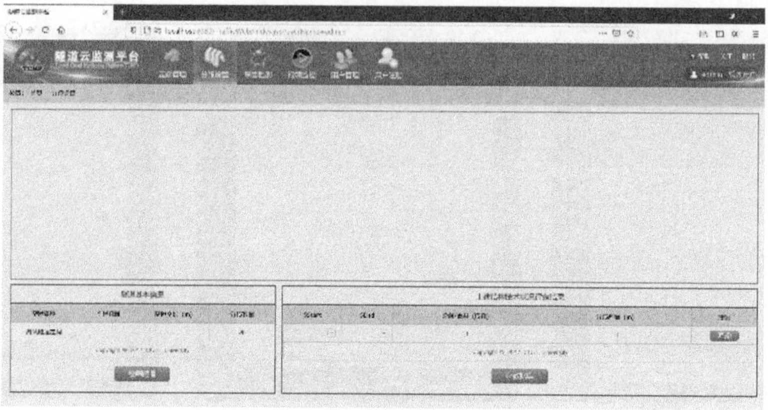

(b)隧道建模界面

图 7-30　系统主界面

以看到所有在系统内经过标定的隧道，用户可输入隧道名称进行搜索，如输入“测试隧道”则可进入“测试隧道”的隧道模型界面。

在隧道模型界面，可见隧道名称、车道数目、隧道全长、分段数目及左洞/右洞等隧道基本信息，如图 7-31 所示。

图 7-31　隧道模型

③隧道状况评定。通过隧道内的智能巡检机器人的巡检数据，将隧道每段的健康状况进行分析评估(图 7-32(a))，并对其进行分数评估展示(图 7-32(b))，其中绿色代表健康、黄色代表预警状态、红色代表需要维修状态、蓝色代表健康状况良好、紫色代表健康状况较差。

④图片展示。针对有安全隐患的结构处，智能巡检机器人会对具体的隐患点进行拍照留存，并传输到系统展示平台进行展示来提醒维修，如图 7-33 所示。

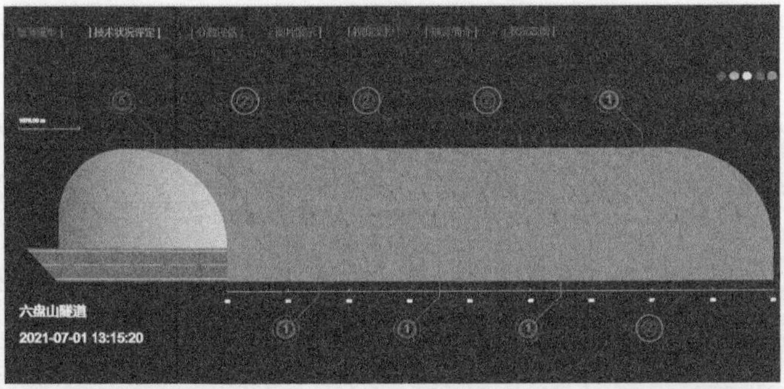

(a) 状况分级

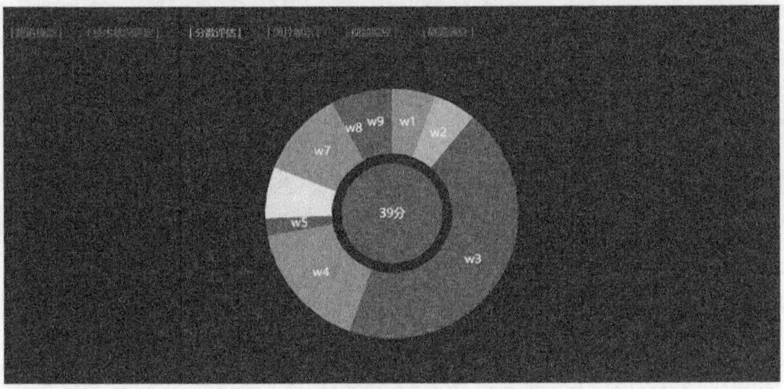

(b) 分数评估

图 7-32　隧道状况评定(见彩图)

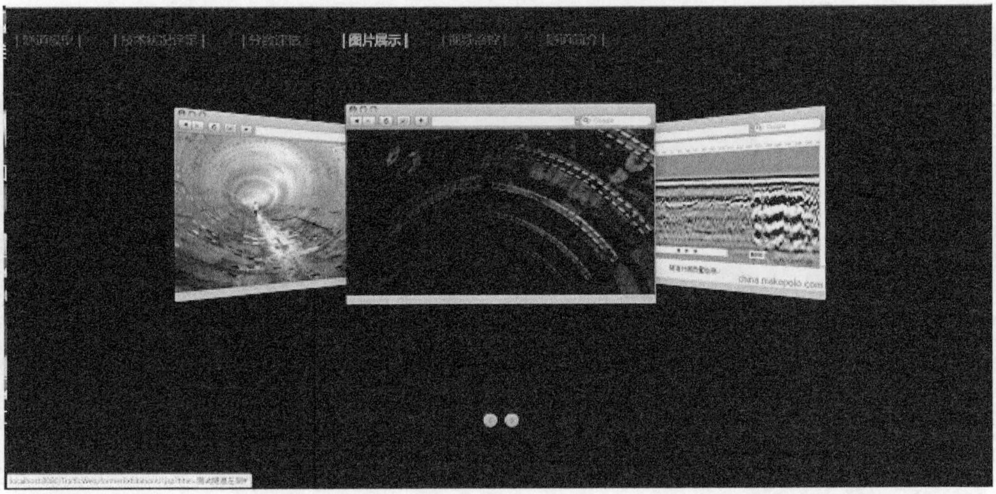

图 7-33　图片展示界面

⑤视频监控。视频监控界面，智能巡检机器人自带视频监控摄像头和红外热像仪，在其进行巡检任务的同时将隧道内的情况实时展现在后台屏幕上，当发生交通

事故或者设备故障时，通过滑轨移动摄像头，能够快速地掌握现场情况，如图 7-34 所示。

图 7-34　视频监控界面

⑥断面病害监测。在隧道状况评定界面中，单击某个分段，则可以进入该分段断面病害监测界面，如图 7-35 所示，“六盘山特长隧道左洞(K10+1.052)”表示该断面是桩号 K10+1.052 处的断面，“S4～S5(共 1 个桩号有病害)”表示 S4～S5 区域内只有一个桩号有病害，此处即为 K10+1.052。

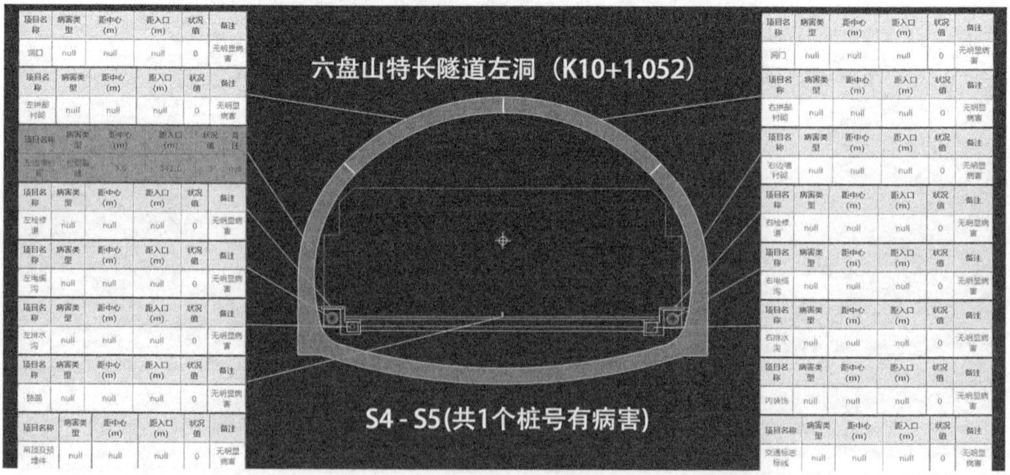

图 7-35　断面病害展示界面

与技术状况评定一样，断面病害监测也有截图功能，可以把当前监测的结果存储为图片格式以便后面使用。

⑦隧道简介。在隧道简介界面包括隧道名称、隧道位置以及隧道长度等基本信息，以六盘山隧道为例，其基本信息显示如图 7-36 所示。

图 7-36　隧道简介界面

选取六盘山长大隧道为测试隧道，通过在隧道内布置 5G 基站，使得隧道内为 5G 的网络环境，设计全长 18km 双侧巡检方案，在隧道拱腰位置配置 4 台巡检机器人实现交叉协同巡检，且在隧道内的数据采集系统通过高速的 5G 网络环境使得采集终端可以通过远程控制，并可高效地完成远程指令，提高了其数据采集效率。并以智能巡检机器人为传感基础开发隧道云智能感知监测系统平台，为隧道服役性能提供完备的监测数据资源，并通过终端控制对隧道关键部位主动诊断，使分析获得新的线索，形成迭代的分析和可视化，提高了隧道整体的管理效率及管理水平。

参 考 文 献

[1] 交通运输部. 2019 年交通运输行业发展统计公报[J]. 交通财会, 2020, (6): 86-91.

[2] 佚名. 日本一隧道天花板坍塌 9 人丧命[J]. 广东交通, 2012, (6): 63.

[3] Roads and Traffic Department. Road Safety Audits and Inspections[M]. Oslo: Norwegian Public Roads Administration, 2006.

[4] Eenink R, Reurings M, Elvik R, et al. Accident prediction models and road safety impact assessment: Recommendation for using these tools[R/OL]. [2021-04-05]. https: //www. swov. nl/publicatie/accident-prediction-models-and-road-safety-impact-assessment-results-pilot-studies.

[5] Amundsen F H, Ranes G. Studies on traffic accidents in Norwegian road tunnels[J]. Tunnelling and Underground Space Technology, 2000, 15(1): 3-11.

[6] Shy B. Overview of traffic safety aspects and design in road tunnels[J]. IATSS Research, 2016, 40(1): 35-46.

[7] Mashimo H. State of the road tunnel safety technology in Japan[J]. Tunnelling and Underground Space Technology, 2002, 17(2): 145-152.

[8] Jian S Y, Wong Y D. Road traffic accidents in Singapore expressway tunnels[J]. Tunnelling and Underground Space, 2013, 38: 534-541.

[9] Miki M, Hiroyasu T, Imazat K, et al. Proposal for an intelligent lighting system, and verification of control method effectiveness[C]. IEEE Conference on Cybernetics & Intelligent Systems, Singapore, 2004: 520-525.

[10] Japan Highway Public Corporation. JIS Z9111-1988 Tunnel Lighting Design Guide[S]. Tokyo: Japanese Industry Standards Association, 1990.

[11] Illuminating Engineering Society of North America. ANSI/IESNA RP-22-96 American National Standard Practice for Tunnel Lighting[S]. Washington: American National Standards Institute, 1996.

[12] Colombo A G. Summary of lessons learnt form tunnel accidents[J]. Tunnelling and Underground Technology, 2002, (17): 47-52.

[13] Peña-García A. The impact of lighting on drivers well-being and safety in very long underground roads: New challenges for new infrastructures[J]. Tunnelling and Underground Space Technology, 2018, 80: 38-43.

[14] Tran D, Tan Y K. Sensorless illumination control of a net-worked LED-lighting system using

feedforward neural network[J]. IEEE Transactions on Industrial Electronics, 2014, 61(4): 2113-2121.

[15] Musa M S, Nallagownden P, Chiu K W, et al. Design and development of intelligent adaptive tunnel lighting system[C]. 2015 IEEE Conference on Energy Conversion, Johor Bahru, 2015: 19-20.

[16] Ying Y, Wang X, Shi L, et al. Influence of light zones on drivers' visual fixation characteristics and traffic safety in extra-long tunnels[J]. Traffic Injury Prevention, 2016, 18(1): 102-110.

[17] He S Y, Tähkämö L, Maksimainen M, et al. Effects of transient adaptation on drivers' visual performance in road tunnel lighting[J]. Tunnelling and Underground Space Technology, 2017, 70: 42-54.

[18] Carnì D L, Grimaldi D, Lamonaca F, et al. A smart control to operate the lighting system in the road tunnels[C]. IEEE International Conference on Intelligent Data Acquisition and Advanced Computing Systems, Berlin, 2013: 786-790.

[19] Renzler M, Reithmaier N, Reinhardt R, et al. A road tunnel model for the systematic study of lighting situations[J]. Tunnelling and Underground Space Technology, 2018, 72: 114-119.

[20] Wojnicki I, Kotulski L, Sedziwy A, et al. Application of distributed graph transformations to automated generation of control patterns for intelligent lighting systems[J]. Journal of Computational Science, 2017, 23: 613-619.

[21] Haack A. Fire protection in traffic tunnels: General aspects and results of the EUREKA project[J]. Tunnelling and Underground Space Technology, 1998, 13(4): 377-381.

[22] 刘伟, 袁学勘. 欧洲公路隧道营运安全技术的启示[J]. 现代隧道技术, 2001, 38(1): 5-10.

[23] 陈晓利. 高速公路隧道群营运安全管理技术研究[D]. 重庆: 重庆交通大学, 2008.

[24] Persson M . Quantitative risk analysis procedure for the fire evacuation of a road tunnel[R]. Lund: Lund University, 2002.

[25] Kinateder M, Pauli P, Mueller M, et al. Human behaviour in severe tunnel accidents: Effects of information and behavioural training[J]. Transportation Research Part F: Traffic Psychology and Behaviour, 2013, 17(1): 20-32.

[26] 侯久望. 终南山隧道监控系统设计与关键技术研究[D]. 成都: 西南交通大学, 2005.

[27] 交通部重庆公路科学研究院. 中华人民共和国行业标准 JTJ 026. 1—1999: 公路隧道通风照明设计规范[M]. 北京: 人民交通出版社, 2000.

[28] 闫治国, 杨其新. 秦岭特长公路隧道火灾温度场分布试验研究[J]. 地下空间, 2003, 23(2): 191-195, 227.

[29] 闫治国, 朱合华, 何利英. 欧洲隧道防火计划(UPTUN)介绍及启示[J]. 地下空间, 2004, 24(2): 212-219.

[30] 华杰工程咨询有限公司. 公路项目安全性评价指南[M]. 北京: 人民交通出版社, 2004.

[31] 马壮林. 高速公路隧道交通事故分析及预防对策[D]. 西安: 长安大学, 2006.
[32] 尚荣丽, 张生瑞. 高速公路隧道交通安全保障系统的研究[J]. 公路, 2006, (12): 127-130.
[33] 张腾飞, 刘伟华. 东马各庄隧道运营安全仿真评价分析[J]. 公路与汽运, 2018, (6): 42-46.
[34] 胡顺峰. 山区高速公路隧道群交通事故特征及致因机理分析[J]. 公路, 2016, 61(5): 134-138.
[35] 杨波, 徐姣, 倪晓阳. 高速公路隧道交通安全事故树分析[J]. 安全与环境工程, 2011, 18(3): 59-63 .
[36] 丁光明. 高速公路隧道环境对驾驶人生理及心理影响研究[D]. 西安: 长安大学, 2011.
[37] 张生瑞, 马壮林, 石强. 高速公路隧道群交通事故分布特点及预防对策[J]. 长安大学学报(自然科学版), 2007, 27(1): 63-66.
[38] 刘云翔, 韩贝. 基于改进 FP 算法的隧道交通事故关联分析[J]. 现代电子技术, 2018, 41(17): 141-144.
[39] 余剑锋, 张金杰, 张兵, 等. 基于 VISSIM 的高速公路隧道交通事故影响仿真分析[J]. 西部交通科技, 2017, (3): 54-56.
[40] 李奎, 蒋文. 高速公路隧道洞口的正确驾驶与洞口优化设计[J]. 交通与运输, 2005, (6): 56-57.
[41] 徐忠阳. 高速公路隧道水泥砼路面抗滑性能改善工程实践[J]. 重庆交通学院学报, 2007, 26(3): 69-72.
[42] 闫慧丽, 金兰, 黄丹青, 等. 基于人工神经网络的高速公路隧道群限速研究[J]. 城市道桥与防洪, 2015, (1): 138-141.
[43] 宋志洪. 基于线形设计的高速公路隧道群运营安全技术研究[D]. 西安: 长安大学, 2011.
[44] 郭延永, 刘攀, 吴瑶, 等. 山区高速公路隧道交通运行环境安全评价[J]. 武汉理工大学学报, 2013, 35(7): 53-58.
[45] 赵峰. 公路隧道运营风险评估及火灾逃生研究[D]. 西安: 长安大学, 2010.
[46] 戴学臻. 公路隧道运营安全评价及管理系统开发研究[D]. 西安: 长安大学, 2010.
[47] 许宏科, 王维敏, 王世伟. 高速公路隧道运营管理模糊综合评价[J]. 西安建筑科技大学学报(自然科学版), 2005, 37(3): 381-385.
[48] 刘壮. 基于熵权 TOPSIS 的高速公路隧道运营安全性评价[J]. 公路交通技术, 2017, 33(1): 107-110.
[49] 陈鹏宇, 陈强. 基于模糊事故树的公路隧道火灾事故概率分析[J]. 公路与汽运, 2012, (4): 74-78.
[50] 黄合来, 罗启章, 彭韵颖, 等. 山区高速公路隧道群路段危化品运输风险评价体系研究[J]. 中南大学学报(自然科学版), 2018, 49(8): 2107-2114.
[51] 马壮林, 邵春福, 李霞. 基于 Logistic 模型的公路隧道交通事故严重程度的影响因素[J]. 吉林大学学报(工学版), 2010, 40(2): 423-426.
[52] 吴森阳, 胡学兵. 公路隧道运营安全等级评估研究[J]. 地下空间与工程学报, 2018, 14(S1): 363-370.

[53] 段萌萌, 唐伯明, 刘唐志, 等. 基于多元非线性回归的高桥隧比高速公路事故预测模型[J]. 公路工程, 2018, 43(6): 122-126.

[54] 方守恩, 邬洪波, 廖军洪, 等. 山区高速公路隧道群路段安全评价[J]. 同济大学学报(自然科学版), 2013, 41(5): 693-699.

[55] 詹伟, 吕庆, 尚岳全. 高速公路隧道群交通事故灰色马尔可夫预测[J]. 吉林大学学报(工学版), 2014, 44(1): 62-67.

[56] 陈仲林, 孙春红. 公路隧道照明设计研究[J]. 灯与照明, 2007, 31(3): 32-35.

[57] 王乾, 马非, 宫伟军, 等. 公路隧道洞外生态减光模型试验研究[J]. 公路, 2018, 63(1): 228-231.

[58] 杨翠, 余波, 胡国辉, 等. 山区高速公路隧道照明节能新思路[J]. 公路, 2018, 63(2): 166-169.

[59] 王锦超. 公路隧道自适应照明控制方案设计与应用[D]. 西安: 长安大学, 2017.

[60] 郭春, 杨璐, 王明年. 不同交通量情况下的公路隧道节能安全照明研究[C]. 海峡两岸第二十二届照明科技与营销研讨会, 中山, 2015: 5.

[61] 肖少宁, 王毅, 陈磊, 等. 浅析LED灯具在隧道照明系统中的应用[J]. 公路交通科技(应用技术版), 2018, 14(3): 243-245.

[62] 李然, 申瑞君, 吴关. 公路隧道照明灯具最佳安装位置研究[J]. 公路, 2015, 60(10): 268-272.

[63] 顾永鑫. 灯具细化控制的公路隧道照明控制系统及其软件设计[D]. 西安: 长安大学, 2016.

[64] 韩文元, 殷杰, 杨勇, 等. 公路隧道照明灯具有效能效指标分析[J]. 公路交通科技, 2015, 32(11): 94-99.

[65] 赵湘茹, 张廷元, 王成军. 高速公路隧道运营管理初探[J]. 山西交通科技, 2003, (S2): 86-88.

[66] 邓长平. 长大高速公路隧道通风与运行安全分析[J]. 山西建筑, 2010, 36(2): 313-314.

[67] 乔飞艳. 高速公路隧道路段对驾驶员视觉及心率影响规律研究[D]. 长春: 吉林大学, 2012.

[68] 窦永坤. 乌蒙山区高速公路长隧道群的运营安全体系探讨[J]. 低碳世界, 2019, 9(3): 247-248.

[69] 周成. 基于不同限速标准的特长隧道行车安全分析[J]. 科学技术创新, 2020, (24): 47-48.

[70] 韦远飞, 杨昌凤, 郑金龙, 等. 大纵坡曲线特长隧道运营安全设计及分析[J]. 四川建筑, 2020, 40(4): 348-350.

[71] 王盛杰, 刘博, 李和平, 等. 基于面阵三维成像激光雷达的目标点云分割技术[J]. 半导体光电, 2020, 41(5): 749-756.

[72] 黄晓杰, 陈宇磊, 邵跃堂, 等. 基于激光雷达的地铁隧道形变检测方法[J]. 城市轨道交通研究, 2019, 22(11): 47-51.

[73] 于渊, 郑银香, 赵成林, 等. 车载毫米波雷达目标检测与定位技术研究[J]. 移动通信, 2019, 43(11): 21-27, 35.

[74] 卢刚. 基于毫米波雷达的环境感知和场景重构的方法研究[D]. 哈尔滨: 哈尔滨工业大学, 2020.

[75] 胡明晖. 基于全向广域毫米波雷达精准感知技术的高速公路(隧道)运行监测及智能预警系统研究[J]. 机电信息, 2020, (11): 55-56.

[76] 杨名有. 视频交通事件检测系统在高速公路隧道中的应用[J]. 中国交通信息化, 2020, (7): 126-128.

[77] 马庆禄, 唐小垚. 融合时域和分水岭信息的车辆检测算法[J/OL]. [2021-02-03]. http: //202. 202. 244. 12: 80/rwt/CNKI/http/NNYHGLUDN3WXTLUPMW4A/kcms/detail/11. 2127. TP. 20201210. 1819. 002. html.

[78] 董非, 杨卫军, 李丹, 等. 基于红外热像仪的火源定位方法[J]. 消防科学与技术, 2019, 38(3): 394-397.

[79] 孔松涛, 黄镇, 杨谨如. 红外热像无损检测图像处理研究现状与进展[J]. 红外技术, 2019, 41(12): 1133-1140.

[80] 田丰. 分布式光纤测温系统在隧道内的应用[J]. 山西电子技术, 2017, (5): 31-33.

[81] 马高杨. 基于光纤光栅传感器的隧道围岩变形灾害动态监测[D]. 石家庄: 石家庄铁道大学, 2020.

[82] 马庆禄, 邹政, 刘丰杰. 基于行车声音端点检测的交通量统计[J]. 科学技术与工程, 2020, 20(4): 1676-1683.

[83] 马庆禄, 邹政. 一种识别重叠噪声的交通量检测算法[J]. 计算机应用研究, 2020, 37(4): 1069-1072, 1080.

[84] 姚旭朋. 地铁隧道渗漏水病害快速检测及图像处理技术[J]. 城市轨道交通研究, 2017, 20(12): 46-49.

[85] 吴昌睿, 黄宏伟. 地铁隧道渗漏水的激光扫描检测方法及应用[J]. 自然灾害学报, 2018, 27(4): 59-66.

[86] 王烽人. 隧道渗漏红外特征识别与提取技术研究[D]. 武汉: 华中科技大学, 2018.

[87] 吴贤国, 刘鹏程, 王雷, 等. 基于三维激光扫描地铁运营隧道渗漏水监测及预警[J]. 土木工程与管理学报, 2020, 37(1): 1-7, 15.

[88] 张晓东, 曹忠良. 某公路隧道衬砌裂缝成因分析及其治理[J]. 公路, 2019, 64(8): 251-254.

[89] 高泰. 隧道裂缝图像采集与检测技术研究[D]. 北京: 北京交通大学, 2018.

[90] 陈立潮, 张媛媛, 秦宇强, 等. 基于图像处理的隧道裂缝安全预警[J]. 计算机工程与设计, 2020, 41(12): 3479-3484.

[91] 贾东峰, 张伟平, 刘燕萍. 多尺度空间下的隧道裂缝与渗水区域检测[J]. 同济大学学报(自然科学版), 2019, 47(12): 1825-1830.

[92] 刘树亚, 徐剑敏, 鲁德宁. 基于实测点云数据的隧道分割及形变检测方法[J/OL]. [2021-03-07]. http: //202. 202. 244. 12: 80/rwt/CNKI/http/NNYHGLUDN3WXTLUPMW4A/kcms/detail/44. 1745. u. 20210114. 1419. 002. html.

[93] 徐杨青, 孙杰, 吴伟进. 基于激光雷达数据的隧道变形监测方法评估[J]. 地理空间信息, 2019, 17(2): 1-5.

[94] 任凤琴. 基于环境照度的可控隧道照明系统的设计与实现[J]. 太原学院学报(自然科学版), 2019, 37(3): 58-62.

[95] 魏清华, 梁波. 基于车辆行为信息感知的隧道照明亮度自动调节系统[J]. 现代电子技术, 2019, 42(2): 94-97, 102.

[96] 董丽丽, 许文海, 秦莉. 公路隧道照明智慧控制系统设计[J]. 吉林交通科技, 2015, (4): 13-18.

[97] 张峰. 高速公路隧道节能型供配电系统应用探究[J]. 中国设备工程, 2020, 448(12): 181-183.

[98] 李新祥, 魏丽彬. 智能长距离供电技术在公路隧道群中的应用[J]. 公路交通科技(应用技术版), 2019, 15(7): 293-295.

[99] 黄志平. 特长隧道供配电系统方案优化设计[J]. 机电信息, 2019, (21): 12-13.

[100] 吴斌. 高速公路隧道分布式智慧供配电技术探讨[J]. 低碳世界, 2020, 10(9): 139-140.

[101] 郭镇江, 佘卓明. 高速公路隧道消防技术措施的实际应用效果分析[J]. 通讯世界, 2019, 26(4): 281-282.

[102] 金蕊, 杨秀军, 石志刚. 拱北双层异形结构隧道消防救援系统设计[J]. 公路交通科技, 2017, 34(S1): 75-78, 83.

[103] 周璟军. 城市道路隧道点型红外火焰与图像型火灾探测比较分析[J]. 交通科技, 2020, (6): 128-129, 134.

[104] 夏润雨. 高速公路隧道智能应急消防系统规划及消防轨道车设计[D]. 济南: 山东大学, 2017.

[105] 张杰. 高速公路特长隧道通风系统设计分析[J]. 甘肃科技纵横, 2018, 47(6): 51-53.

[106] 常国伟. 高速公路特长隧道通风系统设计与研究[J]. 山西交通科技, 2017, (5): 74-76.

[107] 燕崇麒. 公路隧道智能化监控及交通安全措施探究[J]. 智能城市, 2020, 6(23): 129-130.

[108] 张林妮. 基于云计算的高速公路视频监控平台探析[J]. 中国交通信息化, 2019, (8): 98-100.

[109] 赵向南. 公路智能隧道安全综合监控系统的设计与实现[J]. 山西电子技术, 2020, (4): 16-18.

[110] 韩直, 关菲菲. 智慧公路隧道协同管理研究[J]. 隧道建设, 2018, 38(4): 533-537.

[111] 王益维, 张世科, 李锋. 高速公路隧道入口智能管控系统[J]. 中国交通信息化, 2020, (12): 134-136.

[112] 吕永萍. 牛王山隧道全向广域毫米波雷达精准感知智能预警预告系统设计[J]. 北方交通, 2020, (7): 85-87.

[113] 张志永. 大型桥梁隧道交通综合管控系统研究[D]. 北京: 北方工业大学, 2017.

[114] 朱长安, 王明年, 李玉文, 等. 复杂艰险山区公路隧道运营安全风险归类及特征分析[J]. 公路, 2021, 66(1): 212-218.

[115] 王赟飞. 高速公路隧道火灾检测经验分析[J]. 工程建设与设计, 2020, (23): 235-237.

[116] 程竞. 多类型高速公路隧道火灾自动报警系统的优化与融合[J]. 福建交通科技, 2019, (4):

93-96.

[117] 张航. 基于红外热成像的消防灭火机器人自动控制系统的研究[D]. 南京: 南京航空航天大学, 2019.

[118] 张君. 超声波及微波雷达复合式检测在交通量调查中的应用[J]. 中国交通信息化, 2014, (5): 126-127, 131.

[119] 刘智勇, 李进, 黄道君. 基于遗传算法的视频交通量检测图像分割方法[J]. 公路交通科技, 2001, (3): 43-45.

[120] 陈思. 长距离连续隧道群运营安全评估方法研究[D]. 重庆: 重庆交通大学, 2018.

[121] 向怀坤, 刘建伟, 徐涛. 隧道停车视频监测系统的设计与实现[J]. 深圳特区科技, 2005, (z1): 432-437.

[122] 邱雨. 公路隧道检测车现状及发展趋势[J]. 汽车实用技术, 2020, 45(22): 237-238.

[123] 郑好, 孙心洁. 浅谈国内外公路隧道检测车发展现状与研究[J]. 汽车实用技术, 2020, (3): 223-225.

[124] 江桁, 刘学增, 朱合华. 基于隧道快速检测车数据的公路隧道衬砌开裂识别模型研究[J]. 现代隧道技术, 2020, 57(5): 61-65.

[125] 陈湘生, 徐志豪, 包小华, 等. 隧道病害监测检测技术研究现状概述[J]. 隧道与地下工程灾害防治, 2020, 2(3): 1-12.

[126] 丁小平, 骆文. 试论六盘山特长隧道地下水问题[J]. 公路交通科技(应用技术版), 2016, (5): 48-49.

彩　图

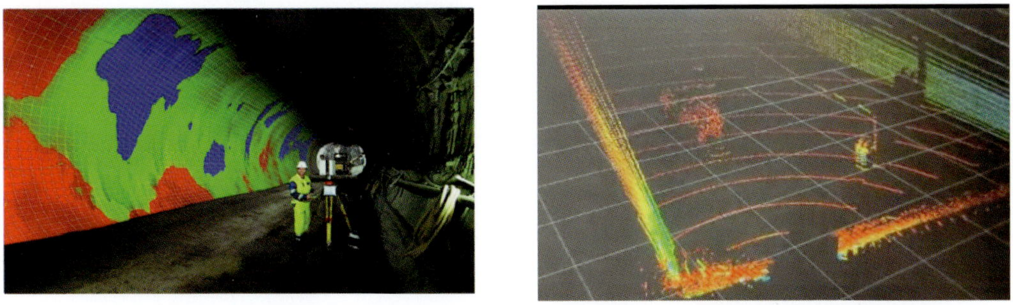

(a)隧道渗漏水检测　　(b)隧道内火灾模拟检测

图 2-7　隧道内火灾模拟检测图(激光点云)

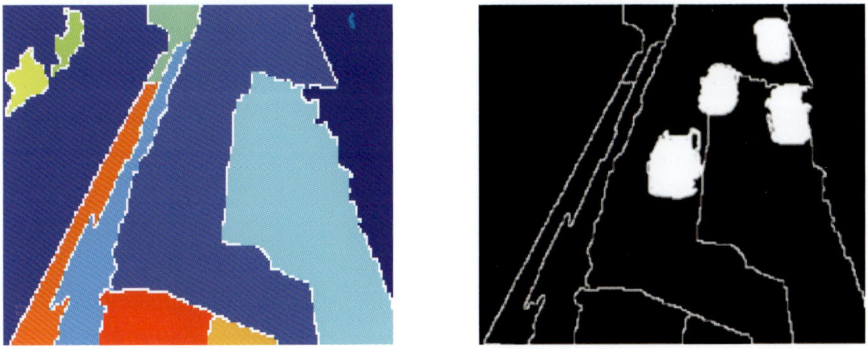

(a)背景标记分割　　(b)内外标记

图 2-15　背景标记分割

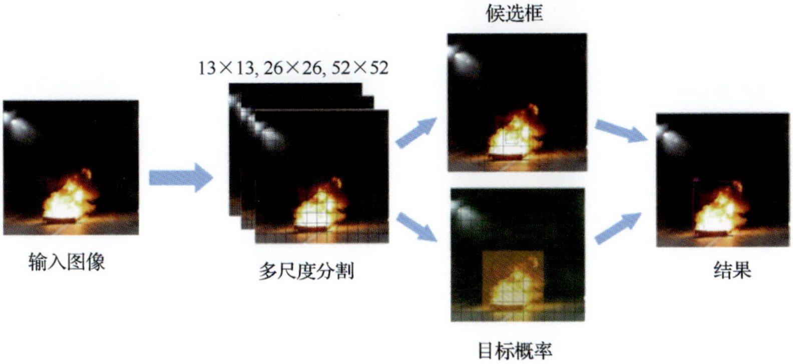

图 2-16　YOLOv4 网络火灾检测

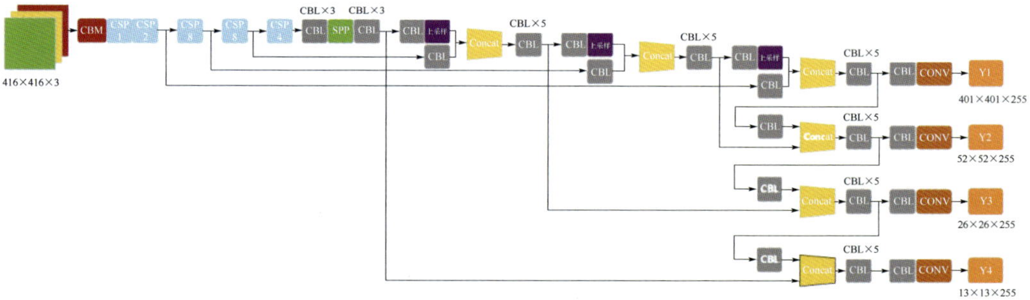

图 2-17　改进后网络结构

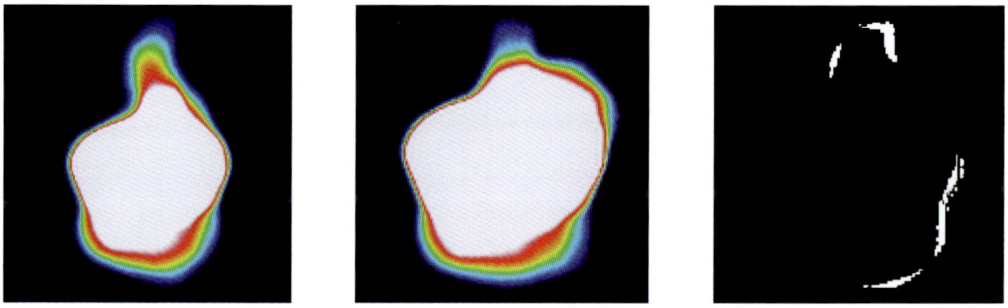

(a) 第 57 帧红外图像　　(b) 第 58 帧红外图像　　(c) 差分后的图像

图 2-26　相邻两帧红外图像及相邻两帧差分后的图像

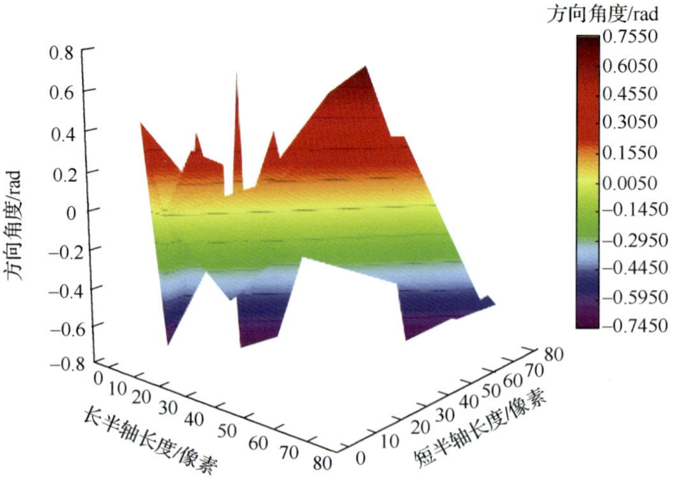

(a) 木条燃烧变化波动

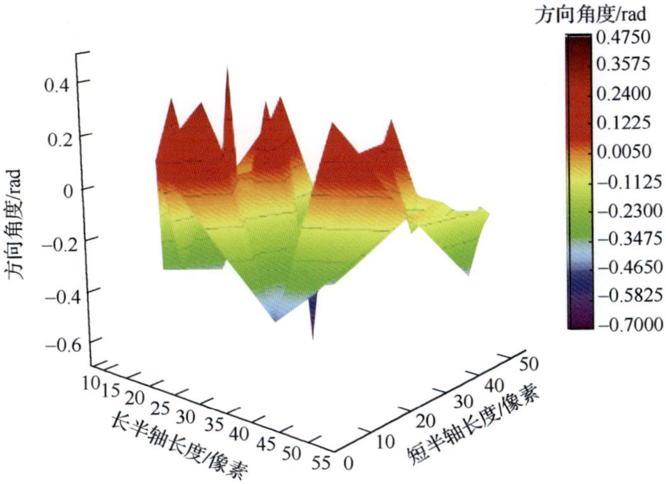

(b) 汽油燃烧变化波动

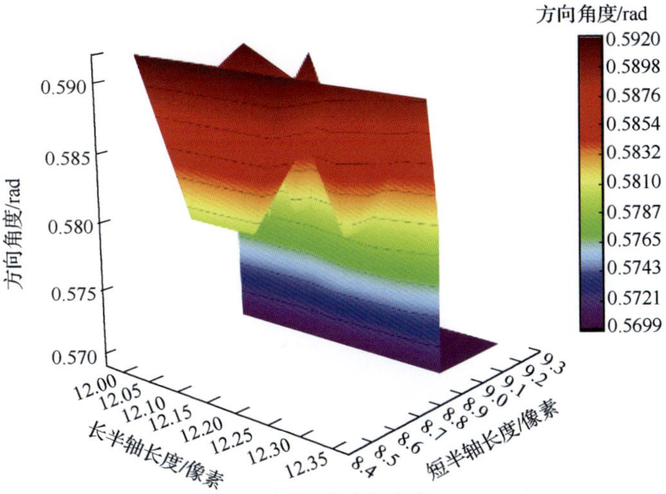

(c) 高温烙铁变化波动

图 2-29　疑似火焰区域等效椭圆特征随帧数变化波动图

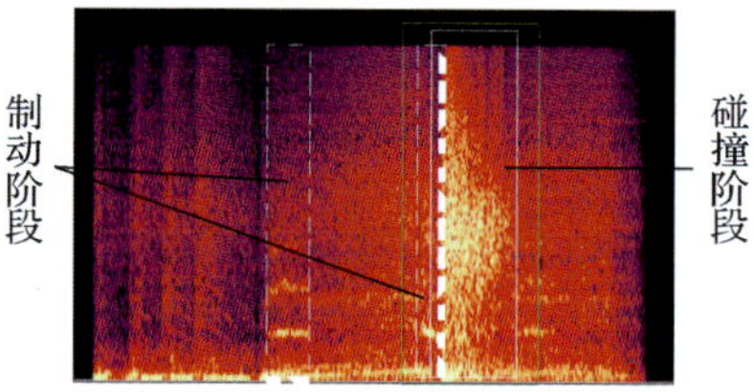

(a)事故 a 频谱图

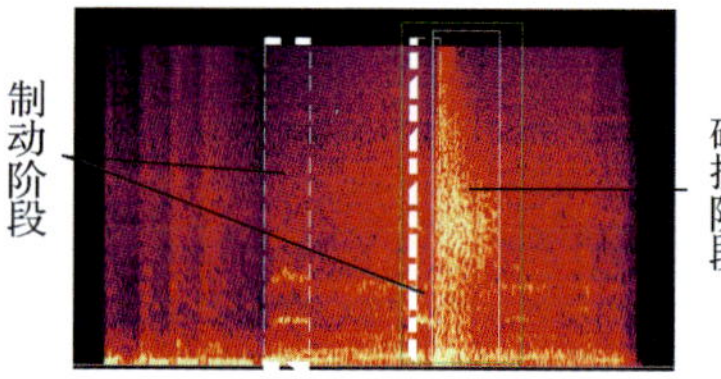

(b)事故 b 频谱图

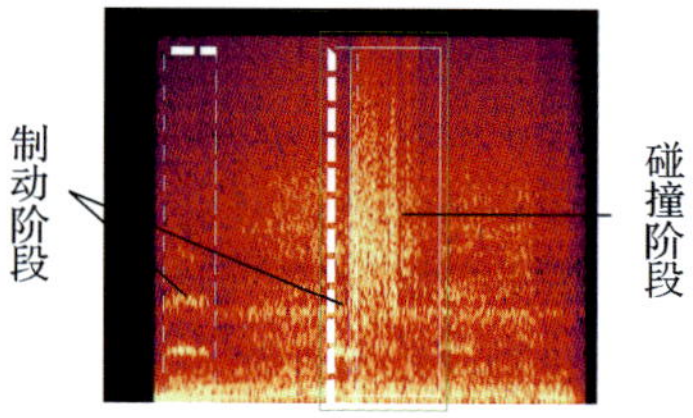

(c)事故 c 频谱图

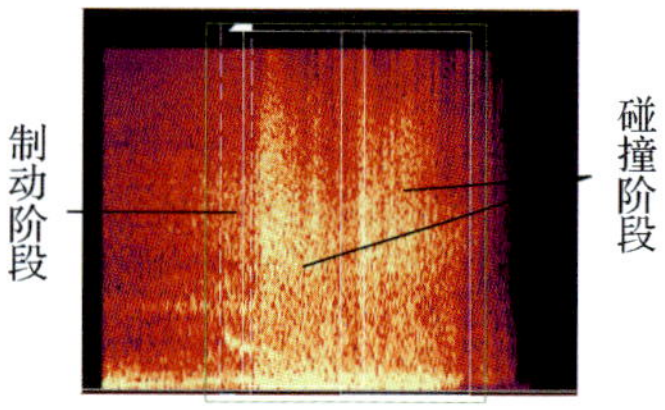

(d)事故 d 频谱图

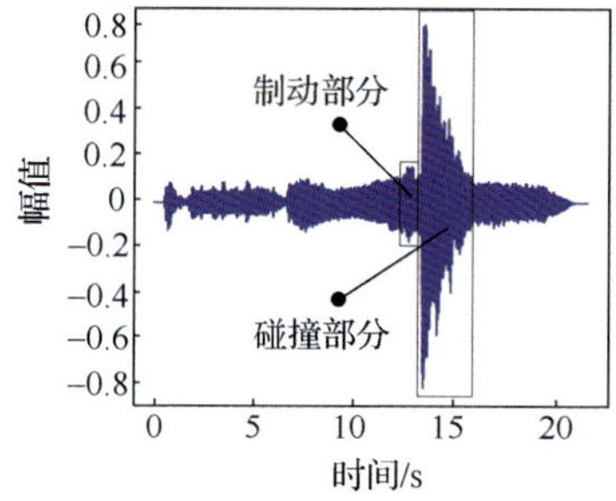

(e)事故 a 波形图

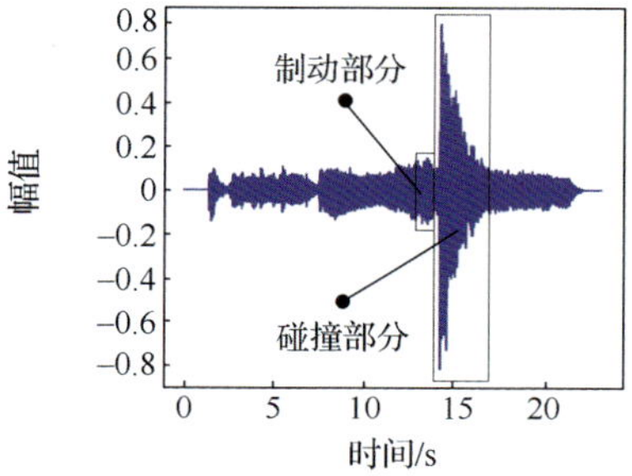

(f)事故 b 波形图

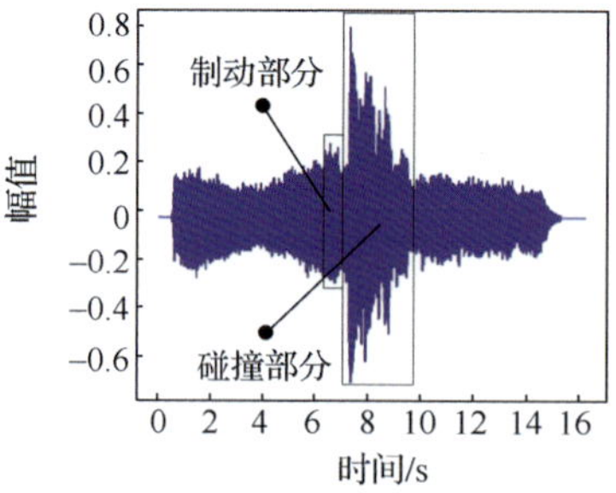

(g)事故 c 波形图

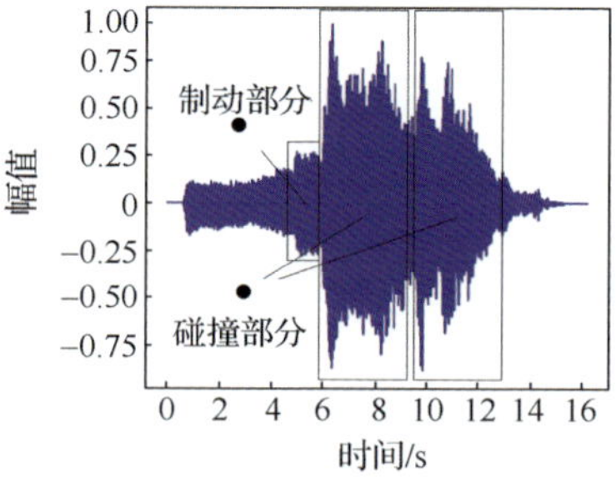

(h)事故 d 波形图

图 2-37　四段交通事故时频域分析图

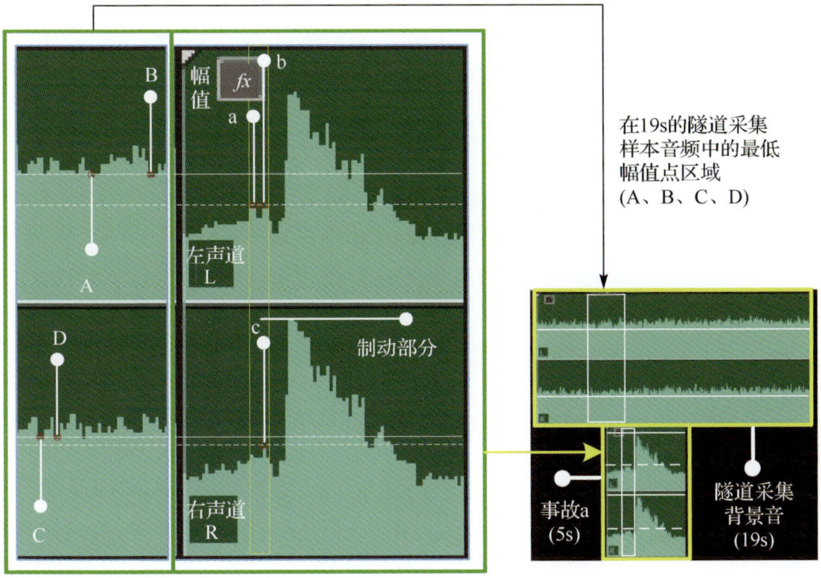

图 2-38　隧道环境下的行车事故音频模拟

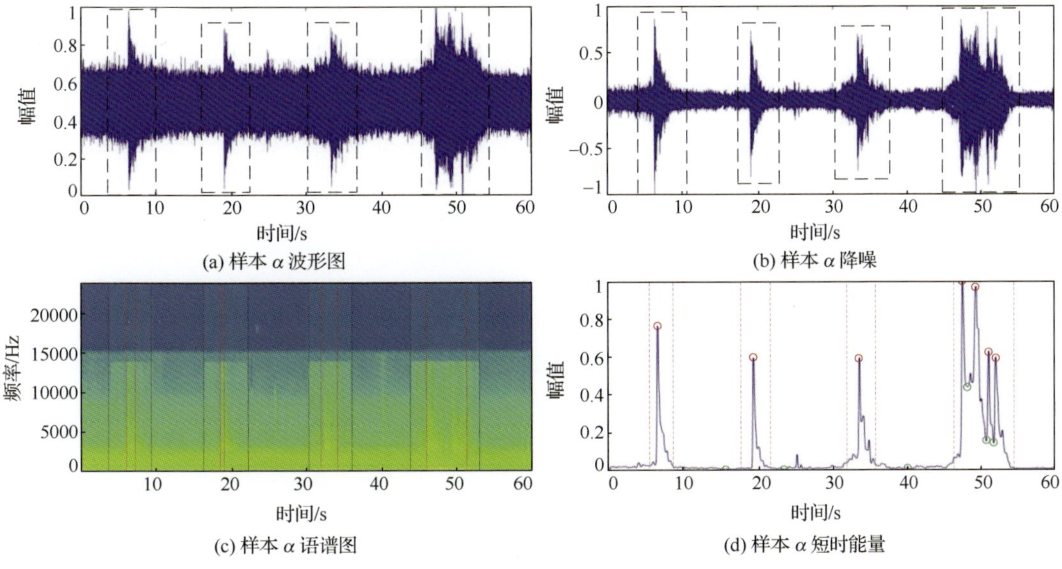

图 2-39　样本α时频域特征

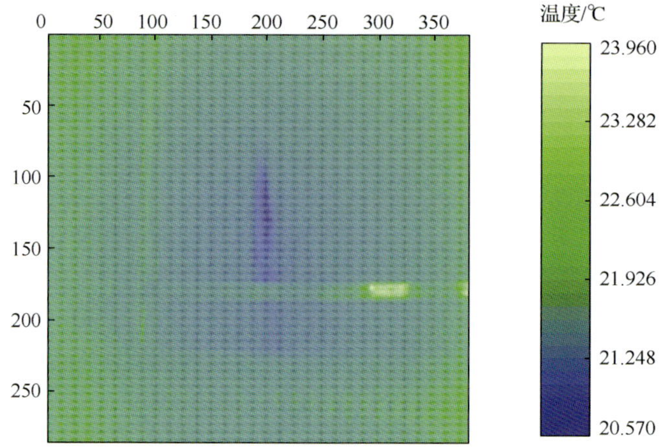

图 3-8　渗漏水红外热像图

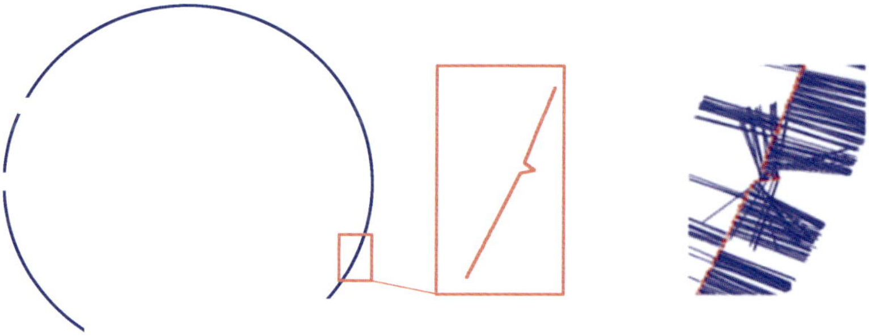

(a) 断面点云　　(b) 管缝特征法线

图 3-23　管缝特征法线

(a) 单环管片点云　　(b) 管缝特征检测　　(c) 几何权重影像

图 3-25　几何权重影像生成

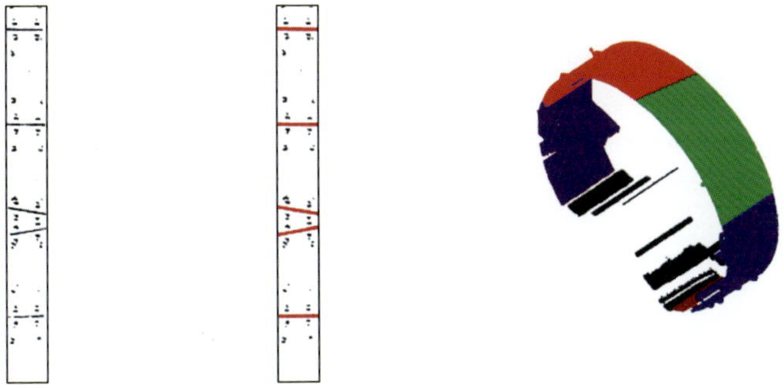

(a) 几何权重影像　　(b) 边界检测结果　　(c) 点云分割

图 3-26　隧道点云分割

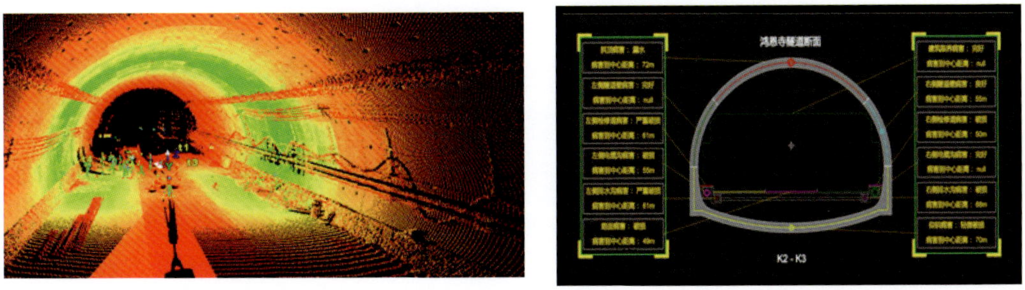

(a) 激光扫描快速检测　　(b) 巡检结果图

图 7-14　隧道结构病害检测

图 7-27　视频监控页面

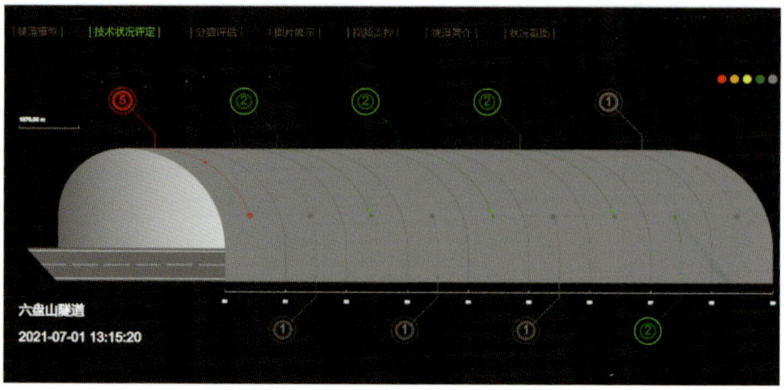

(a) 状况分级

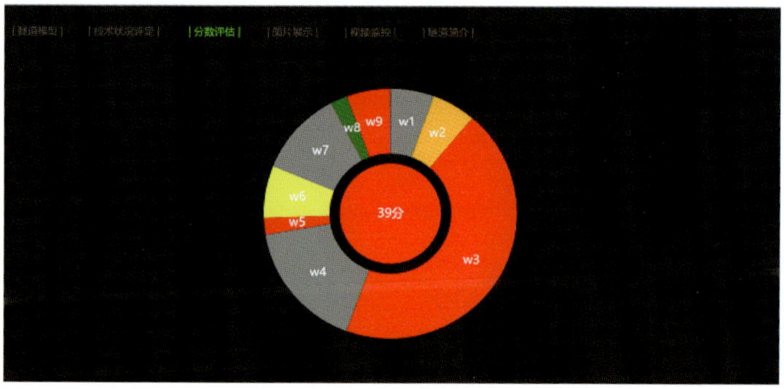

(b) 分数评估

图 7-32　隧道状况评定